Jürgen J. Holt • Ein Quentchen Glück - trotz allem ...

„Das Leben kann sein, wie eine alte Flussfähre: immer geradeaus, geführt an einem Steuerseil. Wem das nicht zusagt, der muss es wagen, sich mit seinem Lebensschiff auf das weite wilde Meer – mit all seinen Stürmen, Gefahren und Unwägbarkeiten – zu begeben, aber immer mit seinem Ziel klar vor Augen.“

JÜRGEN J. HOLT

Ein Quentchen Glück – trotz allem ...

FRIELING

Bibliografische Information der Deutschen Nationalbibliothek
Die Deutsche Nationalbibliothek verzeichnet diese Publikation in der Deutschen Nationalbibliografie; detaillierte bibliografische Daten sind im Internet über http://dnb.d-nb.de abrufbar.

Rheinstraße 46, 12161 Berlin
Telefon: 0 30 / 76 69 99-0
www.frieling.de
ISBN (Print): 978-3-8280-3704-5
ISBN (E-Book): 978-3-8280-3705-2
1. Auflage 2022
Bildquelle: pixabay, Archiv des Autors

Printed in Germany

INHALT

Vorwort 9

„Die Geburt ihres Sohnes geben bekannt ...“ 14

Auf dem Wichel (1947–1950) 16

„My home is where my heart is.“ 22

Neue Adresse: Landwehrstraße 67 26

Wohnkultur 1950 29

Erste große Liebe: Bücher! 32

Zwischenruf: „Olga“ 35

„Spare in der Zeit, so hast du in der Not!“ 41

Hygiene: Es geht auch unkompliziert! 46

Zwischenruf: Verdrängte Erinnerung 50

Autarkie: Kein Fremdwort 51

Das achte Gebot: „Du sollst nicht stehlen!“ 58

Exkurs: „Vater“ 60

Der Kampf ums Überleben 81

„Unser tägliches Brot gib uns heute.“ 93

Der Mensch ist ein soziales Wesen:
Unsere Nachbarn und Freunde 104

Zwischenruf: Kurtis Tod 120

Kinderspiele (I) 122

Exkurs: Mutter 130

Ein Kinderparadies: Meine Kindheit in Daren 150

Zwischenruf: Schlachttag 194

Kinderspiele (II) 200

„Non scholae, sed vitae discimus“ (Seneca): Meine Schulzeit in Lohne 207

Zwischenruf: Auch in Dorfschulen können Kinder lernen 222

Die Vertreibung aus dem Paradies: Der Niedergang eines Bauernhofes 230

Kinderspiele (III) 236

Erstkommunion: Ein Kinderfest mit bitterem Nachgeschmack 241

Kindliche Odyssee 246

Zufluchtsort Kalkar 264

Rückkehr 301

Abschied und Neubeginn 327

Vorwort

Es gibt viele Bücher, Dokumentationen und Filme über die Zeit des Zweiten Weltkriegs, insbesondere über die schrecklichen Verbrechen, die vom Nazideutschland im Verlaufe der brutalen Zerstörung fast ganz Europas begangen wurden.

Im Vordergrund steht dabei richtigerweise der Holocaust als eine historische Gräueltat vorher nie gekannten Ausmaßes, insbesondere wegen der Form des industriell betriebenen Massenmordes. Ein erschreckendes, absolut apokalyptisches Phänomen in der Art und Weise, in der es von den Nazi-Schergen ausgeführt wurde.

Bei vielen der Filmdokumentationen geht es in erster Linie um militärische Details: Feldzüge, Angriffspläne, Strategien. Bei Spielfilmen eher um das unmittelbare Kampfgeschehen mit der Schilderung des Schicksals der beteiligten Soldaten, häufig mit bedenklich eingeengter Perspektive, was die Leiden der ebenfalls betroffenen Zivilbevölkerung angeht.

In den letzten Jahren haben dann vom Publikum stark beachtete Filme einige der verdrängten Traumata der Deutschen thematisiert – Bombenkrieg, Flucht, Vertreibung sowie Massenvergewaltigungen mit millionenfachen Opfern. Häufig wurden diese Filme – sowie auch Bücher mit der gleichen Thematik – einer harschen Kritik unterzogen. Der Vorwurf lautete, sie würden die tatsächlichen Proportionen von Ursache und Wirkung, von Schuld und Sühne, von Tätern und Opfern auf den Kopf stellen und die Leiden der Deutschen umdeuten zu einer deutschen Opferrolle: Aus Tätern können keine Opfer werden.

Ich teile diese Auffassung nur bedingt. Die Täterrolle vieler Deutscher – aktiv, als Mitläufer oder als schweigende Mehrheit – kann, bis auf wenige Ausnahmen, nicht angezweifelt werden. Dennoch muss es erlaubt sein, auch die Opferperspektive in diesem Kapitel der deutschen Geschichte mit künstlerischen Mitteln, filmisch und literarisch, in der öffentlichen Diskussion darzustellen und zu reflektieren.

Im Gegensatz zu der breiten öffentlichen Aufarbeitung der Kriegszeit hat die sich daran anschließende historische Epoche eine vergleichsweise geringe Beachtung gefunden: die „Nachkriegszeit", die Jahre von 1945 an – der Untergang der Diktatur und der Beginn einer neuen Ära – und die Jahre Ende der Fünfziger, Anfang der Sechziger – gemeinhin gleichgesetzt mit dem Beginn des „Wirtschaftswunders" – also ein Zeitraum von etwa fünfzehn Jahren nach Kriegsende. Auch über diese Epoche gibt es Filme und Bücher mit eindringlichen Schilderungen menschlicher Schicksale, der erbärmlichen Lebensumstände und mit einer Reflexion über ethische Begriffe wie Schuld und Sühne, Opfer und Täter.

Was aber im Rahmen der Aufarbeitung der Kriegsfolgen in nicht ausreichendem Maße geleistet wurde, war eine Reflexion über die leidenden Kinder im Krieg und in der unmittelbaren Nachkriegszeit.

Die Autorin Sabine Bode ordnet in ihrem bemerkenswerten Buch „Die vergessene Generation: Die Kriegskinder brechen ihr Schweigen“ die Jahrgänge von 1930 bis 1945 der eigentlichen Kriegskindergeneration zu. Diese hatten noch mehr oder minder stark die unmittelbaren Kriegsereignisse erlebt – vor allem den Bombenkrieg, Evakuierung, Flucht und Vertreibung. Sie erweitert dann diesen Begriff auf die später Geborenen, die Nachkriegsgeneration ab 1945. Sie begründet diese Entscheidung damit, dass auch die Kinder, die nicht unmittelbar den Kriegsgeschehnissen ausgeliefert waren, dennoch sehr nachhaltig durch die Kriegsfolgen geprägt worden sind: sei es durch den Tod eines Familienangehörigen im Krieg oder unmittelbar danach an den Folgen von Verwundungen, Verstümmelungen oder Krankheiten und Seuchen; das teils jahrelange Fehlen des kriegsgefangenen Vaters; die seelischen Qualen der vergewaltigten Mutter oder Schwester; die Erzählungen der Älteren über Flucht und Vertreibung, insbesondere aber auch durch das eigene Erfahren von Not, Elend und Hunger.

Mir wurde danach klar, dass ich in diesem erweiterten Sinne auch der Kriegsgeneration angehöre. Wir hatten zwar keine Todesopfer in der eigenen Familie, aber Tote in der Verwandtschaft zu beklagen. Mein Vater hatte seine schwere Verwundung überlebt und war halbwegs heil – jedoch stark traumatisiert – aus dem Gemetzel zurückgekehrt. Wir selbst waren nicht bombardiert worden, wenngleich meine Großeltern am Niederrhein erheblich von Bomben, Kampfhandlungen, der Zerstörung ihres Besitztums und Evakuierung betroffen gewesen waren. Unser Haus wurde nicht zerstört. Aber wir litten materielle Not – Mangel, wohin man nur schaute, wenn auch keinen Hunger im eigentlichen Wortsinne. Die als Folge des Kriegstraumas bei meinem Vater entstandene schwere Depression hat lange Zeit unsere gesamte Familie beeinträchtigt und sie fast zerstört. Auch in den folgenden Jahren gab es unzählige Einschränkungen. Von einem normalen Leben, vor allem für uns Kinder, konnte nicht die Rede sein.

Im Rahmen der Reflexion über den Verlauf meines Lebens wurden mir immer stärker die eigenen Traumata bewusst, die – wenn auch nicht in lebensbedrohlicher Form – mein Leben jahrelang stark eingeschränkt und beeinflusst haben.

So reifte allmählich der Entschluss, diese Ereignisse – beginnend mit meiner frühen und späten Kindheit in den Jahren 1947 bis 1960 – in Form einer Autobiografie aufzuschreiben. Zwei Ereignisse haben mich darin bestärkt: zunächst der plötzliche Tod meines fast gleichaltrigen Freundes 2012 – und im Zusammenhang damit die vorher verdrängte Erfahrung der Endlichkeit auch meines eigenen Lebens – sowie der Tod meiner Mutter im darauffolgenden Jahr.

Und so kann ich heute einen Bericht über den ersten Teil meiner Kindheit vorlegen: authentisch, detailgenau und mit dem Anspruch auf Offenheit und Ehrlichkeit, die Verwerfungen in meinem eigenen Leben nicht ausklammernd. Gleichzeitig habe ich mich bemüht, mit den lebendigen Schilderungen aus dem bäuerlichen und kleinbürgerlich-proletarischen Leben eine anschauliche Milieustudie dieser Zeit zu präsentieren. Dabei soll die manchmal anekdotenhafte Form der Darstellung nicht die tatsächliche Situation damals verniedlichen: Wir hatten zwar unseren Humor nicht verloren, aber zum Lachen war die ganze Sache gewiss nicht.

Möglicherweise werden sich viele Gleichaltrige, die auch der Nachkriegsgeneration angehören, in den von mir geschilderten Episoden eines Kinderlebens in schwerer Zeit wiedererkennen.

Mein größter Wunsch wäre es, wenn gleichfalls nachfolgende Jahrgänge, vielleicht sogar einige wesentlich jüngere Menschen – Angehörige unserer Jugend – sich für dieses Buch interessieren würden. Die ihnen dort vermittelten Informationen bei der Schilderung eines – zugegebenermaßen individuellen – Schicksals, könnten sie vielleicht zu einem besseren Verstehen für die Lebensumstände ihrer Großeltern und Eltern unmittelbar nach dem Krieg und zu einem tiefergehenden Verständnis für diese Generation führen.

„Die Geburt ihres Sohnes geben bekannt …"

Der Sommer 1947 war, nach den Erzählungen der Älteren, wohl sehr heiß. Am elften Tag im siebten Monat dieses Jahres beschloss die Natur, dass ich meine – zwar komfortable, aber inzwischen zu eng gewordene – Behausung im Bauch meiner Mutter verlassen sollte.

Alles verlief normal. Das war auch nicht weiter verwunderlich, denn meine Mutter hatte bereits zuvor zwei Kinder geboren, war also nicht ganz unerfahren in diesen Dingen.

Das einzige ein wenig Spektakuläre bei meiner Geburt war der Transport meiner bereits heftig in den Wehen liegenden Mutter ins Krankenhaus. Sie kauerte schmerzgeschüttelt im offenen Führerhaus eines englischen Militärlastwagens, und mein Vater war der Chauffeur. Er war zu der Zeit bei der britischen Besatzungsarmee – den „Tommys", wie sie genannt wurden – als Fahrer angestellt und durfte seinen Truck abends mit nach Hause nehmen. Es gab heftigen Gewitterregen. (Bei solch einem Sauwetter ein Kind zur Welt zu bringen!)

Spätabends setzten bei meiner Mutter die Wehen ein. Bei der rasenden Fahrt zur Entbindungsstation auf dem Holperpflaster der Straße verlor dann der Bedford auch noch seinen Auspuff, der nach einem kurzen Stopp von meinem Vater auf die Ladefläche geworfen wurde.

Knatternd kam die Fuhre aber doch noch rechtzeitig an und frühmorgens erblickte ich das (Dämmer-)Licht der

Welt, in die ich, ohne gefragt worden zu sein, hineinflutschte. Ja, da war ich nun und musste sehen, wie ich zurechtkam.

Später habe ich nachgerechnet, dass ich wohl Vaters zweite „Amtshandlung“ nach seiner Entlassung aus amerikanischer Kriegsgefangenschaft im Spätherbst 1945 und seiner Rückkehr nach Hause gewesen bin. Die erste Aktion in Sachen Familienplanung nach dem Krieg war die Zeugung meiner ersten Schwester, die im Juni 1946 als Totgeburt zur Welt kam. Wir nannten sie Ingeborg, weil dies der Name war, den Mutter für sie vorgesehen hatte. Mein älterer Bruder hieß Heinz-Dieter, im März 1944 geboren, um nach fünf Tagen diese Welt schon wieder zu verlassen. Plötzlicher Kindstod. Meine zweite Schwester Marianne wurde erst später, im März 1953, geboren und lebt heute in Düsseldorf.

Auf dem Wichel (1947–1950)

Meine Erinnerungen an meine frühe Kindheit, als wir auf dem „Wichel“ lebten, einem kleinen Hügel in einem nördlichen Stadtteil von Lohne, kommen fast alle aus zweiter Hand, vor allem aus Erzählungen meiner Mutter, nur wenige blass und schemenhaft aus eigenem Erinnern.

Noch heute ärgere ich mich, dass ich, wenn ich nach meinem Geburtsort gefragt wurde, Wichel sagen musste, später präzisiert: Wichel bei Lohne. Ein überpenibler Standesbeamter hatte es so in meine Geburtsurkunde eingetragen, wahrscheinlich weil meine Mutter es ihm bei dem amtlichen Akt so vorgesagt hatte. Kein Mensch kennt Wichel! Wie auch? Inzwischen gebe ich unter Umgehung dieser urkundlichen Feststellung „Wichel-Lohne“ an, zunehmend häufiger auch nur „Lohne“, mit dem Vorteil, dass nun der eine oder andere diesen Ort geografisch einordnen kann.

Lohne ist inzwischen ein aufstrebender Industriestandort mit achtzehntausend Einwohnern geworden. Bei meiner Geburt war es ein verschlafenes Kleinstädtchen mit achttausend Bewohnern und einer unterentwickelten wirtschaftlichen Struktur: eine Fabrik, die Korken herstellte, und zwei, drei Kartonagenbetriebe. Der größte Arbeitgeber war „Trenkamps Dreschmaschinenfabrik“. Ansonsten stark landwirtschaftlich geprägt. Getreidesilos am Bahnhof und die Zuckerrübensammelstelle. Auch Torf aus dem Kroger Moor wurde auf einer Lorenkleinbahn herangeschafft und dann per Eisenbahn weitertransportiert. Hier also lebten wir.

Obwohl ich keine wirkliche Erinnerung an die ersten Jahre meines Lebens habe, ist mir eines immer im Gedächtnis haften geblieben: Ein kleines Porträtfoto meines Vaters, aufgenommen kurz nach seiner Entlassung aus der Kriegsgefangenschaft. Ein noch nicht ganz dreißigjähriger Mann, immer noch gut aussehend, mit markantem Gesicht. Auf Fotos aus der Vorkriegszeit und zu Beginn seiner Militärzeit, aufgenommen in Uniform oder Zivil, hatte er noch weichere Züge. Jetzt eher abgemagert, streng und angespannt, weit aufgerissene Augen.

Man ahnt das Grauen, das er in den vergangenen sechs Kriegsjahren erlebt haben musste; die vielen schlimmen Dinge, die er gesehen hatte, an denen er vielleicht selbst als Panzersoldat beteiligt gewesen war. Hoffentlich nichts Verbrecherisches! (Lieber Gott, lass meinen Vater kein Mörder sein!)

Das Bild eines gebrochenen Mannes. Er selbst sprach so gut wie nie über die Kriegszeit, wie die meisten anderen Frontsoldaten auch. Inzwischen weiß ich, dass er vom Erlebten stark traumatisiert war. Damals kannte niemand dieses Wort. Dann wurde immer gesagt: „Wir haben alle viel mitgemacht.“ Aber die Millionen Soldaten, vor allem diejenigen, die so lange in Russland gewesen waren wie Vater: nur viel mitgemacht? Oder war es mehr, als viele ertragen konnten? Es wird ja gesagt, dass es die meisten ganz gut weggesteckt hätten. („Das Leben muss weitergehen.“ „Man darf nicht ewig in der Vergangenheit herumwühlen." „Wichtiger als die Vergangenheit ist die Zukunft.") Was sind das für Menschen, die nach sechs Jahren unfassbaren Grauens so denken können? Strukturiert? Sind sie stark, stärker als die Schwachen, Sensiblen, wie mein Vater? Oder sind sie nur abgebrüht und gefühllos? Oder können sie besser verdrängen?

Die unmittelbare Umgebung war nicht in der Lage zu erkennen – auch meine Mutter nicht, und das machte einen Teil ihrer Herzenskälte aus –, dass dieser Mann nicht nur traumatisiert, sondern schwer depressiv, also krank war.

Die Vorwürfe an ihn gerichtet: „Beweg dich endlich! Komm, tu was! Schluss mit der Herumlungerei! Erfülle endlich deine Verpflichtungen gegenüber deiner Familie!" Die völlige Bewegungsunfähigkeit meines Vaters, fast Starre zu nennen, der hilflose Blick. Das stundenlange Herumliegen mit geschlossenen Augen, aber nicht schlafend, begleitet von den keifenden Vorwürfen meiner Mutter.

Gott sei Dank hat sich diese Starre dann irgendwann gelöst und er begann wieder zu funktionieren, wie man es von ihm erwartete. Aber diese Bilder von meinem zerstörten Vater, dessen Seelenpein in den Augen zu lesen war für jeden, der lesen wollte, sind immer noch in mir eingebrannt — ich war damals erst vier Jahre alt — und flammen jedes Mal überdeutlich auf, wenn die Gedanken sich in diesen Winkel meiner Seele verirren.

Dieser Hass, den ich gegenüber dem Massenmörder und seinen willfährigen Helfern und Helfershelfern empfinde, allein schon aus dem Grunde, was sie aus meinem Vater gemacht haben! Andere Millionen Gründe kommen noch hinzu.

Weitere konkrete Erinnerungen an unsere Zeit auf dem Wichel habe ich nicht. Ich rekonstruiere alles aus den Erzählungen meiner Mutter. („Das musst du doch noch wissen, Junge." – „Nein, Mutter." – „Das kann ich ja gar nicht verstehen.") Von den mir eingebrannten Bildern meines Vaters aus dieser Zeit sagte ich ihr natürlich nichts. Warum auch? Sie hätte es ja sowieso nicht verstanden.

Gedankensplitter, wachgerufen durch Fotos aus dieser Zeit: das Haus, in dem wir unsere Wohnung hatten. Keine Erinnerung an Größe, Ausstattung oder Besonderheiten; sicherlich nicht groß und auch nicht komfortabel. Ein weißer Bungalow mit ausgebautem Souterrain (unsere Wohnung?), sachlich, kühl, ohne Schnörkel. Ungewöhnlich, ja sogar ins Auge fallend, insbesondere in dieser Umgebung aus kleineren Häuschen im traditionellen Stil.

Der Hauseigentümer, Kampmanns Fiete genannt, ein fetter, stiernackiger Kerl mit Schweinsgesicht; und seine Frau Gerti, ebenso dick mit dummer Physiognomie. Er mit ausgebreiteten Beinen in einer Hängematte liegend, aufgehängt zwischen zwei Apfelbäumen in dem Garten, der zum Haus gehörte. Daneben eine zweite Hängematte. Vater darin liegend, Mutter auf dem Rand sitzend, beide lachend. Sie zeigt ihm mit ihrem Finger an seiner Schläfe das Vögelchen. Er schneidet dazu eine Grimasse. Irgendwie unwirklich, weil ich beide nicht so in Erinnerung habe, aber auch schön. Offenbar gab es doch noch entspannte Augenblicke zwischen ihnen.

Fotos von Nachbarschaftsfesten: Männer und Frauen zwischen dreißig und fünfunddreißig, alle älter aussehend. Die Frauen auf den Schößen der Männer sitzend, lachend, schäkernd. Alle eine Flasche Bier oder ein Glas Wein in der Hand. Irgendwie gierig: das entgangene Leben nachholen. Die Männer: im Anzug, weite Hosen mit Schlag, nach der damaligen Mode – alles Vorkriegskleidung –, teilweise mit Hosenträgern, die Ärmel der Oberhemden aufgeschlagen, die Krawatten halb gelöst. Keiner dickleibig dank der Nachkriegshungerdiät; markante Gesichter mit Falten trotz ihres jungen Alters. Relativ lange Haare, manche Mähne ins Gesicht fallend, dann sah der Träger verwegen aus.

Die Frauen: etwas jünger als die Männer, alle schlank. Alle eine gute Figur, was man so auf den Fotos sehen konnte. Zum Teil harte Gesichter – auch sie hatten einiges erlebt –, aber keine Falten. Wohl auch geschminkt. Selbst gemachte Frisuren. Schmuck aus besseren Zeiten, nicht billig. Offensichtlich bemüht, gut auszusehen und damit Eindruck zu machen.

Fotos aus der Spätphase solcher Feiern: Der Alkohol hatte seine Wirkung getan. Manches Gesicht etwas entgleist, manches Hemd und mancher Rock verschoben, offensichtlich war geknutscht und gefummelt worden. Nicht mehr jede Frau saß auf dem Schoß ihres ursprünglichen Partners.

Fotos von Klein-Jürgen: keines in einer Wiege oder im Kinderwagen (warum eigentlich nicht?), nur aufrecht stehend. Wackelig mit eineinhalb Jahren, Ball in der Hand, Kappe auf dem Kopf. Darunter das runde Kleinkindergesicht und der pummelige Oberkörper. Zwei Jahre alt: im Schnee, auf einem Schlitten sitzend, Vater daneben in der Hocke mit Schlapphut. Er hält mir einen gerade gefertigten Schneeball vor das Gesicht. Ich abwehrend, fast weinerlich, Vater lachend. Daneben Nelly, unsere Mischlingshündin, mit klugen Augen aufmerksam beobachtend.

Fotos von meinem Großvater Heinrich, Mutters Vater, mit Bart und militärischer Haltung. Er war wohl mal zu Besuch bei uns. Er wohnte ja auch nicht allzu weit entfernt auf seinem Hof in Daren, Mutters Elternhaus. Das war nur sechs Kilometer von Lohne entfernt. Aber die Bewältigung solcher Entfernungen war für das bodenständige Geschlecht, von dem ich abstamme, eine Weltreise. Wenn ich diese Gene auch haben sollte, merkt man davon eigentlich nur wenig. Eher das Gegenteil, wenn ich nur an meine viele Reisen denke. Bin ich etwa aus der Art geschlagen? Und wenn ja, warum? Überhaupt wundere ich mich manchmal sehr darüber, dass ich so geworden bin, wie ich bin. Bei der Herkunft und dieser Jugend hätte man auch etwas ganz anderes erwarten können.

„My home is where my heart is."

Ende 1950 zogen wir von Wichel in einen anderen Stadtteil von Lohne um. Neue Adresse: Landwehrstraße 67, an der Ausfallstraße nach Südlohne, Richtung Kroger Moor, dann weiter nach Steinfeld und Damme. Also im sogenannten Oldenburger Münsterland, eine stockkatholische Enklave – dem Bistum Münster zugehörig – im ansonsten evangelischen nördlichen Oldenburg und im „Hannöverschen", den angrenzenden Gebieten des ehemaligen Königreichs Hannover.

Radikale katholische Religiosität mit all ihren unduldsamen, engstirnigen und intoleranten Erscheinungsformen, erheblich stärker ausgeprägt als bei den Katholiken in deren Stammgebieten. Die hatten nicht das Problem, sich täglich gegenüber den als übermächtig empfundenen Protestanten durchsetzen zu müssen. Ein Phänomen, das auch in anderen gesellschaftlichen Bereichen feststellbar ist, in denen Minderheiten sich bemühen müssen, ihre eigene Identität gegenüber der majorisierenden andersdenkenden Mehrheit zu bewahren.

Oldenburg war die Hauptstadt des gleichnamigen Regierungsbezirks. Alles war bereits ziemlich hoch im Norden gelegen – Bremen sechzig Kilometer, Oldenburg fünfzig Kilometer, die Nordsee bei Wilhelmshaven siebzig Kilometer –,auch stark nördlich geprägt, sowohl in der Mentalität als auch in der Sprache. Oldenburger Platt wurde bei uns gesprochen. („Moin, moin! Woh geiht di dat?") Vater hat sich schwergetan, sich sprachlich anzupassen.

Er kam ja vom unteren Niederrhein nahe der niederländischen Grenze bei Nijmegen und sprach eine Art holländisches Platt. Über dieses Kauderwelsch amüsierte sich stets die Verwandtschaft. Natürlich beherrschten meine Eltern auch das Hochdeutsche, aber im täglichen Sprachgebrauch dominierte das Platt.

Ich habe das Oldenburger Platt – später, nach unserem Umzug an den Niederrhein auch das Holländer Platt gesprochen. Heute beherrsche ich das oldenburgische Platt nur noch rudimentär, kann aber dennoch damit meine Verwandtschaft, die es weitgehend verlernt hat, auf Familienfesten verblüffen. („Dass du das immer noch kannst!")

Meine jugendlichen Kenntnisse des Holländer Platts („Mijn groetmoeder was een Nederlandse, dus mijn vader is een halfe Nederlander, en ik ben een quart Hollander") habe ich dann später systematisch vervollkommnet durch das Studium entsprechender Sprachbücher („Nederlands voor beginners"); meistens bei der sonntäglichen Körperreinigung in der Badewanne.

Heute spreche ich zumindest so leidlich Nederlands, dass die angesprochenen Angehörigen des Nachbarvolkes sich jedes Mal freuen und erstaunt sind, dass einer dieser – ihrer Meinung nach arroganten – „duitsen moffen" sich herablässt, ihre vermeintlich verachtete, zum Lachen reizende Sprache zu sprechen. („Nu gaan wij lekker slapen." – Lecker?!)

Das Eis ist schnell gebrochen, wenn auch noch meine holländische Großmutter ins Spiel kommt. Ich kann mich dann oft eines pädagogischen Kommentars nicht enthalten, wenn ich ihnen vorwerfe, dass sie ja diese Situation selbst hervorrufen, wenn sie jeden Versuch eines Deutschen, sich des Niederländischen in der Alltagskonversation zu bedienen, durch die Anwendung ihrer überlegenen Deutschkenntnisse im Keim ersticken. Dann darf man sich auch nicht wundern.

Zurück zu Lohne: Obwohl bereits sehr nördlich gelegen, fehlt dennoch die Nähe des Meeres, es liegt halt noch im Binnenland. Zwei meiner Onkel – Georg und Walter – arbeiteten geschäftlich eng mit Bremer Firmen zusammen. Verwandtschaft gab es auch in Hamburg, Tante Emmy und Familie. An einen Besuch dort zusammen mit Mutter kann ich mit gut erinnern: Schlimme Erzählungen über die Auslöschung Hamburgs im „Feuersturm" beim tödlichen Bombardement 1943 durch britische und amerikanische Bomberflotten, vierzigtausend Opfer. Viele Tote auch bei den Hamburger Verwandten. Angegilbte Fotoalben-Bilder mit schwarzen Trauerflors wurden gezeigt. („Wer ist das denn, Tante Emmy?" – „Dat is min suster Fine, die is ook doodbleven.")

Weitere Verwandtschaft in Bremen. Mehrfache Besuche, aber keine Namen gemerkt. Gut in Erinnerung geblieben ist mir das Völkerkundemuseum in Bremen, mein erstes „Kultur"-Erlebnis.

Unmittelbare Begegnung im Eingangsfoyer, noch vor einem riesigen Walgerippe postiert: der Watussineger, halb nackt mit Speer in der Hand, die wulstigen Lippen durchspießt, auch die Ohrläppchen durch schwere Gehänge zentimeterlang herabgezogen. Ich war fasziniert, verwundert und gleichzeitig ein wenig verängstigt. So sahen also Menschen aus dem schwarzen Erdteil aus, die sogenannten „Wilden“! Erschreckend eigentlich, irgendwie aber auch interessant.

So hatte dann auch bei mir die unsägliche deutsche Interpretation fremder Kulturen und Menschen aus der damals noch nicht allzu fernen kolonialen Vergangenheit des Deutschlands der Kaiserzeit (der Erste Weltkrieg lag gerade einmal fünfunddreißig Jahre zurück) – mit dem Schlachtruf „Am deutschen Wesen soll die Welt genesen“ – noch ihre Wirkung hinterlassen, wenn auch stark abgemildert im kindlichen Erstauntsein.

Im Nachhinein betrachtet: Kaum zu fassen die unglaubliche Verdichtung dieser geschichtlich gelebten Zeit. Innerhalb von dreieinhalb Jahrzehnten zwei Weltkriege mit entsprechenden Untergangsszenarien, eine Diktatur und der Beginn einer neuen Zeit. Wann hat es jemals etwas Vergleichbares mit dieser Rasanz gegeben?

Neue Adresse: Landwehrstraße 67

Landwehrstraße 67 war ein kleines Doppelhäuschen. Wir bewohnten die linke Hälfte, unsere Nachbarn Kordes die rechte. Unmittelbar an der Straße gelegen, kein Vorgarten. Ein verklinkerter Bau aus den Zwanzigerjahren, kein Siedlungshaus. Einfach, aber nicht unschön, zumindest was die mit Stuck verzierten Fensterbögen und Türgesimse anging.

Eigentümer des Hauses – er nannte noch weitere ähnliche Häuschen sein Eigen – war Dr. Trenkamp, Arzt und Allgemeinmediziner, Angehöriger der Trenkamp-Dynastie, in deren Fabrik „Trenkamps Landmaschinen", nur unweit von unserem Haus entfernt, die legendären Dreschmaschinen, die überall im Oldenburger Land – auch auf dem Hof meines Onkels Oskar – im Einsatz waren, gebaut wurden. Befremdlicherweise in einem Farbton lackiert, den meine Mutter bei ihrer Kleidung „rosenholzfarben" nannte.

Versehen war das hölzerne Ungetüm mit einer machtvollen Schwungscheibe, die mittels eines Antriebsriemens entweder von einem stationären Diesel- oder Elektromotor, manchmal auch noch von einem vorsintflutlichen Lokomobil angetrieben wurde – wie auf dem Hof meines Onkels Willi im Artland, von dem später noch die Rede sein wird. Diese Dreschmaschinen waren wohl ein absoluter Verkaufsschlager, denn der Trenkamp-Clan gehörte zu den reichsten Familien Lohnes und war gleichzeitig der größte Arbeitgeber des Städtchens.

Ein Zeichen ihres Wohlstandes war die Trenkampvilla, ein imposantes Gebäude aus der Gründerzeit, mit diversen Giebelchen und Türmchen. Sie lag in der Brinkstraße, ein wenig weiter stadteinwärts mit gebührendem Abstand zu den profanen Werkshallen, in denen von der dort schuftenden Arbeiterklasse der Wohlstand der Familie vermehrt wurde. Die Trenkampvilla steht noch heute und wird in den örtlichen touristischen Prospekten als eine der Sehenswürdigkeiten der Stadt angepriesen.

Dr. Trenkamp war nicht nur unser Hausbesitzer, sondern auch unser Hausarzt. Er war von kleiner, beleibter Statur, mit Glatze, silberweißem Schnurrbart, immer freundlich mit sanfter Stimme sprechend. Natürlich hatte er viele Privatpatienten, die Kassenpatienten wurden jedoch auch ohne jeglichen Anschein einer Benachteiligung behandelt. Man ging nicht häufig zum Arzt. („Das wächst sich schon wieder aus. Hausmittel helfen auch.") Aber wenn es dann doch erforderlich war, war der Weg zu Dr. Trenkamp unvermeidlich.

Jeweils zum Monatsersten begleitete ich Mutter, die mit dem Mietbuch in der Hand den fälligen Mietzins begleichen wollte, in die prachtvolle Villa, immer ehrfurchtsvoll, aber auch ein wenig beklommen. Die Miete wurde von der Ehefrau des Doktors entgegengenommen und im Mietbuch quittiert. Neunundzwanzig Deutsche Mark, die es dann ja bereits gab, waren es im Monat. Es gab noch die Wohnraum-Zwangsbewirtschaftung mit staatlich verfügter Mietbegrenzung.

Als nach mehreren Jahren der Betrag auf vierunddreißig Mark angehoben wurde, nahm sich Mutter das Herz zu protestieren und nach einer Begründung für diese enorme Mieterhöhung zu fragen. Dr. Trenkamp musste dann kommen, ungehalten darüber, dass nun ein Patient wegen dieser Lappalie warten musste. Was jedoch die Preissteigerung anging, blieb er hart: „Die Kosten! Die Kosten!"

Zähneknirschend musste Mutter dieses Verdikt anerkennen und brachte es auch dankenswerterweise bei künftigen Mietzahlungen nicht mehr zur Sprache. Soweit ich mich erinnern kann, wurde die Miete bis zu unserem Wegzug von Lohne auch nie wieder erhöht. (Wie sehr würden sich heute alle Nicht-Hausbesitzer nach solchen Verhältnissen sehnen!)

Wohnkultur 1950

Unser neues Haus war eher klein, vielleicht sechzig oder siebzig Quadratmeter im Erdgeschoss, dazu noch ein großes Zimmer unter dem Dach und ein zusätzlicher kleiner Keller. Hinter der massiven Eingangstür mit vielen kleinen Scheiben eine Diele mit Garderobe und ein langer Flur zum hinteren Bereich. Links die „gute Stube", nur genutzt an Festtagen und bei Besuchen von Freunden und Bekannten. Manchmal tauchten auch Verwandte uneingeladen auf, die dort hineingebeten wurden.

Hier standen die „Möbel zum Vorzeigen"; Nippes, gar nicht mal so geschmacklos; Kristallgläser im Glasteil der Vitrine, daneben das „gute Serwis". An der Wand drei Bilder: die „Betenden Hände", der „Mandolinenspieler" und eine Gebirgslandschaft mit rauschendem Bach und röhrendem Hirsch. Keine Bücher, die einzigen Bücher waren die Gebetbücher, die in der Schublade der Garderobe verwahrt wurden.

Dies war der alleinige Raum im Haus, der mit einem Kohleofen – einem fortschrittlichen Allesbrenner der Marke „Küppersbusch" – beheizbar war. Durch den Flur gelangte man in die hinteren Räume, zunächst in die Küche, in welcher der Kochherd, der ständig in Betrieb war, dafür sorgte, dass der gesamte hintere Bereich warm oder zumindest temperiert war.

Im Flur führte links geradeaus hoch eine schön verzierte alte Holztreppe zum einzigen Zimmer im Dachgeschoss, mit schrägen Wänden. Eigentlich zu groß, vielleicht zwanzig Quadratmeter, unbeheizt. Im Winter zog es durch die Dachpfannen aus den nicht isolierten Abseiten. Das Zimmer: völlig schmucklos, kein Teppich, kein Bild, kein Regal. Ein Einzelbett, daneben ein Nachtkommödchen, in der Ecke ein billiger Kleiderschrank. Hier schlief ich, nicht wirklich komfortabel. Im Winter kalt, das Bettzeug klamm und muffig; bei besonderer Kälte gab es eine Wärmeflasche aus Kupfer mit ins Bett, eingewickelt in ein Handtuch, damit man sich an dem heißen Metall nicht verbrannte. Im Sommer zu heiß und stickig, da half auch das weit geöffnete einzige Fenster nicht. Aber immerhin hatte ich hier meine Ruhe, das war mein Reich.

Links neben der Küche war die Tür zum Elternschlafzimmer. Klein, eng, zugestellt mit den obligatorischen Möbeln: Doppelbett, rechts und links Nachtkonsolen, dreitüriger Kleiderschrank. Die Möbel alle im Dreißigerjahre-Stil: massiv, solide gearbeitet, nicht so ein Schund wie heute. Noch aus der Vorkriegszeit, vor der Hochzeit 1940 gekauft. Einziges Bild: die Madonna ohne Jesuskind, aber mit zum Himmel emporgerichteten Augen und gefalteten Händen, von puttenhaften Engelein umschwebt.

In dem angrenzenden Raum, den meine Mutter als Näh- und Bügelzimmer nutzte, stand sogar eine kleine Frisierkommode mit Bürste und Kamm aus Schildpatt und einigen wenigen Tiegelchen und Töpfchen für die mütterliche Toilette. Mutter war ja eine durchaus hübsche Frau, die sich trotz der schweren Arbeit zu pflegen wusste. Fast alles wurde selbst genäht: Gardinen, Vorhänge Tischdecken, Hand- und Geschirrtücher, alles auf einer „Singer"-Nähmaschine mit Fußkurbelantrieb. Viele der Kindersachen, der Kleider für meine Mutter und meine Schwester wurden hier hergestellt. Alle Sachen wurden x mal geflickt, insbesondere die Arbeitssachen für Vater. Alle Socken wurden mehrfach gestopft, bis es nicht mehr ging, dann wurden neue gestrickt.

Später zog meine Schwester aus unserem gemeinsamen Schlafzimmer unter dem Dach in dieses Zimmer, hatte aber dort nur ein Bett, aufgestellt neben einem weiteren Wäscheschrank, in dem Mutter ihre gesamte Aussteuer, die sie in die Ehe mitgebracht hatte, lagerte. Sie nutzte diesen Raum auch nach dem Zuzug meiner Schwester weiter als ihr Arbeitszimmer. Dieser war – ebenso wie das benachbarte Elternschlafzimmer – unbeheizt und immer kalt. Außerdem stand – wegen der Frischluft-Manie meiner Mutter – das Oberlicht des Fensters ständig zum Lüften auf Kipp.

In diesem unserem Haus hatten wir uns eingerichtet und fühlten uns recht wohl. In einer Umgebung, in der fast alle Menschen mit vielfältigen Einschränkungen leben mussten, konnte der eigene Mangel leichter ertragen werden. Der gegenseitige Neid schlich sich erst mit steigendem Wohlstand ein.

Erste große Liebe: Bücher!

In dauerhafter Erinnerung geblieben ist mir meine erste Literaturerfahrung während einer länger andauernden Krankheitsphase, ich glaube es waren die Masern. Ich wurde von Mutter mit Medikamenten, leichtem Essen und heißen Getränken versorgt. („Immer gut zudecken, Junge, und schwitzen! Hörst du? Das macht dich wieder gesund.“) Meine ständigen Quengeleien („Mir ist langweilig. Ich will aufstehen“) führten dazu, dass eine Nachbarin, der sie ihr Leid mit ihrem kranken Sohn erzählte, ihr riet, mir doch einfach ein spannendes Kinderbuch zur Zerstreuung zu besorgen. Bücher dieser Art gab es in der katholischen Borromäus-Bibliothek gegenüber der Leichenhalle des Krankenhauses. Ausleihe nur sonntags von zehn bis zwölf, nach dem Ende der Gottesdienste, wahrscheinlich um der Kirche keine Konkurrenz zu machen. Es gab nicht nur katholisch gefärbte Erbauungsliteratur und Sachbücher, sondern auch Belletristik bis hin zu Werken der Weltliteratur.

Die Bibliothekarin, ein älteres unverheiratetes Fräulein mit Goldrandbrille und Dutt, war offenbar literarisch beschlagen und auch in pädagogischen Belangen, wie dem passenden Buch für einen kranken, quengelnden kleinen Jungen erfahren. Sie empfahl meiner Mutter sogar zwei Bücher, damit sie nicht so schnell wieder zur Bücherrückgabe erscheinen müsse: Mark Twains „Die Abenteuer des Huckleberry Finn“ und „Lederstrumpf“ von James Fenimore Cooper, beide zwar Bücher für Kinder, aber gleichzeitig unbestritten auch Werke der Weltliteratur.

So begann also meine Bekanntschaft mit dem geschriebenen und gebundenen Wort bereits beim ersten Versuch auf hohem Niveau. Die Liebe zur Literatur wurde in der kleinen Dachkammer unseres Zuhauses grundgelegt und hat mich in meinem gesamten weiteren Leben begleitet.

Diese beiden ersten wirklichen Bücher in meinem jungen Leben wurden nicht gelesen, sie wurden verschlungen. Welch herrliche neue Ideenwelten, das Eintauchen in die Phantasie, das Miterleben der Abenteuer der Protagonisten! Ein Genuss, den ich noch heute beim Bücherlesen empfinde.
Die Zeit meiner Krankheit verging wie im Fluge. Als ich wieder genesen war, führte mein erster Gang mich zur Bibliothek, wo ich gegen einen einen minimalen Beitrag Mitglied wurde. Danach war ich dort ständiger Gast und schleppte Dutzende von Büchern nach Hause. Zunächst auf Empfehlung Karl May: „Durch die Wüste", „Von Bagdad nach Stambul", „Durch das wilde Kurdistan" und so weiter. Zwischendurch aber dann auch wieder Klassiker wie Melvilles „Moby Dick" oder Daniel Defoes „Robinson Crusoe."

Die Phantasiegeschichten Karl Mays empfand ich damals nicht als Trivialliteratur. Ihm gelang es, mich in eine unbekannte Welt der Abenteuer eintauchen zu lassen, die eine lange Zeit meine Wünsche und Sehnsüchte dominierte : Ich wurde zur fanatischen Leseratte. Das zuvor im Mittelpunkt gestandene freie Spielen geriet immer mehr in den Hintergrund. Meine Eltern begannen sich Sorgen zu machen. Mutter mehr („Der Junge hockt nur noch hinter dem Ofen und schmökert in seinen Büchern. Raus, an die frische Luft!“) ,Vater eher weniger („Lass den Jungen doch lesen., wenn es ihm Spaß macht. Schaden kann’s ja nicht.“) Meistens setzte sich Mutter durch und ich musste meine geliebten Bücher zumindest zeitweise zur Seite legen. Irgendwann normalisierte sich dann meine Lesesucht; ich las zwar weiterhin regelmäßig, aber die Kinderspiele bekamen wieder ihre vorherige Bedeutung. Die Literatur blieb aber bis heute meine große Leidenschaft.

Später, als meine Schwester geboren und aus dem Babyalter heraus war, wurde in der Dachkammer ein zweites Bett aufgestellt, in dem sie schlief. In dieser Zeit war es mit dem ungestörten Lesen natürlich vorbei, weil sie mich ständig irgendetwas fragte oder mit mir spielen wollte. Als sie dann größer geworden war, musste sie wieder ins Erdgeschoss ziehen. („Das gehört sich nicht, Junge und Mädchen in einem Zimmer.“) Nun konnte ich meiner Leidenschaft wieder ungestört frönen.

Zwischenruf: „Olga“

Mit diesem Zimmer unter dem Dach verbinde ich ein weiteres, trotz der langen Spanne vergangener Zeit immer noch gut erinnertes, für mich als Kind dramatisch erlebtes Ereignis.

Kurze Zeit nach unserem Einzug – wir hatten uns in unserem neuen Haus gerade erst eingerichtet, es muss Ende 1951 gewesen sein – erreichte uns ein Schreiben des Wohnungsamtes. Es kündigte an, dass wegen des enormen Zuzugs von Flüchtlingen und Vertriebenen, die bisher nur in Behelfswohnungen, Baracken oder schlimmstenfalls in „Nissen-Hütten“ untergebracht worden waren, die Zuweisung einer Einzelperson in unser „ausreichend großes“ Haus im Dachgeschoss erforderlich sei. Meine Eltern wurden aufgefordert, sich zur Regelung der Einzelheiten in der Stadtverwaltung einzufinden.

Das war ein Schock für die Familie: Von wegen „ausreichende Räumlichkeiten“! Wir hatten selbst Mühe, auf den wenigen Quadratmetern des kleinen Häuschens zurechtzukommen. Und dann die Einquartierung einer zusätzlichen, zudem noch völlig fremden Person, vielleicht sogar für längere Zeit. Mutter war sofort auf einhundertachtzig: Lautstark wurde abends zwischen den Elternteilen der bevorstehende Einbruch dieses außergewöhnlichen Ereignisses in das bisher weitgehend ruhige Familienleben diskutiert. Der Familienfrieden war dahin. Auch ich begriff, was dies alles für mich bedeuten würde: den zwangsweisen Auszug aus meinem angestammten Reich unter dem Dach und der Umzug in das Behelfsbett in Mutters Nähzimmer.

Ressentiments gab es bei den Alteingesessenen gegenüber den Neubürgern aus dem weit entfernten Osten des ehemaligen Reiches viele: Wer kannte schon Schlesien, Pommern, Ostpreußen oder gar den Warthegau? Man wusste nur aus sporadischem eigenem Erleben, dass diese Menschen eigenartig fremd, manchmal gar nicht verständlich sprachen. War das vielleicht gar Polnisch? Für die meisten sturschädeligen Oldenburger kamen diese Fremdwesen aus „Pusemukel“, der „kalten Heimat“, waren „Beute-Germanen“ oder – noch einfacher – „Polacken“. Die sollten dorthin verschwinden, wo sie hergekommen waren!

In ähnlicher Weise äußerten sich auch meine Eltern. Mutter nach ihrer Art aggressiv und keifend; Vater, der sonst eher besonnen war, nun doch auch eindeutig: „Polacken kommen nicht in unser Haus!“ Mehrfache Anschreiben des Wohnungsamtes blieben unbeachtet, bis dann die Ankündigung der Zwangseinweisung ins Haus flatterte. Diese undankbare Aufgabe hatte Wachtmeister Timmermann, ein älterer, strammbäuchiger Vertreter der Ordnungsmacht, den alle im Viertel kannten und respektierten. Ein ruhiger, besonnener Mann, der aber nun die Einweisung durchzusetzen hatte. Vor dem endgültig feststehenden Termin erschien er noch einmal, um meinen Eltern klarzumachen, dass an der Amtshandlung nichts zu ändern sei. Sie sollten ihm das Leben doch nicht so schwer machen. Die Eltern blieben uneinsichtig: „Nur über unsere Leichen!“ Worauf Wachtmeister Timmermann abzog, nicht ohne vorher anzukündigen, dass nunmehr die Zwangseinweisung in Kürze erfolgen würde, zur Not unter Einsatz polizeilicher Gewalt. („Ich habe nun alles im Guten versucht. Aber ihr wollt ja keine Vernunft annehmen.“)

Am nächsten Tag stand er dann in voller Montur, mit Dienstmütze und umgeschnalltem Pistolenkoppel vor unserer Haustür und verlangte unmissverständlich Einlass. Im Hintergrund zu sehen war eine jüngere Frau, verängstigt, mit abgetragenem Mantel und einem „Flüchtlingsturban“ auf dem Kopf, einen schweren, abgeschabten Koffer – offenbar mit ihrer gesamten Habe – neben sich abgestellt.

Gottlob war Vater auf Arbeit, sonst hätte es möglicherweise ein größeres Unglück gegeben. Mutter beschränkte sich darauf, den mehrfachen polizeilichen Anordnungen zum Öffnen der Haustür lautstark zu widersprechen. Bis Timmermanns Geduld zu Ende war und er – nach letztmaliger Warnung – sein Pistolenhalfter öffnete und die Waffe herausholte, was meine Mutter zu schrillen Angstschreien veranlasste. Mit einem kräftigen Schlag des Pistolenkolbens zerschlug er eine der unteren kleinen Scheiben in der Haustür, um mit einem beherzten Griff durch diese Öffnung den Schlüssel, den Mutter vergessen hatte abzuziehen, im Türschloss zu drehen und die Tür von innen zu öffnen.

Mutter war so geschockt, dass sie schreckensbleich jede weitere Widerstandshandlung unterließ. Ich kleiner Bub stand eng in eine Mauerecke gepresst, mit klopfendem

Herzen, verängstigt, und beobachtete mit weit aufgerissenen Kinderaugen den weiteren Verlauf der Angelegenheit. Timmermann stellte die Frau, die – ebenfalls völlig eingeschüchtert – im Hausflur stand, als Olga Sowieso vor, die nun bis auf Weiteres bei uns im Dachgeschoss wohnen würde. Seine Aufforderung an Mutter, ihm die neue Behausung zu zeigen, ignorierte diese und zeigte nur mit dem Finger zur Treppe, die der Polizist schweratmig stapfend hinaufstieg, Olga im Gefolge.

Lautes Jammern und Weinen meiner Mutter hinderten ihn nicht daran, sie aufzufordern, sich in das Unvermeidliche zu fügen und die neue Mitbewohnerin nicht zu belästigen. Sonst müsse er noch einmal wiederkommen, und das wolle sie doch sicher nicht. Als letzte Amtshandlung setzte er die Übergabe eines Zweitschlüssels für die Eingangstür durch.

Die Familie arrangierte sich irgendwann – grollend und voller kalter Abweisung – mit der neuen Situation. Weiterhin bestand aber offene Feindschaft – die vor allem von Mutter geschürt wurde – zwischen „Olga von der Wolga“, wie sie von nun an genannt wurde, und meinen Eltern. Auch ich wurde ermahnt, mich von Olga fernzuhalten, die ich eigentlich ganz nett fand und die oft ein freundliches Wort für mich hatte, wenn meine Eltern nicht dabei waren.

Die größte Sorge meiner Mutter, dass sie sich mit der Zwangseinweisung eine „Polen-Hure“ eingehandelt haben könnte, erwies sich gottlob als nicht stichhaltig. Es gab zwar Herrenbesuche, die aber – von Mutter argwöhnisch überwacht – nie über Nacht blieben, offenbar Landsleute aus ihrer alten Heimat. Sie sprachen auch nicht Polnisch, sondern irgendwie doch Deutsch. Wie Olga in dem einen Zimmer lebte, war uns allen ein Rätsel. Außer den wenigen Möbeln, die im Zimmer verblieben waren, hatte unsere neue Mitbewohnerin nichts. Wenn Mutter vor der Einweisung die amtliche Verfügung ernst genommen hätte, wäre sie sicherlich in der Lage gewesen, auch dieses wenige Mobiliar wegzuräumen und Olga ein völlig leeres Zimmer zu überlassen. So aber hörte man, meistens abends, wenn es bereits dunkel war, trappelnde Schritte von Leuten, die irgendwelche Utensilien die Treppe hinaufschafften. Offenbar auch einen Plattenkocher, denn hin und wieder nahm man Essensgerüche im Treppenhaus wahr.

An die Notwendigkeit zur Befriedigung anderer wesentlicher Bedürfnisse hatte wohl auch das Wohnungsamt nicht gedacht: Olga hatte kein Wasser und auch keine Toilette. Mutter verweigerte ihr nach einer zwischenzeitlich schüchtern vorgebrachten Bitte rigoros den Zutritt zu dem von uns genutzten Teil des Hauses.

Wie Olga diese Probleme löste, ist bis zum Schluss im Dunkeln geblieben. Vielleicht konnte sie das Wasser zum Kochen und Abwaschen in Kanistern vorhalten und auch entsorgen und die Mindestanforderungen an die Körperhygiene bei Freunden und Bekannten erledigen. Angenehm war diese Leben mit all den menschenunwürdigen Einschränkungen für sie sicherlich nicht.

Olga wohnte nicht sehr lange bei uns, vielleicht ein halbes Jahr. Dann war sie eines Tages ohne ein Wort verschwunden. Mutter war erleichtert und machte sofort eine Zimmerinspektion. Erstaunlicherweise hatte sie keine Beschwerden zu vermelden. Die zuvor vorhanden gewesenen Möbel waren alle unbeschädigt, Olgas Utensilien waren weggeschafft worden. Sie hatte sogar den Boden gewischt und das Oberlicht auf Lüftung gestellt. Na, immerhin!

Ich konnte meine Behelfsschlafstatt verlassen und wieder in mein angestammtes Reich zurückkehren. Das Familienleben nahm wieder seine gewohnten Formen an.

Mir selbst sind die Ereignisse um Olga immer im Gedächtnis geblieben, ein dauerhafter Eindruck aus selbst erlebter Nachkriegsgeschichte. Noch heute schäme ich mich für meine Eltern wegen ihres unwürdigen Verhaltens gegenüber der unglücklichen Flüchtlingsfrau.

„Spare in der Zeit, so hast du in der Not!“

Am Ende des Erdgeschossflurs führte links eine schmale Stiege hinunter in einen kleinen Keller. Außenwände gemauert, unverputzt, Fußboden aus gestampftem Erdreich. Schön kühl, aber auch ein wenig muffig, weil Luft nur durch ein kleines Fenster mit drahtbespanntem Rahmen hereinkam, aber nicht feucht. Zwei niedrige Räume, die Erwachsenen mussten den Kopf einziehen. Viele Spinnweben mit ihren Bewohnerinnen und sonstiges Krabbelgetier. Manchmal hatte sich eine Maus dorthin verirrt, die wurde dann gnadenlos gejagt.

Besonders schlimm waren für mich die Arrestzeiten, die ich wegen angeblich schwerwiegender Vergehen auf Mutters Geheiß, gegen das auch noch so großes Protestgeschrei nichts half, hier zubringen musste. Nach dem Ende der meist mehrstündigen Haftzeit wurde ich völlig verstört wieder aus dem Verlies geholt. („Jetzt weißt du, was passiert, wenn du so etwas noch einmal machst. Merke dir das!“) Immer wenn ich in den Keller hinuntergeschickt wurde, um etwas hochzuholen, erinnerte ich mich mit unguten Gefühlen an diese Erlebnisse.

Vorn im Keller lagerte Mutter ihre selbst hergestellten Marmeladen und Gelees, auch alles Eingeweckte aus unserem Garten, ebenso die selbst gemachten Säfte. Wir waren fast komplette Selbstversorger; autark, wenn auch aus dem Mangel der Nachkriegsjahre geboren. Äpfel, sorgfältig auf Regalbrettern abgelegt, wurden regelmäßig gewendet, um Druckstellen zu vermeiden. Im hinteren

Raum unser Grundnahrungsmittel: die Kartoffeln – „Tüffelken“ genannt –, auch aus dem eigenen Garten, gelagert in einer von Vater gebauten Kartoffelkiste. Zuerst nach der Einkellerung im Herbst noch frisch, dann immer runzeliger werdend mit länger und länger wachsenden Trieben, die Mutter vor dem Schälen der Knollen abbrach und die Reste als „Augen“ ausstach. Die Salzkartoffeln auf dem Teller wurden immer kleiner durch den vielen Ausschuss. Die ganz faulen wurden aussortiert und auf dem Kompost entsorgt. Der Kreislauf der Natur funktionierte.

Gegessen wurden diese Kartoffeln das ganze Jahr. (Ob unsere späteren südeuropäischen Mitbürger von den Essensgewohnheiten im bitterarmen Nachkriegsdeutschland gewusst haben, wenn sie ihre Gastgeber „Kartoffelfresser“ nannten?) Im Frühjahr gab es dann die ersten Frühkartoffeln. Wie haben wir uns immer darauf gefreut! Die Kartoffel war jahrelang unser Hauptnahrungsmittel, als Salzkartoffel, Bratkartoffel oder Kartoffelpüree, manchmal auch als Kartoffelklöße. Selten gab es Reis oder Nudeln, und wenn, dann nur Makkaroni, die ich verabscheute. Beides musste gekauft werden, kostete also Geld, und Geld war keines da. Dank der runzeligen, nicht immer wohlschmeckenden Knolle: Sie hat uns in den ersten Nachkriegsjahren das Überleben gesichert.

Am Ende des Flures im Erdgeschoss lag der hintere Bereich des Hauses, in dem sich das eigentliche Leben abspielte. Zuerst die große Küche mit dem Esstisch, an dem auch die Speisen vorbereitet wurden, mit einer Eckbank und Stühlen. Daneben der wuchtige Kochherd – ebenfalls von „Küppersbusch“ – mit umlaufender Stange zum

Trocknen der Küchentücher. Auf der Herdplatte herausnehmbare Ringe für unterschiedliche Topfgrößen, zusätzlich eine Warmhalteröhre. Darunter ein Backofen.

Der Herd war ständig unter Feuer, meistens Holz oder Kohlen, gelagert in der Kohlenkiste neben dem Herd, manchmal auch Stücktorf, wenn Vater im Moor gearbeitet hatte. Das ergab dann immer einen angenehmen Geruch in der Küche.

Dieser Herd sorgte vor allem in der kalten Jahreszeit dafür, dass nicht nur die Küche immer warm war, sondern auch die danebenliegenden Räume stets etwas temperiert waren, obwohl an deren Fenstern bei strengem Frost trotzdem die Eisblumen blühten.

Abends, kurz vor dem vollständigen Herunterbrennen, wurden ein, zwei Briketts, in Zeitungspapier eingewickelt, in die Feueröffnung hineingelegt, um die Glut zu halten. Diese wurde dann morgens früh noch vor sechs Uhr von Mutters Blasen und Stochern wieder zum Leben erweckt.

An der gegenüberliegenden Wand stand der solide hölzerne Küchenschrank, unten massiv, oben mit Aufsatz, ganz oben der Schäferhund aus Porzellan, der zwischen seinen Pfoten die Küchenuhr hielt. Rechts und links Klapptüren, darüber Schubladen und Auszüge. In der Mitte ein Hohlraum – eine Art Kredenz –, in dem dann neben dem Brotkasten auch eine hübsche Schüssel und ein Keramikbecher mit Bemalung standen. Keine Karaffe mit irgendeiner Art von Alkohol – den gab es bei uns nicht –, noch nicht einmal ein Likörchen für Mutter, höchstens irgendwo versteckt für unverhoffte Gäste. Keine Blumen, keine Dekoration, alles nur zweckmäßig. Ein einziges Bild hing an der Wand über dem Küchentisch: der Schutzengel, der ein kleines Kind an der Hand haltend dieses auf einem schmalen Steg über einen tosenden Wildbach geleitet.

In diesem praktischen Möbelstück befand sich alles, mit raffinierter Ordnung gelagert, was die Familie – zusammen mit den Vorräten aus dem Keller – zum Leben brauchte: Mehl, Grieß, Graupen, Sago, Öl und Essig, Zucker und Salz, einige Gewürze. Alles an Alltagsgeschirr und -besteck. Das „gute“ war in der Wohnstube untergebracht und durfte, außer zu besonderen Anlässen, nicht genutzt werden. Für die Kinder emaillierte Blechtassen, abgestoßen, mit Bemalung. Auf meiner Tasse: ein Ziegenbock, der aufgerichtet einen anderen mit den Hörnern stößt.

Die dickbauchige Kaffeekanne, in der kein Bohnenkaffee aufgebrüht wurde, sondern nur Zichorie, der berühmt-berüchtigte „Muckefuck“. (Tee wurde interessanterweise, obwohl im Norden, nur selten getrunken.) „Echten“ Bohnenkaffee gab es zu Anfang nur in 16-Gramm-Portiönchen. („Junge, lauf doch mal schnell zu Kaufmann Börgerding und hole ein Achtel guten Bohnenkaffee.“) Oft heimlich, wenn Mutter ein paar Groschen vom immer kargen Haushaltsgeld abgezwackt hatte, wahrscheinlich mit schlechtem Gewissen. Das Gleiche bei der sogenannten „guten Butter“. Normalerweise gab es nur Margarine, „Affenfett“ genannt.

Kein Kühlschrank, wer hatte schon einen? In den Kreisen, in denen wir verkehrten, habe ich als Kind nie einen gesehen.

Wozu auch? Fleisch gab es nur ein-, zweimal in der Woche und wurde dann sofort verbraucht, ebenso wie die Milch. Sonstige schnell verderbliche Lebensmittel gab es nicht. Zur Kühlung im Kellerregal abgestellt reichte völlig aus.

Auch keine Abfalltonnen. Lebensmittel gab es nur in Papier verpackt, das im Herd verbrannt wurde. Keinerlei Plastik. Das Pergamentpapier, in dem die fettigen Sachen eingepackt waren, wurde gesäubert und diente als Einwickelpapier für die mitgenommenen Frühstücksbrote. Organische Abfälle wurden in der Gartenecke kompostiert.

Es gab nur eine Blechtonne, in der die Asche der Feuerung morgens entsorgt wurde. („Achtung! Keine heiße Asche einfüllen!“) Einmal die Woche wurde die Tonne von sogenannten „Ascheimerleuten“ abgeholt, mit viel Staub und Gestank auf die offene Ladefläche eines alten Vorkriegshenschel gekippt, um auf die Aschegrube gefahren zu werden. Praktizierter Umweltschutz, aus dem Mangel geboren.

Hygiene: Es geht auch unkompliziert!

In einer Ecke der Küche war der wuchtige Spülstein aus Terrazzo eingebaut, daneben die Pumpe für das Wasser, mit Schwengel und kupferner Haube, die jeden Morgen von Mutter mit Sidolin blank gewienert wurde. Das Abwasser wurde abgeführt durch ein Rohr, das außerhalb aus der Wand ragte, in eine schmale Rinne aus Backsteinen lief, die in den Anfang des Gartens führte, um dort zu versickern. Diese vermatschte Stelle galt es zu meiden, wenn man in den Garten wollte. Das war die gesamte kostenneutrale Hausinstallation: kein Wassergeld, keine Gebühr für Abwasser. Keiner hat etwas vermisst.

Von der Küche führte der Weg nach hinten heraus über zwei Steinstufen zu einem Anbau, ehemals ein kleiner Schweinestall. Man konnte noch die Befestigungen für das Schutzgitter und die Pissrinne sehen. Der Fresstrog war abgebaut. Ein Schwein im heimischen Stall hatten vor und in den ersten Jahren nach dem Krieg viele der „kleinen Leute", um ihre Fleischversorgung zu sichern: Autarkie! Während der Nazizeit verboten: Schwarzschlachtung wurde empfindlich bestraft, ein schweres Vergehen gegen die „Volksgemeinschaft".

Auf der ehemaligen Standfläche für das Schwein war nun der Waschkessel platziert, ein großes rundes Ungetüm mit feuerfestem Unterteil, der über eine Feuerklappe beheizt wurde. Oben das Teil aus Stein mit dem verzinkten Einsatz für die Wäsche und dem dazugehörigen Deckel.

Einmal in der Woche – mittwochs oder donnerstags – war Waschtag. Schwerstarbeit für Mutter, die sich dabei von niemandem helfen ließ, außer dass ich nach dem Spülen die Kurbel der Auswringmechanik drehen durfte. Die gewrungene Wäsche wurde aufgehängt auf der fünfzig Meter langen Wäscheleine entlang des Gartenweges. Bei Wind gab es lustiges Geknatter. Dann folgte die stundenlange Arbeit des Bügelns von Hand.
Später wurde dieses vorsintflutliche Relikt der Wäschereinigungstechnik ersetzt durch eine modernere, aber immer noch primitive Waschmaschine, immerhin elektrisch zu beheizen mittels eines provisorisch verlegten Verlängerungskabels. Ein sogenannter „Kopflader". „Witsch, wutsch" machte das Rotorblatt, das die Wäsche in der Lauge durcheinanderwirbelte. Klar gespült und gewrungen wurde die Wäsche immer noch von Hand. Mutter aber war stolz auf diese für sie neue Errungenschaft des technischen Zeitalters, das nunmehr auch bei uns Einzug gehalten hatte.
Natürlich gab es bei uns kein Badezimmer. Wer hatte das schon in Arbeiterkreisen? Eine große Zinkwanne wurde am Samstagnachmittag in die Küche geschleppt und aus einem riesigen Einweckkessel auf dem Herd mit warmem Wasser befüllt. Zuerst waren wir Kinder dran: Zunächst widerspenstiges Sträuben, schnell erstickt von Mutters kräftiger Rubbelhand, danach fröhliches Geplansche. („Macht bloß keine Überschwemmung, Kinder! Das bekommt dem Holzfußboden nicht.") Danach kam Vater an die Reihe und zum Schluss, mit frischem Wasser, die Mutter. Zuvor wurden wir Kinder aus der Küche gewiesen: erwachsene Nacktheit war ein Tabu. Hinterher war

aber nach dieser Anstrengung wieder einmal der Körperhygiene für eine weitere Woche Genüge getan. An den restlichen Tagen wusch man sich an der Pumpe. Das reichte, keiner hat erkennbar gestunken.
Eine Ecke des ehemaligen Schweinestalles im Anbau war abgemauert und mit einer Tür und einem schmalen Fenster versehen. Hier war die Toilette, ein Plumpsklo mit hölzernem Deckel. „Platsch" machte es bei Benutzung, an den Geruch hatte man sich schnell gewöhnt. Wasserspülung war nicht vorhanden, auch nicht erforderlich, denn die Hinterlassenschaften fielen in die unmittelbar darunter befindliche Jauchegrube.
An einem Drahthaken war das Klopapier aufgespießt, passend klein gerissene Streifen der „Oldenburger Volkszeitung". Dieses Blatt wurde uns freundlicherweise von einer Nachbarin, die es abonniert hatte, nach der Lektüre überlassen.
Als ich später lesen konnte, war dies eine Gelegenheit, während der Sitzungen aus den Blattrudimenten bruchstückhafte Informationen zum Weltgeschehen zu erschließen: „Adenauer fordert Wiederbewaffnung", „Vertriebene wollen ihre alte Heimat zurück" oder – erheblich weiter entfernt – „Suezkrise! Engländer, Franzosen und Israelis besetzen die Kanalzone". Aber auch über näher liegende, ebenfalls nicht unwichtige Ereignisse konnte man etwas erfahren: „Schlägerei auf Krimpenforter Schützenfest" oder „Kaninchenzüchter stellen im Dorfgemeinschaftshaus in Brägel ihre Lieblinge aus".

In einer Ecke dieses Häuschens war in einem Karton mit Deckel eine verstaubte Quetschkommode abgestellt, ein altes, relativ kleines Hohner-Akkordeon, noch funktionstüchtig. Keiner wusste, wie es an diesem Örtchen gelandet war (ein Erbstück?). Niemand in der Familie spielte ein Instrument, bis auf Vater, der ein recht guter Mundharmonikaspieler war.

Entsorgt wurde das Plumpsklo über die Jauchegrube, die von außerhalb entleert werden konnte. Gut abgedeckt, damit niemand hineinfallen konnte. Dieses widerfuhr einige Zeit später meiner kleinen Schwester. Diese hatte bei den Nachbarn Müller auf der gegenüberliegenden Straßenseite auf der Abdeckung vor deren Jauchegrube gespielt und war dabei, als mehrere Abdeckbretter brachen – zunächst unbemerkt – in die Grube gefallen. Fast wäre sie dort jämmerlich in der müllerschen Gülle zu Tode gekommen, wenn ihr erbärmliches Geschrei und das verzweifelte Plantschen in dem übel riechenden Grubeninhalt nicht doch noch von Mutter Müller gehört worden wären. Sie zog meine Schwester in letzter Sekunde mit kühnem, wenn auch schmerzhaftem Griff an ihren damals langen Haaren aus der stinkenden Brühe heraus. Bei dieser Aktion büßte Frau Müller bei einem Sturz vor dem rettenden Zugriff („Oh Gottogott! Diese Aufregung!") zwei ihrer Vorderzähne ein, die jahrelang aus Geldmangel nicht ersetzt werden konnten. Irgendwann hatte sie dann aber doch wieder neue.

Dieses körperliche Manko konnte allerdings bei meinen Eltern kein größeres Mitleid erregen: Jemand, der seine Jauchegrube nicht ordentlich abdeckt und damit fast die eigene Tochter ermordet, habe es nicht besser verdient.

Zwischenruf: Verdrängte Erinnerung

Heute völlig vergessen ist offenbar, dass – im Rückblick – vor nicht allzu langer Zeit (was sind schon fünfzig Jahre aus geschichtlicher Sicht betrachtet?) in Deutschland in vielen, wenn nicht in den meisten Familien so gelebt wurde, zumindest in der Arbeiterschaft.

Heute bleibt höchstens ungläubiges Staunen, wenn darüber in Erzählungen der Älteren einmal berichtet wird. Stattdessen: arrogantes Naserümpfen über die ausländischen Nationalitäten, die heute als Mitbürger bei uns leben, die ja angeblich früher alle so gelebt haben und zum Teil immer noch so leben.

Die verdrängte Erinnerung: Ein Kapitel für sich bei den Menschen, die solch große Entbehrungen erlitten, sie aber erfolgreich aus ihrem Gedächtnis getilgt haben. Manchmal ist es hilfreich, wenn man sie sich wieder ins Bewusstsein zurückruft. Eigentlich müssten dann viele bescheidener und auch ein wenig demütiger werden. Das würde manchem guttun und auch das Zusammenleben mit unseren Mitbürgern aus dem Osten, dem Südosten Europas und dem Vorderen Orient entspannen.

Ein langer Prozess mit zweifelhaftem Erfolg, aber vielleicht doch einen Versuch wert.

Autarkie: Kein Fremdwort

Zweimal im Jahr, im Frühjahr und im Herbst, wurde die Jauchegrube entleert. Vater machte das mit einer langstieligen Schöpfkelle, umgefüllt in Blecheimer, die dann in die Beete des Gartens entleert wurden. Die dicken Brocken gut erkennbar, ebenso – weniger deutlich und fast unlesbar – die Überreste der „Oldenburger Volkszeitung".

Später wurde dann alles mit meiner Hilfe in den Rinnen zwischen den Beeten gut untergehäufelt. („Ein prima Dünger, Junge. Pass mal auf, wie das jetzt wächst!") Und er hatte recht: Alles gedieh prächtig. Kein Nachdenken über die Herkunft dieses Düngers, der ja nun in den Adern der Pflanzen pulsierte, die wir später aßen. Keinerlei Ekelgefühle, alles war Natur, alles war bestens.

Hinter der Grube stand der von Vater selbst erbaute Schuppen aus Wellblech, in dem unser Brennholz, der Torf und verschiedene Werkzeuge gelagert wurden. („Geh mal eben in den Blechstall, Junge, und hol einen Armvoll Holz für die Feuerung.")

Im Herbst zog ich mit Vater mit einem Bollerwagen in den Wald, um Kleinholz zu sammeln, das bedurfte keiner Erlaubnis. Für die größeren Stücke sprach er vorher mit gezogener Mütze mit dem Revierförster, der wohlwollend alles gestattete. „Schriftliche Genehmigung": ein Fremdwort! Das gesammelte Holzwerk wurde dann in tagelanger Arbeit von Vater klein gesägt und klein gehackt. Dabei durfte ich nicht helfen. („Zu gefährlich. Geh mal einen Schritt zur Seite!")

Im Gegensatz dazu mein Onkel Oskar auf dem Hof in Daren, wo ich jahrelang immer wieder meine Ferien verbrachte. Er war offensichtlich weniger sorglos: „Hau mol richtig tau, min Jung! Du mosst den Kloben fasthollen, doormet du hem ook richtig treffen deist“, kommandierte er in seinem Oldenburger Platt. Beim zweiten Versuch landete die scharfe Schneide des Beils in meinem linken Zeigefinger. Blut überall! Der Dorfarzt wurde gerufen, um die tiefe Fleischwunde zu nähen. Onkel Oskar musste sich eine gehörige Strafpredigt von seiner Frau, meiner Tante Trude, anhören, jedoch ohne nachhaltigen Erfolg: Er blieb weiterhin so unbedarft, wie er nun einmal war. Die Narbe trage ich noch heute mit mir herum. Sie ist als „unveränderliches Kennzeichen“ in meinem Reisepass eingetragen.

Wenn das Werk des Holzmachens für den Winter vollendet war, wurden die ofengerechten Kloben mit meiner Hilfe im Blechstall eingelagert. Dann wischten wir beide uns den Schweiß von der Stirn und Vater strich mir anerkennend über die Haare.

Hinter unserem Blechstall war noch ein weiterer selbst gebauter Schuppen: unser Hühnerstall mit einem Auslauf für die Bewohner, der wegen der Habichte mit Maschendraht überdeckt war. Sechs Hühner, die auch regelmäßig frische Eier legten, zusätzlich ein Hahn. Ich hatte den Auftrag, jeden Tag die Wegraine abzusuchen, um Grünzeug zu sammeln, möglichst Löwenzahn, aber auch Huflattich. Alles das, was das Gackervolk gerne mochte. Einmal die Woche einen Püngel Mais und anderes Getreide auf dem Gepäckträger des Fahrrades, das ich dann später hatte, von der landwirtschaftlichen Genossenschaft neben dem Bahnhof abgeholt. Fünfzig Pfennig pro 10-Kilo-Säckchen. Entsprechend wunderschön gelb waren die Eidotter. Ein weiteres fast kostenloses Grundnahrungsmittel.

Das Grünzeug war auch für die Kaninchen bestimmt, vier Häsinnen und ein Rammler für die Nachzucht, die in kleinen Verschlägen neben dem Hühnerstall gehalten wurden. Bei entsprechenden Zusammenkünften der paarungsbereiten Tiere waren interessante Beobachtungen zu machen, danach stellte sich der Nachwuchs ein.

Sie zu füttern, war immer eine besondere Freude: die kleinen Mäulchen; die hervorstehenden Nagezähnchen, die beim Füttern an den Fingerkuppen knabberten; die dunklen lebhaften Knopfaugen; das samtene Fell.

Die finalen Schicksale dieser putzigen Geschöpfe waren die Fest- und Geburtstage – die wenigen Tage, an denen ein wirklicher Braten auf dem Esstisch stand.

Das Mitleid – auch bei mir, trotz aller Liebe für die Viecher – hielt sich in Grenzen. („Armes Häschen, aber lecker!“)

Unser Garten: ein schmaler Schlauch innerhalb des großen Grundstücks, das wir uns mit unseren Nachbarn teilten. Sicherlich hundertfünfzig Meter lang, aber nur zehn Meter breit. Trotzdem ansehnlich groß und für unsere Selbstversorgung ausreichend, durch einen langen Mittelgang mit jeweils einer Wäscheleine rechts und links vom Gartenstück unserer Nachbarn getrennt. Keinerlei Schnickschnack, einige Schnittblumen nur in ungenutzten Ecken, ein paar Staudenpflanzen. Reine Zweckmäßigkeit herrschte vor.

Im vorderen Teil: Apfel-, Pflaumen- und Birnbaum. Viele Beerensträucher, Himbeeren, Stachelbeeren, schwarze Johannisbeeren. Keine Brombeeren. („Dieses verdammte Stachelzeugs.“) Alle Beerensorten waren die Basis für herrliche Kompotte und selbst gemachte Säfte. Für den Holundersaft, der als wirksames Heilmittel bei Erkältungskrankheiten von Mutter eingeflößt wurde, mussten wir Kinder an den Wegrändern die Dolden von den Büschen abzupfen. Im Sommer ging es mit der ganzen Familie in den Wald, um dort Bickbeeren zu sammeln; gezuckert sehr köstlich, vor allem, wenn es Schmand aus eingedickter Milch dazu gab.

Gemüse der vielfältigsten Art gab es im Garten: Bohnen, an langen Stangen hochrankend, später verarbeitet zu Bohneneintöpfen oder eingeweckten Schnippelbohnen. Erbsen, hochwachsend an bizarr verästelten Reisigen, die leckeren weichen Schoten und die kleinen süßen Erbsen vorher schon – trotz Verbots – genascht. In geradlinig gezogenen Reihen: Beete mit Kopfsalat, Zwiebeln, Schlangengurken. An Tomaten kann ich mich nicht erinnern. Auch Lauch, Radieschen und Möhren, genannt „Wurzeln“, auf Platt „Wotteln“. Ein beliebter Eintopf war „Arfgen un Wotteln“. Ein paar Kürbisse, für den Winter Rosen – und Grünkohl. Alles von Mutter frisch oder eingeweckt verarbeitet. Vitamine im Überfluss, dazu noch kostenlos.

Im hinteren Teil – gut ein Drittel der gesamten Gartenfläche – war Platz für unsere Überlebensknolle, die Kartoffel. In der Wachstumsphase sammelten alle Familienmitglieder zusammen die Kartoffelkäfer ab, die dann den Hühnern zum Fraß vorgeworfen wurden. Im Herbst wurden die Knollen von Vater mit der Forke ausgemacht und später das getrocknete Kartoffellaub, wie auf den Feldern der Bauern auch, angezündet und unter großer Rauchentwicklung verbrannt. Niemand beschwerte sich über die schädliche Emissionsbelastung. Danach war für uns Kinder das Rösten der Kleinkartoffeln, die beim Aufsammeln liegen geblieben waren, in der Glut und das anschließende Verspeisen der viel zu heißen Köstlichkeiten mit blasenden Backen und dennoch verbrannten Zungenspitzen ein lang erwartetes Vergnügen.

Steckrüben – die als „Oldenburger Südfrüchte" spöttisch benannte regionale Spezialität – baute Mutter nicht an. Diese wurden bei Bedarf beim Bauern für ein paar Groschen gekauft, um später zu gestovtem, mit Möhren und Bauchspeck veredeltem Eintopf verarbeitet zu werden.

Klare Arbeitsteilung im Garten: Mutter war die Chefin, das war ihr Reich. Vater der Mann fürs Grobe, die Kinder für die Hilfsdienste. Vaters Aufgabe für das Grobe meinte vor allem das Umgraben des gesamten Gartens im Frühjahr vor der Neubepflanzung, eine Knochenarbeit für den eh tagtäglich schwer arbeitenden Mann. Vorher das Düngen: in Säcken mitgebrachter strohiger Mist von den Bauern, bei denen Vater während seiner Arbeitslosigkeit aushilfsweise arbeitete. Manchmal auch frische Pferdeäpfel, eigentlich gut aussehend und auch angenehm riechend.

Ich durfte helfen beim Einfüllen dieses Mistes und der darunterliegenden Unkrautschicht durch das Abscheppen mit der Flachschaufel in die zuvor von Vater mit dem Spaten ausgehobenen tiefen Rinnen. Anschließend wurde alles schön geglättet und geharkt, auf das Setzen der neuen Pflanzen wartend. Für mich, und später auch für meine Schwester, gab es dann nur noch Hilfsarbeiten. („Kinder, tretet bloß nichts kaputt und nascht nicht so viel!“) Für den, der es trotzdem getan tat, setzte es eine mütterliche Ohrfeige ohne weiteren Kommentar.

Der Garten war Mutters Lebensmittelpunkt. Fast pausenlos nach Erledigung der übrigen Hausarbeiten war sie dort werkelnd zu sehen. Angenehmer Nebeneffekt für mich: In diesen Phasen blieb keine Zeit für die Erziehung, auch vor Ohrfeigen war man weitgehend geschützt.

Freies Spielen war angesagt. („Raus aus dem Haus, lauf mir nicht zwischen den Füßen herum! Pünktlich um sechs zurück, sonst gibt's nichts mehr zu essen, und mach mir bloß keinen Blödsinn!“) Herrliche Freiheiten! Was wäre ohne dieses freie Spielen – bei dieser Erziehung – aus mir geworden? Das hat – glaube ich – fast alles Negative wieder kompensiert.

Ohrfeigen gab es abends dann nur, wenn man zu dreckig oder – noch schlimmer – mit zerrissener Kleidung nach Hause kam. Über zerschundene Knie und blutende Unterarme wurde kein Wort verloren. („Das wächst von selbst wieder zusammen.“) Alles war vergessen beim Abendbrot: Milchreis und frische Graubrotscheiben mit „Affenfett“ und dick Kunsthonig, Pflaumenmus ging auch.

Noch besser: „Grafschafter Goldsaft“, ein zuckersüßer Rübenkrautsaft. Er wird noch heute hergestellt. Dann halb nackt unter die Pumpe am Spülstein zum Waschen und Zähneputzen.

Kontrollen nach der Körperreinigung gab es zum Glück keine. Danach ging’s spätestens um acht im viel zu großen Pyjama ins Bett in der Dachkammer. Gutenachtgeschichten? Ich kann mich nicht erinnern. Stattdessen das Nachtgebet mit gefalteten Händen: „Müde bin ich, geh zur Ruh’, schließe meine Augen zu. Hab ich Unrecht heut’ getan, sieh es lieber Gott nicht an. Und wache über meinen Schlaf …“ – oder so ähnlich.

Ich habe dann immer noch darüber nachgedacht, was ich denn heute an Unrechtem getan hatte, meistens habe ich nichts gefunden. („So, jetzt schlaf! Und die Hände auf die Bettdecke, hörst du?“) Unter der Bettdecke befand sich ja das, mit dem man eventuell doch noch ein Unrecht hätte tun können. Gutenachtkuss? Die wenigen Male, wo das geschah, sind nicht der Rede wert.

Das achte Gebot: „Du sollst nicht stehlen!“

In dem Anbau war ein langes, roh gezimmertes Bretterregal an der Wand angeschraubt, an dem an Haken alle möglichen alten Plünnen aufgehängt waren, die man nicht wegwarf. („Man weiß ja nie, ob man sie nicht noch mal gebrauchen kann.“) Die Sammelwut – auch des Unnützen – ist eine Manie der Armen.

An den Haken dieses Regals hingen auch die Arbeitssachen meines Vaters: Hosen mit Lederaufsatz, x mal geflickte Arbeitsjacken und ein Lederhelm mit Grubenlampe. Vater arbeitete damals in einem seiner ersten festen Jobs nach Kriegsende – vorher jahrelanges „Stempeln“ oder halblegale Aushilfstätigkeiten – einige Zeit in der Erzgrube von Damme, dem einzigen Bergwerk weit und breit, als Untertage-Grubenschlosser. Jede Nacht zwölf Kilometer mit dem Fahrrad, um pünktlich zur Frühschicht am Schacht zu erscheinen. Nach beendeter Arbeit und Körperreinigung in der Waschkaue den gleichen Weg – trotz Müdigkeit und Erschöpfung – wieder zurück.

In einer von Vaters ausrangierten Arbeitsjacken habe ich die aus Mutters Haushaltskasse in der Zuckerdose gestohlenen Kleinmünzen gesammelt. Wenn der Münzvorrat ausreichte, wurde der Schatz bei Bäcker Schomaker um die Ecke vernascht. Amerikaner und Schnecken: frisch zehn Pfennig, vom Vortag fünf Pfennig, Bruch umsonst. Wie habe ich dann über Gebühr geschwelgt! Süßes gab es ja ansonsten bei uns nicht. Danach hatte ich oft Bauchweh.

Als mein Versteck irgendwann durch Zufall von Mutter entdeckt wurde, gab es einen Riesenaufstand. Vater war natürlich der Hauptverdächtige. Alle seine Unschuldsbeteuerungen fruchteten nicht. Noch lange hat ihm Mutter vorgehalten, dass er damals die Familie bestohlen hätte, wahrscheinlich um Tabak für seine selbst gedrehten Zigaretten zu kaufen, wie sie ihm unterstellte, ein Laster, das sie zutiefst verabscheute. („Kostet nur Geld und stinkt außerdem!") Erzähle das einmal einem leidenschaftlichen Raucher, vor allem, weil dies das einzige Laster war, dem er frönte.

Vater war tief gekränkt über diese ungerechtfertigte Verdächtigung. Ich selbst muss zu meiner Schande gestehen, dass ich zur Aufklärung des Vorfalls nicht beitrug. Das dafür erforderliche Schuldeingeständnis habe ich nicht abgelegt, auch aus Angst vor der dann unvermeidlichen Bestrafung nach Mutters Methode, die ich bereits zuvor mehrfach ausgiebig kennengelernt hatte: mit dem ausgefransten Teppichklopfer oder einem hölzernen Kleiderbügel. Alles Geschrei war zwecklos, die ausgeteilte Portion musste sitzen. Später habe ich dann nicht mehr geschrien, sondern die Tortur mit zusammengebissenen Zähnen erduldet und meine Mutter gehasst.

Exkurs: „Vater“

Mein Vater war, ebenso wie meine Mutter, noch ein Kind der Kaiserzeit, 1916 geboren. Wahrscheinlich hatte er aber keinerlei Erinnerungen mehr an diese Zeit.

Seine Mutter – meine Großmutter – war Louise van de Loo, eine Niederländerin aus einem kleinen Ort im grenznahen Gebiet zu Deutschland. Sie entstammte einer Großfamilie mit elf Geschwistern, einer Bauernsippe aus der Nähe von Arnhem. Dort war es – wie auch im benachbarten Deutschland – üblich, dass der Hof an den Erstgeborenen fiel und sowohl die jüngeren Brüder als auch die Schwestern den elterlichen Besitz verließen, die jungen Männer mit einer Abfindung, die Töchter mit einer Aussteuer. Die Mädchen gingen dann „in Stellung“.

So auch mit achtzehn Jahren Louise, die aus Holland, wo es keine Arbeit gab – die Niederlande waren zu der Zeit in ihren östlichen Provinzen ein reines Bauernland mit nur wenig Industrie und entsprechend hoher Arbeitslosigkeit –, in das nur wenige Kilometer entfernte Deutschland übersiedelte. Dort nahm sie auf dem Hof eines Großbauern in Rees am Rhein eine Arbeit als Magd an, wurde hier – ein unverheiratetes junges Mädchen – geschwängert und damit – nach der Geburt meines Vaters – der gesellschaftlichen Ächtung preisgegeben. (Eintrag im Geburtsregister des Ortes: „Vater unbekannt“.)

Über den Erzeuger meines Vaters kann man nur Vermutungen anstellen: Er war wohl kein Holländer, wahrscheinlich ihr Arbeitgeber, der Großbauer, der in abgewandelter Form sein angemaßtes „ius primae noctis" ausgeübt hatte. Vielleicht auch eine folgenschwere Liebschaft mit einem deutschen Soldaten auf dem Weg in die Materialschlachten des Ersten Weltkriegs in Flandern, denn die deutschen Truppen wurden auch in dieser Region zum Einsatz an der Westfront versammelt. Eine weitere, aber eher unwahrscheinliche Möglichkeit ist, dass sie sich mit einem französischen Kriegsgefangenen, der zur Zwangsarbeit auf dem Hof rekrutiert war, eingelassen hatte. Diese Variante wäre für mich die interessanteste, würde sie doch meine frankophilen Neigungen, meine Affinität in späteren Jahren zur französischen Sprache und Kultur ebenso wie die Motivation für ungezählte Frankreichreisen verständlich machen. Aber wie gesagt: „Nichts Genaues weiß man nicht."

Fest steht, dass mein Vater aufgrund dieser besonderen Umstände zumindest ein halber Niederländer war und ich – trotz mütterlicherseits unzweifelhaft deutschen Blutes – gemäß den mendelschen Regeln zu einem Viertel auch ein Holländer bin. Diese Tatsache hat erst in meinem späteren Leben eine gewisse Rolle gespielt, in meiner Kindheit war sie unerheblich.

Vater hatte dennoch die deutsche Staatsbürgerschaft. Louise übersiedelte nach der Vertreibung vom Hof ihres Arbeitgebers nach Kalkar, einem kleinen Städtchen nahe der Grenze, auf halbem Wege zwischen Kleve und Xanten. Ihre Schwester, die dort mit einem deutschen Bauern verheiratet war, hatte sie mit Zustimmung ihres Ehemannes auf den Hof geholt, um ihr in ihrer schwierigen Situation mit dem kleinen unehelichen Franz-Josef, später nur

Franz genannt – oder von meiner Mutter „Fränz“ – das Leben zu erleichtern.

Als Louise sich nicht mehr in der Lage fühlte, beiden Verpflichtungen – der schweren Hofarbeit und der angemessenen Versorgung ihres Kleinkindes – nachzukommen, übergab sie meinen Vater im zarten Alter von zwei Jahren ihrem ältesten Bruder und Hoferben in ihrem Geburtsort in der Nähe von Arnhem. Dort verbrachte mein Vater als Kleinkind drei Jahre seines Lebens. Hin und wieder besuchte seine Mutter ihn, die auf dem Fahrrad in einer anstrengenden Tagesreise die dreißig Kilometer bis nach Holland zurücklegte.

Auf dem Hof in Holland wurde er wie ein eigenes Kind aufgenommen. Er sprach immer voller Hochachtung von „oom Gerrit“, dessen Ehefrau und dem übrigen Hofgesinde. Er wurde als „Duitser“ schnell zu einem „Hollander“ und sprach nur Niederländisch. Das Deutsche hatte er ja nur rudimentär kennengelernt.

In Erinnerung geblieben ist mir seine Schilderung aus jener Zeit, dass er von Onkel Gerrit immer bei den samstäglichen Fahrten mit Pferd und Wagen nach dem zwanzig Kilometer entfernten Arnhem mitfahren durfte. Dort verkaufte der Onkel seine mitgeführten Hofprodukte – Kartoffeln, Gemüse, Eier und Schlachthühner – auf dem Wochenmarkt.

Wenn die Geschäfte gut gelaufen waren und die eingenommenen Gulden im Beutel klingelten, kehrten sie auf dem Nachhauseweg in einer der Fuhrmannskneipen ein, wo Vater einen warmen Kakao bekam und Gerrit sich am Genever gütlich tat. Wenn er zu tief ins Glas geschaut hatte, durfte Vater das Fuhrwerk lenken, was die beiden immer erfolgreich zum heimischen Hof zurückfinden ließ, wahrscheinlich weil das Zugpferd den Heimweg von allein erkannte.

In der Zwischenzeit hatte Louise einen stattlichen Mann kennengelernt, den Landbriefträger aus Kalkar, der per Fahrrad die anfallende Post an die umliegenden Bauern verteilte. Er hieß Johann. Groß, schlank, fast hager, mit markantem, ernstem Gesicht und einem kleinen Oberlippenbärtchen, später als „Hitler-Bart" nicht mehr gerne gesehen.

Im Gegensatz dazu Louise: klein, rundlich, knubbelig, immer ein freundliches Lächeln auf den Lippen. Sie lernten sich kennen und lieben. („Gegensätze ziehen sich an.") Noch vor ihrer Hochzeit regelten die Liebenden das für sie eher bürokratische Problem mit Louises unehelichem Sohn Franz: Kurz entschlossen adoptierte Johann meinen Vater und übertrug ihm nach der Heirat mit Louise den gemeinsamen Familiennamen. (Die Originalurkunden habe ich bei meinen späteren Recherchen im Standesamt von Rees gefunden.)

Franz wurde nach der Eheschließung von Onkel Gerrits Hof abgeholt und nach Deutschland zurückgebracht. Welche seelischen Folgen dieser abrupte Wechsel seiner Lebensumstände für Vater hatte, kann man nur erahnen. Immerhin war sein Adoptivvater für ihn ein völlig fremder Mensch. Das galt eigentlich auch für seine Mutter, die ihm ja nicht wirklich vertraut war.

Da die Rückkehr im Alter von fünf Jahren erfolgte, hatte er noch ausreichend Zeit, sich vor seiner Einschulung in Deutschland die deutsche Sprache anzueignen, sodass seine Schulzeit ohne sprachliche Probleme vonstattenging. In der Familie wurde zwar auch Hochdeutsch gesprochen – von Louise mit starkem Akzent –, aber gewöhnlich das niederrheinische Holländer Platt der Grenzregion, ein Dialekt der niederländischen Provinz Limburg, der diesseits und jenseits der Grenze von den einfachen Menschen gesprochen wurde. Ich beherrschte diesen Dialekt auch, nachdem wir an den Niederrhein verzogen waren. Er erleichterte die Konversation mit unseren Nachbarn jenseits der Grenze während meiner häufigen Hollandaufenthalte ungemein.

Meine Großeltern hatten später noch zwei gemeinsame Kinder – Thea, die ältere Tochter, und Hanni, die jüngere Tochter, Vaters Halbschwestern –, von denen später noch die Rede sein wird. Mein Großvater Johann war allen seinen Kindern ein guter Vater, auch seinem adoptierten Sohn. Ich bin ihm, der schon lange verstorben ist, immer noch dankbar, dass er meinem Vater durch seinen menschlichen und schnell durchgeführten Entschluss zur Adoption ein noch schwereres Leben, als er es ohnehin schon hatte, erspart hat. Vater selbst war das auch ganz und gar bewusst, und er hat immer voller Hochachtung und Liebe von Johann gesprochen.

Dieses galt nur in eingeschränkter Weise von Louise, seiner Mutter. Das hatte mehrere Gründe. Erst sehr viel später habe ich erfahren, dass sie wohl Vater gegenüber seinen Halbschwestern benachteiligt hatte. Er fühlte sich oft wie das „fünfte Rad am Wagen“, wie er mir einmal in einer schwachen Minute erzählte.

Was bei Louise, die ansonsten eine sehr liebenswerte Frau war, dahintersteckte, kann man nur vermuten. Vielleicht ein nie bewusst gewordener, versteckter innerer Groll gegenüber diesem Abkömmling, der ihr aufgrund der Umstände, von denen sie als junges Mädchen sicherlich überfordert gewesen sein musste, so große Schwierigkeiten bereitet und ihr einen Teil ihrer unbeschwerten Jugend weggenommen hatte? Wer weiß es? Wer will sie verurteilen? („Wer selbst ohne Schuld ist, der werfe den ersten Stein.“) Ein weiterer schwerwiegender Grund, über den ich später berichten werde, kam hinzu.

Vater absolvierte die Volksschule und machte danach eine Lehre als Schlosser und Schmied in einem kleinen Betrieb des Städtchens. Dort war er einige Jahre beschäftigt. Als die Firma in der Weltwirtschaftskrise Anfang der Dreißigerjahre bankrottging, fand er Arbeit in einer Kohlenzeche in Duisburg als Untertage-Grubenschlosser, in der er längere Zeit arbeitete. In dieser Zeit wohnte er noch immer bei seiner Familie und pendelte in zeitraubenden An- und Abreisen im Zechenbus zu seiner Arbeitsstelle.

Sein guter Verdienst, den er zum überwiegenden Teil abtreten musste, war eine erfreuliche Aufbesserung des nicht gerade üppigen Familieneinkommens. Johann verdiente als kleiner Postbeamter nicht gerade Reichtümer, obwohl er es im Zusammenhang mit der Eheschließung immerhin zu einem gar nicht mal so kleinen Haus mit ansehnlichem Grundstück gebracht hatte. Im Alter von zwanzig Jahren wurde Vater dann aus seinem Berufsleben herausgerissen, als er die Einberufung zum „Reichsarbeitsdienst" erhielt.

Diese Institution der neuen Machthaber in Deutschland wird ja bekanntlich noch heute von den Unverbesserlichen als eine der „Errungenschaften" des Dritten Reiches hochgeschätzt. („Es gab keine Arbeitslosigkeit und niemand lungerte auf den Straßen herum. So etwas würde uns heute auch guttun, damit aus der verluderten deutschen Jugend doch noch etwas Vernünftiges wird.")

Für Hunderttausende junger Männer bedeutete es das Herausgerissenwerden aus ihrem privaten Umfeld, härteste Arbeit für einen Sklavenlohn und – von den meisten nicht wahrgenommen – die erste Phase des Eingespanntwerdens in die nationalsozialistische Gleichmacher-Maschinerie als Bestandteil der forcierten Kriegsvorbereitungen.

So gelangte ein junger Mann vom Niederrhein in die weiten Ebenen Norddeutschlands, wo er dann mit dem Kennenlernen meiner Mutter seine späte Jugend beendete und das Erwachsenendasein für ihn begann.

Ein weiterer entscheidender Umbruch in seinem Leben war die Einberufung zum Wehrdienst, der damals zwei volle Jahre dauerte. Ab seinem zweiundzwanzigsten Lebensjahr verbrachte er dann sieben lange Jahre – die „besten Jahre", wie es gemeinhin heißt – bis zum Ende des Krieges in dieser Lebenssituation. Diese war gekennzeichnet von Unterordnung, Befehl und Gehorsam, dem Ausgeliefertsein an Strukturen, auf die man keinen Einfluss hatte, von persönlicher Ohnmacht, Gewalt, Todesgefahr, Erleben der schrecklichsten Kriegsereignisse, geprägt von Verwundung, Verstümmelung der eigenen Person sowie der Kameraden, aber auch der Gegner auf dem Schlachtfeld und dem zehntausendfach miterlebten Tod. War es da verwunderlich, dass ein solcher Mensch vollständig traumatisiert aus dem jahrelangen Gemetzel zurückkehrte?

Vater wurde im Süddeutschen in der neu aufgestellten Panzertruppe, der späteren „Blitzkrieg-Wunderwaffe“, zum Panzerfahrer ausgebildet. Fotos in unserem Familienalbum zeigen ihn auf zunächst wunderlich kleinen Kettengefährten mit ebenso kleinen Kanonen, aus der Fahrerluke schauend oder auf dem Panzerturm sitzend. (Später wurden dann diese rasselnden Monster wuchtiger und bedrohlicher.) Immer in der martialisch wirkenden schwarzen Panzeruniform mit dem gummierten Schutzbarett auf dem Kopf, geziert mit einem Totenkopfemblem, ebenso wie die Kragenspiegel. (Dieses besondere Accessoire wurde später bei der Gefangennahme durch die Rote Armee vielen Panzersoldaten zum Verhängnis. Die russischen Sieger glaubten, sie hätten einen der verhassten SS-Männer, die den gleichen Totenkopf trugen, vor dem Gewehrlauf. Viele bezahlten dieses Missverständnis mit ihrem Leben.)

Vater nahm am Zweiten Weltkrieg vom ersten Tag an teil. Bereits am zweiten Kriegstag, beim Überfall der Wehrmacht auf Polen, wurde er schwer verwundet: Bauchschuss, eine lebensgefährliche Verletzung, die viele nicht überlebten. Gott sei Dank fand er schnelle Hilfe in einem Feldlazarett und danach in einem hinter der Front befindlichen Militärhospital, grenznah bereits auf reichsdeutschem Gebiet. Den Ärzten dort gelang es, ihn wieder zusammenzuflicken. („Papa, was haben sie denn dort mit deinem kaputten Darm gemacht?“ – „Junge, sie haben mir ein Stück Schafdarm eingesetzt. Deswegen bin ich aber noch lange kein Schaf.“)

Nachdem er so durch die ärztliche Kunst die unmittelbare Lebensgefahr überwunden hatte, verbrachte er ein ganzes Jahr zur Wiederherstellung seiner unabdingbar benötigten Kampfkraft zur Eroberung des dringend erforderlichen „Lebensraums im Osten“ in einem Lazarett in Simmering, einem Vorort von Wien, in der angegliederten „Ostmark“. Durch seine schwere Verwundung blieb ihm zumindest der Einsatz im Frankreich-Feldzug erspart, dessen erfolgreicher Abschluss die Millionen siegestrunkenen, verblendeten Deutschen endgültig in die Arme ihres geliebten „Führers“ trieb.

Bei den sich danach anschließenden militärischen Operationen zur Niederwerfung des restlichen Europas – zunächst Jugoslawien, dann Griechenland – war Vater wieder mit in den Reihen der „unbesiegbaren deutschen Armeen“. Ab Sommer 1941 dann auch bei dem Überfall auf die Sowjetunion, bis sich das Blatt bei Stalingrad wendete. (Zarah Leander: „Davon geht die Welt nicht unter!“)

Die Atempause nach seiner Verwundung brachte dann endlich die lang erwartete Zeit zum Nachholen der mehrfach verschobenen Eheschließung. Ende 1940 wurde eine Kriegshochzeit im Heimatort meines Vaters am Niederrhein gefeiert. Fotos zeigen Vater in „vollem Wichs“ mit allen bereits ergatterten Orden; Mutter im leichten Sommerkleid mit den Trauzeugen auf den Stufen der Marienkapelle. Kleine Besetzung, kleine Feier. Nur die engere Familie.

Anlässlich dieser Hochzeit kam es zum Bekanntwerden der außerehelichen Herkunft meines Vaters und seiner anschließenden Adoption. Der Standesbeamte – zudem noch ein Cousin von Vater – nahm ihn bei dem vorbereitenden Termin, um die Formalitäten zu regeln, auf dem Standesamt zur Seite und erklärte ihm, ohne dass andere Anwesende dies bemerkten, die Situation. Seine Mutter Louise hatte ihm bis zur letzten Minute, wahrscheinlich aus Scham und Furcht, die Wahrheit verschwiegen. Auch sein Adoptivvater Johann hatte es nicht fertiggebracht, ihm reinen Wein einzuschenken. Mutter erzählte mir erst von dieser Tragödie, als ich bereits erwachsen war. Vater erwähnte sie bis zu seinem Tode mit keinem Wort. Ein weiteres Familiengeheimnis!

Nach Mutters Erzählungen, die ja ebenfalls urplötzlich mit der neuen Situation konfrontiert worden war, verließ Vater totenbleich mit starrem Blick das Rathaus und eilte derart schnellen Schrittes nach Hause, dass sie kaum folgen konnte. Dort angekommen, drängte er seine Mutter in einen Nebenraum, verschloss die Tür, und dann folgte eine erbitterte, zum Teil sehr lautstarke Auseinandersetzung zwischen ihm und Louise über diesen von ihr begangenen Verrat. Gottlob kam es zu keinen körperlichen Angriffen.

An der am folgenden Tag stattfindenden Hochzeit nahm Louise zwar teil, entfernte sich aber bald von der anschließenden kleinen Feier, die dann – aufgrund der gedrückten Stimmung – auch schnell beendet wurde. Bereits unmittelbar danach reisten die frisch getrauten Eheleute wieder ab, Mutter zurück in ihr Elternhaus, Vater an seinen Einsatzort.

Vaters ältere Halbschwester war Thea, ebenso wie Hanni ein leibliches Kind von Johann und Louise. Thea sah aus wie ihrer Mutter aus dem Gesicht geschnitten: untersetzt, rund und mit dem gleichen Lachen wie Louise. Hanni – die jüngere Halbschwester – wiederum hatte alle wesentlichen Merkmale von ihrem Vater Johann geerbt: überschlank, groß gewachsen, sehr hübsch; etwas spröde in ihrem Wesen, aber dennoch sehr liebenswert.

Thea hatte die Mittlere Reife geschafft und arbeitete als Angestellte bei der örtlichen Sparkasse. Während des Krieges lernte sie ihren späteren Ehemann kennen, einen Studienrat in einer Kleinstadt im südlichen Münsterland. Die Kriegshochzeit der beiden ist ebenfalls in unseren Fotoalben dokumentiert. Im Laufe der Zeit vergrößerte sich die Familie um fünf Kinder, die älteste Tochter noch im Kriege geboren, die übrigen erst nach Kriegsende. Thea hatte den Krieg gut als Hausfrau in ihrer Kleinstadt überstanden, in der es keine Bombardements gab.

Ihr Mann war als Offizier an der Front, kehrte aber gottlob unversehrt zurück. In der Nachkriegszeit machte er eine steile Karriere und stieg zum Leiter des Gymnasiums auf, an dem er zuvor unterrichtet hatte. Nach der Gründung der neuen Republik wurde er Mitglied in der größten konservativen Partei und war seit Ende der Fünfzigerjahre für drei Legislaturperioden Mitglied des Landtages von Nordrhein-Westfalen.

Spätestens zu diesem Zeitpunkt avancierte er zum absoluten Star in unserer Familie, zumindest in den Augen von Louise; Johann war etwas zurückhaltender, aber dennoch ebenfalls sehr stolz auf seinen Schwiegersohn. Vater als Arbeiter konnte da natürlich nicht mithalten. Ich erinnere mich an zahlreiche gescheiterte Kommunikationsversuche auf späteren Familienfeiern. Kein Wunder: Beide kamen halt aus verschiedenen Welten, wobei der Schwager keinesfalls arrogant war. Er fand jedoch keinerlei Zugang zu Vater.

Dieses distanzierte Verhältnis war auch bei Thea gegenüber ihrem Halbbruder zu beobachten. Als mein Vater dann mit zweiundachtzig Jahren verstarb, bedurfte es mehrerer eindringlicher Telefongespräche, bis meine Tante Thea sich dazu durchringen konnte, zusammen mit ihrem jüngsten Sohn zu seiner Beerdigung in das hundertfünfzig Kilometer entfernte Vechta anzureisen. (Ihr Ehemann war schon vor Jahren gestorben.) Der vorherige sporadische Kontakt mit ihr – eine Postkarte zu Weihnachten, eine zu Vaters Geburtstagen – brach danach vollständig ab.

Ein völlig anderes Schicksal hatte meine andere Tante Hanni. Auch sie hatte mit einem Volksschulabschluss eine Ausbildung gemacht und arbeitete in einem Bekleidungsgeschäft in Kleve als Verkäuferin. Gegen Ende des

Krieges wurde sie als blutjunges Mädchen noch zum Kriegsdienst als Nachrichtenhelferin eingezogen. „Blitzmädel“ wurden sie damals genannt. Im Frühjahr 1945, als die Alliierten den Übergang über den Rhein – das letzte Hindernis für den Vormarsch - erzwangen, wurden Louise und Johann in einen kleinen Ort im Sauerland für mehrere Monate evakuiert. Grund waren die überaus harten Kampfhandlungen am Niederrhein mit ständigen Bombardierungen. Goch wurde weitgehend zerstört, Kleve ähnlich. Louises Cousine Dora verlor bei einem dieser Angriffe ein Bein, überlebte jedoch. Die meisten der anderen kleineren Orte, die auf der Vormarschroute der Briten und Kanadier lagen, wurden ebenfalls erheblich in Mitleidenschaft gezogen. Die äußerst erbittert geführte „Schlacht um den Reichswald“ – mehr als 10.000 Tote auf beiden Seiten – und die letzte große Panzerschlacht an der Westfront oberhalb von Kalkar auf dem Uedemerfeld, ebenfalls mit mehreren Tausend Opfern, geben Zeugnis davon.

Auch in Kalkar fielen zahlreiche Bomben. Zwei kleinere Sprengbomben trafen den Garten der Familie, zerstörten das Nebengebäude und – zum großen Kummer von Johann – auch den Stall, in dem seine Hühner, Enten und Kaninchen gelebt hatten. Menschen kamen hier nicht zu Schaden. In Kalkar, einer Kleinstadt von zweitausend Einwohnern, gab es mehrere Dutzend Opfer, auch durch Tiefflieger, die nur wenige Meter hoch über die Felder rasten, um die dort arbeitenden Bauern mit ihren Maschinenwaffen gezielt zu beharken. Auf diese Art verlor unsere Nachbarfamilie – Mutter, Vater und Tochter – ihr Leben.

Der englische Feldmarschall Montgomery hatte im Schloss Moyland, fünf Kilometer vor den Toren Kalkars, sein Hauptquartier und leitete die militärischen Operationen. Später, als ich dann in Kalkar lebte, haben wir Kinder in den Ruinen des Schlosses – trotz Verbotsschildern und Stacheldrahtabsperrungen – unsere Soldatenspiele gespielt und in den umliegenden Wäldern nach Kriegshinterlassenschaften gesucht. Manchmal wurden wir fündig: Stahlhelme mit Einschusslöchern, verrostete Gewehre, von denen die Holzkolben weggefault waren. Gott sei Dank keine Handgranaten oder sonstiges scharfes Mordwerkzeug. Einem älteren Jungen aus unserem Bekanntenkreis, der das Experimentieren mit diesen gefahrvollen Dingen nicht lassen konnte, hatte es bei der Explosion einer Handgranate die linke Hand abgerissen. Später war er mit seiner Prothese als Lokalreporter bei der Regionalzeitung in Kleve beschäftigt. Für diese Arbeit reichte eine Hand aus, zumal er Rechtshänder war.

Als das Kriegsgetümmel dann immer heftiger wurde und der Einmarsch der britisch-kanadischen Truppen auch in Kalkar unmittelbar bevorstand, erfolgte die Evakuierung der restlichen Zivilbevölkerung, von der dann auch meine Großeltern betroffen waren.

Als sie kurz nach dem Kriegsende in ihren Heimatort zurückkehrten, wurden sie mit einem Bild der Verwüstung konfrontiert. Ihr eigenes Wohnhaus war durch Artilleriebeschuss stark in Mitleidenschaft gezogen worden, das Dach weggeblasen, Fenster und Türen herausgesprengt. Im gesamten Ort viele Trümmer, vor allem rund um den historischen Marktplatz. Das weithin bekannte mittelalterliche Rathaus war ausgebrannt, ebenso wie die Häuser rund um den Marktplatz mit ihren Giebelfassaden der Backsteingotik. Einige historische Häuser waren ganz weggesprengt und dem Erdboden gleichgemacht. Der unter Kunstkennern bekannte Kalkarer Dom, die Nikolaikirche mit ihren weltberühmten Schnitzaltären alter flämischer Meister, blieb weitgehend verschont. Nur ein Seitenflügel wurde von einer Bombe getroffen und zum Einsturz gebracht. In all diesen Ruinen, die es Anfang der Sechzigerjahre noch gab, bevor die Baulücken nach und nach geschlossen wurden, haben wir als ältere Kinder noch gespielt.

Nach ihrer Rückkehr aus dem Sauerland nahmen meine Großeltern wieder Besitz von ihrem arg ramponierten, aber nicht völlig zerstörten Heim. Nach monatelanger harter Arbeit mit Nachbarschaftshilfe konnten sie ihr Haus wieder provisorisch bewohnen. Aus Erzählungen weiß ich, dass beide die Zerstörungen relativ gelassen hinnahmen. („So ist es nun mal im Krieg. Andere haben alles verloren, da können wir noch dankbar sein.") Woran ich mich noch gut erinnern kann, ist, dass Louise sich noch Jahre später darüber echauffierte, dass die englischen Soldaten, die das Haus als ihr Quartier in Besitz genommen hatten, nicht nur fast alle Möbel zerhackt und verfeuert hatten, sondern sich auch die im Keller gelagerten Kostbarkeiten einverleibt hatten, insbesondere das eingeweckte Obst.

Das Allerschlimmste für Louise war jedoch, dass die Besatzer in den nunmehr leeren Gläsern ihre „große" Notdurft hinterlassen hatten. Mit diesem Akt wollten sie wohl ihre grenzenlose Verachtung für die Angehörigen des „barbarischen Nazivolkes“ zum Ausdruck bringen. Sie war auch deshalb über diesen Frevel besonders erbost, weil sie so etwas den Engländern nicht zugetraut hatte. („Die gehören doch einem Kulturvolk an. Wie kann man nur!“)

Nachdem die Großeltern sich wieder mehr schlecht als recht eingerichtet hatten, traf dann nach der Kapitulation der deutschen Wehrmacht an allen Fronten auch Tante Hanni wieder in ihrem Zuhause ein. Eine glückliche Heimkehr nach vielerlei Irrungen und Wirrungen in dem Chaos der unmittelbaren Nachkriegswochen, abgemagert, aber unversehrt.

Und dann wollte es das Schicksal, dass sie im zerstörten Kalkar einen der britischen Soldaten, die zur Besatzung des Ortes zurückgeblieben waren, kennenlernte. Dieser war aber gar kein Engländer, sondern ein flämischer Belgier aus Maaseik, nahe der Grenze zu Deutschland. Er hatte sich bereits früh nach dem deutschen Überfall auf sein Heimatland der Royal Army angeschlossen und auf britischer Seite gegen die Deutschen mitgekämpft. Joseph war sein Name, von allen nur „Jef“ genannt, was meine Mutter dann später hartnäckig in „Chef“ umwandelte.

Als ich ihn als Kind kennenlernte, wurde er schnell mein Lieblingsonkel: ein gut aussehender, freundlicher Mann, der ein flämisches Niederländisch sprach, sich aber auch recht gut auf Deutsch – wenn auch mit starkem Akzent und nicht immer ganz fehlerfrei – ausdrücken konnte.

Am meisten beeindruckt hat mich seine schwere 600er-BMW mit Seitenwagen, mit der er – zusammen mit Frau und zwei kleinen Töchtern, dick verpackt und eingemummt – zu Weihnachten bei Wind und Wetter zu Besuch nach Kalkar kam. Das war in den Fünfzigerjahren.

Zuvor hatten Hanni und er Ende 1945 geheiratet – ein mutiger Akt angesichts der damals verbreiteten verständlichen Deutschenfeindlichkeit – und meine Tante zog mit ihm nach Belgien. Er heuerte dann auf einem Frachtkahn auf der Maas an und befuhr zusammen mit seiner Frau die großen belgischen und niederländischen Flüsse und Kanäle bis zur Nordsee. Später kaufte er ein Schiff und war selbstständiger Kapitän. Welch ein interessantes Leben! Ich als kleiner Bub war begeistert!

Später, als die Kinder kamen – zunächst Liliane, die ihrem Vater ähnlich sah, blond und mit weichen Zügen; danach Marlen, mager und spröde wie ihre Mutter –, gab er seinen Schifferberuf auf und arbeitete unmittelbar an der Maas in der Nähe seines Heimatortes Maaseik in einer der Schleusen als Schleusenwärter. Kurz darauf pachtete er das Schleusenhaus mit einer angegliederten Schifferkneipe, in der Hanni die Gäste bewirtete, die meisten alte Bootskameraden von Jef. So führten sie ein glückliches Leben, vor allem Jef, der inmitten seiner Freunde und Bekannten an dem Fluss, der seine Heimat war, leben konnte. Bei Tante Hanni habe ich nie Heimweh oder den Wunsch nach einer Rückkehr in ihr Heimatland verspürt.

Bei ihren weihnachtlichen Besuchen musste wegen Platzmangels natürlich improvisiert werden. Im Wohnzimmer der Großeltern wurden die Plüschsessel zusammengeschoben, in denen dann die Kinder schliefen. In

Liliane hatte ich mich als kleiner Junge schnell verliebt, musste aber dieses Geheimnis natürlich für mich behalten. Ich glaube, sie hat von meiner Schwärmerei nie etwas bemerkt. Als ich dann älter war, habe ich mit meinem Motorrad – auch einer großen BMW – die Verwandten in Belgien mehrfach besucht. Jedes Mal wurde ich freundlich empfangen. Mit Jef wurde über Motorräder gefachsimpelt, abends gemeinsam die Alben mit Familienfotos gewälzt und dabei über die schöne Zeit in Kalkar geklönt.

Ich glaube, Onkel Jef war der Einzige, der Verständnis für meine bereits damals etwas abenteuerliche Lebensweise aufbrachte, hatte er doch selbst ein ungewöhnliches Leben geführt.

Tante Hanni verstarb bereits in ihren Sechzigerjahren an einem Herzinfarkt. Sicherlich hatte dazu beigetragen, dass sie ihr ganzes Leben lang stark geraucht hatte. (Vater freute sich bei jedem Besuch der belgischen Verwandtschaft über die mitgebrachten filterlosen Zigaretten der Marke „Belga", ein starkes Kraut, das auch Hanni rauchte.)

Onkel Jef wurde sehr viel älter. Zum letzten Mal sah ich ihn auf der Beerdigung meines Vaters 1998. Ich sprach Niederländisch mit ihm, um die übrige Trauergemeinde zu ärgern. Diese hatte, als Jefs Teilnahme auf englischer Seite im Krieg zur Sprache kam, eigenartige, nicht angemessene Bemerkungen gemacht. Ich nahm das zum Anlass, ihn ironisch damit in Schutz zu nehmen, dass Jef es sich erlaubt hatte, den ungebetenen Besuch der Deutschen in seinem Heimatland 1940 mit einem ebenso unangemeldeten Besuch fünf Jahre später in Deutschland zu erwidern. Die Spötter verstummten und ich erntete von Onkel Jef ein dankbares Augenzwinkern.

Danach gab es nur noch briefliche Kontakte mit ihm. Er starb dann in hohem Alter, ohne vorher oft krank gewesen zu sein. Zu meinem größten Bedauern war ich nicht in der Lage, an seiner Beerdigung teilzunehmen, weil nahezu zeitgleich meine Mutter im biblischen Alter von neunundneunzig Jahren verstarb und von uns beigesetzt wurde. Die Trauerbriefe überschnitten sich: Welch eine Ironie des Schicksals!

Mein Vater war nach der Genesung von seiner schweren Verwundung wieder ohne Unterbrechung an der Front. Der Überfall auf die Sowjetunion im Juni 1941 war für ihn – wie für Millionen anderer Soldaten – die entscheidende Lebenswende. Zunächst noch voller Siegeszuversicht beim rasanten Vormarsch auf Moskau, danach die militärische Stagnation in den folgenden mörderischen Kriegswintern und dann – als flammendes Menetekel – die Niederlage bei Stalingrad, der verlustreiche Rückzug mit den großen Kesselschlachten und der Durchführung des verbrecherischen „Verbrannte Erde“-Befehls: All die Leiden, all die Toten!

Im Sommer 1944 wurde er dann mit seiner Einheit an die Westfront verlegt, um den drohenden Durchbruch der Alliierten nach der Landung an der Normandieküste zu verhindern. Zwei Namen von Städten, in denen er gekämpft hatte, hatte er sich gemerkt: Caen und Saint-Lô („Schlimmer als in Russland!“). Die Agonie des „Tausendjährigen Reiches“ hatte begonnen.

Gegen Ende des Krieges war nach der gescheiterten Ardennen-Offensive abzusehen, dass das Überschreiten der Reichsgrenze durch die Alliierten nur noch eine Frage der Zeit sein würde. Die Panzertruppen wurden als „Feuerwehr“ in vielen Bereichen der überall brennenden Front eingesetzt, danach wieder verlegt, um andere Löcher zu stopfen. Vaters Einheit kam so im März/April 1945 in das damals sogenannte „Protektorat Böhmen und Mähren“, um den Durchbruch der Roten Armee aufzuhalten. Er wurde am 6. Mai 1945 – zwei Tage vor dem offiziellen Kriegsende – nahe der tschechoslowakischen Stadt Pilsen von amerikanischen Truppen gefangen genommen. Das große Sterben war vorbei. Er hatte überlebt!

Nach der Gefangennahme hätte es noch einmal dramatisch für ihn ausgehen können. Die russischen Kommandeure verlangten von ihren amerikanischen Verbündeten, ihren Truppen, die nur wenige Kilometer weiter ostwärts kämpften, ein größeres Kontingent der gefangenen Deutschen zu überstellen. Die Amerikaner kamen – wenn auch widerwillig – dieser Aufforderung nach und übergaben eine größere Anzahl ihrer deutschen Kriegsgefangenen an die Russen. Vater war nicht dabei. So blieb ihm Sibirien erspart.

Wochen nach der Kapitulation wurde er dann aus dem provisorischen Camp, in dem er – neben Hunger und Entbehrungen – auch ständige nächtliche Übergriffe der tschechischen Widerstandskämpfer auf die verhassten Deutschen glücklich unversehrt überstanden hatte, in ein großes amerikanisches POW-Lager in Weiden in der Oberpfalz verlegt.

Auch dort waren zu Anfang die Lebensumstände für die Gefangenen erbärmlich: Sie lagen auf offenem Feld in Erdlöchern, mangelhafte Ernährung, keinerlei hygienische Einrichtungen, Entkräftung, Krankheiten, Seuchen, hundertfacher Tod, bis sich dann später die Situation verbesserte.

Vater ergatterte eine Stellung als Kraftfahrer in der Transportabteilung, wo es ihm gelang, das eine oder andere Ess- oder Tauschbare abzuzweigen. Farbige GIs waren häufig die Transportbegleiter, deren menschliche Art, mit den besiegten Feinden umzugehen, Vater offenbar sehr positiv berührt hatte. Er ließ kein böses Wort über sie fallen. („Junge, mit den Schwarzen konnte man zurechtkommen. Das waren keine schlechten Kerle. Von denen gab es hin und wieder auch schon mal eine echte Lucky Strike oder Camel.“) Eine einzige Wonne für einen passionierten Raucher. So wurde – zumindest in diesem kleinen Bereich – das ansonsten strikte Fraternisierungsverbot außer Kraft gesetzt.

Im Herbst 1945 wurde Vater dann aus der Kriegsgefangenschaft entlassen. Als er nach abenteuerlicher Reise endlich wieder in unserem Heim in Lohne auf dem Wichel zurückgekehrt war, begann unser gemeinsames Familienleben. Davon wird nunmehr weiter zu berichten sein.

Der Kampf ums Überleben

Nach seiner Rückkehr aus der Kriegsgefangenschaft hatte Vater zunächst gar keine Arbeit. Er wäre in der ersten Zeit wegen seiner starken Depression zu einer Arbeitsaufnahme auch nicht in der Lage gewesen. Sicherlich eine besonders schwere Zeit für die Familie, denn Mutter weigerte sich standhaft, die „Fürsorge“ in Anspruch zu nehmen. Mit völlig unterbezahlten Arbeiten – Putzen, Nähen und Bügeln in betuchteren Bürgerhaushalten – verdiente sie das Existenzminimum.

Vater führte kleinere Aushilfsarbeiten in der Nachbarschaft oder bei Bauern aus. Nach gut einem halben Jahr bekam er dann eine Anstellung als Kraftfahrer bei der britischen Besatzungsmacht. Er arbeitete auf dem dreißig Kilometer entfernten Fliegerhorst Ahlhorn, den die Sieger übernommen hatten. In dieser Zeit hatte die Familie ein kleines, aber regelmäßiges Einkommen. Ende 1947 verlor er seine Beschäftigung dort, weil die Briten Fremdpersonal einsparten und ihre eigenen Soldaten die anfallenden Transportaufgaben übernahmen.

Inzwischen war auf deutscher Seite wieder eine einigermaßen funktionierende Verwaltung aufgebaut worden, unter anderem auch die Arbeitsämter. Diese zahlten dann den nach wie vor Millionen Arbeitslosen ein karges Arbeitslosengeld aus. („Zum Sterben zu viel, zum Leben zu wenig.“) 1948 nach der Währungsreform – für die meisten Menschen mit dem ausgezahlten Kopfgeld von vierzig Mark eine „kalte Enteignung“ ihrer sowieso geringen

Spareinlagen und Sachwerte – gab es dann die neu eingeführte Währung „Deutsche Mark“.

Das System der Auszahlung des Arbeitslosengeldes war ausgeklügelt, um illegale Schwarzarbeit zu verhindern: Die Arbeitslosen – bei uns in Lohne fast nur Männer – standen morgens in langen Schlangen vor dem Arbeitsamt, um dort die mitgeführten Berechtigungskarten abstempeln zu lassen; vorher Identitätskontrolle: Sie gingen „stempeln“. Da sich dieser Vorgang manchmal über Stunden hinzog, waren in der Zwischenzeit natürlich fast alle Schwarzarbeiten an andere Männer vergeben worden. Am Wochenende gab es dann die Auszahlung des Arbeitslosengeldes: Wenn ich mich recht erinnere, waren es fünfzig Mark in bar. Damit musste Mutter eine Woche lang auskommen und außerdem noch Miete, Strom und sonstige Unkosten bezahlen. Sie schaffte es immer, fast ein Wunder!

Da es sich inzwischen herumgesprochen hatte, dass Vater ein geschickter Handwerker war und mit Metall umgehen konnte, insbesondere auch schweißen und löten, wurde er häufiger vor allem von Bauern angefordert, um Reparaturen an den Landmaschinen auszuführen oder eine kleinere Heizungsanlage zu bauen. Auch für Hilfsarbeiten am Bau war er sich nicht zu schade. Diese Arbeiten konnten dann nach dem Stempeln angenommen werden. Die daraus erzielten Einkünfte waren zwar nicht üppig, halfen aber dennoch die Familienkasse aufzufüllen, um den allergrößten Mangel zu lindern.

Zwischenzeitlich war Vater als Untertage-Grubenschlosser in dem Erzbergwerk in Damme angestellt. Diese Episode endete, als die Grube nicht mehr rentabel war und aufgegeben werden musste.

Nachdem die Familie sich auf diese Art mehrere Jahre lang mehr schlecht als recht über Wasser gehalten hatte, kam die Wende im Jahre 1954: Vater erhielt eine feste Anstellung in einem Werk am Stadtrand von Lohne, in dem eine der in den Aufbaujahren produzierten Klein-und Kleinstwagenmarken hergestellt wurde. Die Auswahl an solchen Vehikeln – heute wieder zum Teil geschätzte Kultautos mit horrenden Preisen – war vielfältig. Es gab den Messerschmidt Kabinenroller („Schneewittchensarg"); die BMW-Isetta mit der „Himmelfahrts"-Fronteinstiegstür; den Zündapp Janus mit „verkehrt" angeordneten Passagiersitzen – zwei schauten nach vorn, zwei nach hinten –; das Goggomobil von Glas, das sich lange am Markt hielt. Auch den „Kleinschnittger", ein rasant aussehender Mini-Roadster mit primitivem Innenleben. (Der Graf auf Gut Hopen besaß einen, knallrot lackiert, von uns Kindern sehr bewundert.) Alle diese Vehikel wurden von Motorradmotoren in Verbindung mit Kettenritzeln angetrieben.

Die verschiedenen Motorrad- und Automarken kamen und gingen, manchmal nur ein paar Monate produziert. Es herrschte „Marktwirtschaft", die innerhalb kurzer Zeit eine nicht vermutete Dynamik entfaltet hatte. Auf technischem Gebiet ein Eldorado für Tüftler und Wagemutige.

Das Fahrzeug, das in Lohne zusammengeschraubt wurde, hieß „Fuldamobil“, ein Zweisitzer mit Seitentüren, zwei kleinen Rädern vorn, aber nur einem Rädchen am Heck, angetrieben von einem Motorradmotor mit Kette. Der silbrig glänzenden Außenhaut sah man die Herkunft aus den unzerstörten Restbeständen der Luftwaffenproduktion an. Nach einem Jahr war Schluss mit dem Fuldamobil. Das ulkige Gefährt war wohl selbst den wahrlich nicht verwöhnten Automobilisten mit kleinem Geldbeutel nicht genug „Auto“, dafür aber zu viel „Motorrad mit Dach“. Vater war schon wieder arbeitslos. Stempeln war erneut angesagt.

Zum Glück wurden die leer stehenden Werkshallen bald danach von einer neuen Firma übernommen. „Siekmann-Rohre“ stellte nahtlose Großröhren für den Transport von Erdöl und Erdgas her, offenbar ein Exportschlager damals wegen des im Rahmen des beginnenden „Wirtschaftswunders“ rasant gestiegenen Energiebedarfs. Siekmann stellte sofort geeignete Arbeitskräfte ein und war bald einer der größten Arbeitgeber vor Ort. Vater hatte Glück und bekam auch eine Anstellung. Er war ja gelernter Schlosser vom Fach und kam in den Genuss der „sozialen Marktwirtschaft“, wie diese Wirtschaftsform nun genannt wurde.

Adenauer war Kanzler, Erhardt sein Wirtschaftsminister. Es gab eine soziale Absicherung, Weihnachtsgeld, drei Wochen bezahlten Urlaub und Krankengeld.

Der Lohn war immer noch sehr gering: ungefähr 2,50 D-Mark pro Stunde für Facharbeiter, angelernte Kräfte bekamen noch weniger. Die wöchentliche Arbeitszeit betrug fünfundvierzig Stunden, nachdem der Achtstundentag eingeführt worden war; vorher waren es fünfzig Stunden gewesen. Allerdings wurde auch an den Samstagen bis mittags gearbeitet. (Gewerkschaftsslogan für die 5 Tage-Arbeitswoche auf Plakaten mit einem Jungen mit bittender Handbewegung und traurigen Augen: „Am Samstag gehört der Vati mir!“)

Die bescheidene Entlohnung brachte dann zwischen hundertzwanzig und hundertdreißig Mark in die wöchentliche Lohntüte. Eine Wohltat wie ein warmer Regen nach den kargen Jahren mit wöchentlich fünfzig Mark Arbeitslosengeld und den wenigen zusätzlichen Einkünften aus spärlicher Schwarzarbeit. Allgemeines Aufatmen bei den kleinen Leuten, auch bei uns: Endlich wieder eine Perspektive! („Jetzt geht's aufwärts. Pass mal auf: Am Ende haben wir den Krieg doch noch gewonnen!“) Unüberlegte Sätze dieser oder ähnlicher Art hörte man damals häufiger, interessanterweise gerade von denjenigen, die im Krieg viel oder sogar alles verloren hatten. Die unterschwellige Häme, die in solchen Bemerkungen mitschwang, wurde auch genährt durch Berichte in der Presse über die großen wirtschaftlichen Probleme in England und in Frankreich, die – obwohl den Siegernationen zugehörig – dennoch von den Kriegsanstrengungen, beziehungsweise der Ausplünderung durch die deutschen Besatzer so sehr angeschlagen waren, dass sie Schwierigkeiten hatten, wieder auf die Füße zu kommen. Die ansteigende Prosperität im geschlagenen Deutschland war im

Begriff, diese Länder zu überholen. Dieser Gedanke war Balsam für die Seele so manchen deutschen Zeitgenossen.

Vater war dann bei Siekmann mehrere Jahre bis zu unserem Weggang von Lohne 1960 ohne Unterbrechung beschäftigt: das endgültige Ende des Elends der unmittelbaren Nachkriegszeit. Etwas wirklich „leisten“ konnten wir uns trotzdem immer noch nicht. Wir wohnten nach wie vor in dem alten Häuschen in der Landwehrstraße: kein fließendes Wasser, keine Heizung, keine richtige Toilette und auch kein Badezimmer. Ebenfalls Fehlanzeige für Kühlschrank, Elektroherd, richtige Waschmaschine, Fernseher (ein altes Röhrenradio hatten wir schon vorher gehabt). Mutter und ich bekamen ein neues Fahrrad. An dem alten Kinderrad war die Sattelstange immer höher gestellt worden, bis es nicht mehr ging.

Vater kaufte ein gebrauchtes Moped, Marke „NSU-Quickly“, auf das er sehr stolz war. Natürlich keine Urlaubsreise, nicht einmal ein kleiner Busausflug in die nähere Umgebung. Nur Fahrradausflüge zur Burg Dinklage oder in die „Dammer Berge“, verbunden mit Bickbeeren sammeln. Diese aus der Not geborene Abstinenz bei den Freizeitmöglichkeiten hatte allerdings auch ihr Gutes: So verbrachte ich meine Ferien jedes Jahr auf dem Hof in Daren und verlebte dort die schönste Zeit meiner Kindheit.

Meine Eltern machten während ihres gesamten Lebens kein einziges Mal eine wirkliche Urlaubsreise; auch später nicht, als sie es sich finanziell hätten leisten können. Einen Luxus dieser Art hatten sie nie kennengelernt und war ihnen völlig fremd.

Von beginnendem Wohlstand konnte keine Rede sein. Aber vieles, was vorher unerschwinglich gewesen war, gab es nun ab und zu auch bei uns: Bohnenkaffee für die Eltern – für uns Kinder weiter Muckefuck – und ein Stück Kuchen vom Bäcker. An den Wochenenden Rosinenstuten mit „guter Butter“, auch schon mal Wurst und nicht nur Marmelade und Kunsthonig. Jetzt gelangte hin und wieder durch die Woche ein Stück Fleisch auf den Teller oder eine Mettwurst in den Eintopf. Unsere Trinkgewohnheiten änderten sich nicht: Milch und Wasser oder mit Wasser verdünnte, selbst gemachte Säfte. Kein Alkohol. Nur wenn Besuch kam, stand eine Flasche Korn und ein, zwei Bier für die Männer und ein Likörchen – der „Aufgesetzte“ – für die Frauen bereit. Vater trank nach wie vor so gut wie keinen Alkohol. Wein gab es nur zu Festtagen, der war immer noch unerschwinglich für unseren Geldbeutel.

Für uns Kinder war nun ab und zu auch schon mal eine Tafel Schokolade da. („Aber nur ein Riegel, hört ihr! Und schön langsam lutschen, dann habt ihr mehr davon.“) Schokolade kannten wir vorher nur aus den CARE-Paketen, die sich selten zu uns verirrt hatten.

Es hatte sich nichts Grundlegendes verändert. Es herrschte immer noch die Philosophie des Mangels, wenn auch in abgeschwächter Form. Bei meinen Eltern war dieses Denken bis ins hohe Alter aus ihren Köpfen nicht herauszubekommen. Wir gehörten immer noch zu den „kleinen Leuten“, aber der gebeugte Rücken konnte sich ein wenig strecken und man hatte das Gefühl, dass das Atmen allmählich wieder leichterfiel. Das Strenge, Verhärmte in den Gesichtern der Menschen wurde abgemildert, es wurde öfter einmal gelacht. Es gab wieder mehr gegenseitige Besuche, ab und zu ein Festchen. Kurzum: Die Nachkriegszeit war vorbei. Es ging „vorwärts und aufwärts“, das war die allgemeine Stimmung.

Sehr bald sollte sich herausstellen, dass dies – wenn überhaupt – nur auf die verbesserte Wirtschaftslage zutraf. In fast allen anderen gesellschaftlichen Bereichen änderte sich nur wenig, und wenn, dann nur sehr zähflüssig. Der Krieg mit seinen Folgen und all den Entbehrungen steckte den Menschen noch sehr tief in den Knochen und besonders nachhaltig in den Köpfen.

Das hat der Großverbrecher, dessen erklärtes Ziel es gewesen war, das gesamte deutsche Volk – das ihn ja nicht verdient hatte, wie er überzeugt war – mit in den Abgrund zu zerren, dann zum bösen Schluss doch fertiggebracht: Er dominierte die Gedanken und Gefühle der Menschen auch noch nach seinem unrühmlichen, tausendfach verdienten Ende. Selbst die Nachgeborenen – zumindest diejenigen mit Wissen und Bewusstsein – leiden noch heute an diesem Monstrum.

Ein besonderes Kapitel für unsere Familie in dieser Phase des Wiederaufbaus war die Zeit, in der Mutter versuchte, sich mit einem Kleinhandel etwas Geld zur Aufbesserung der schmalbrüstigen Familienkasse dazuzuverdienen. Sie hatte in der Zeitung das Inserat einer Strickwarenfabrik aus Hamburg entdeckt, in dem freie Mitarbeiter zum Vertrieb von Strickwesten, Pullovern und anderen gestrickten Bekleidungsstücken gesucht wurden.

Mutter war sofort begeistert und bewarb sich dort. Als die Vertragsunterlagen eintrafen, wurde die anfängliche Euphorie gedämpft. Das Geschäftsmodell war so konzipiert, dass die Verkäufer der Strickwaren zunächst selbst Käufer werden mussten, was bedeutete, dass sie die Ware ordern und vorab zu einem Festpreis bezahlen mussten. Nach der Lieferung konnten sie dann diese zu einem höheren Preis an Kunden, die sie selbst akquirieren mussten, verkaufen. Die Differenz zwischen Einkaufs- und Verkaufspreis stellte dann den Gewinn für die Verkäufer dar.

Ein cleveres Geschäftsmodell, sicherte es doch dem Lieferanten feste Verkaufspreise, während die freien Mitarbeiter in Vorkasse treten mussten und das volle Risiko trugen. Zwei Zugeständnisse gab es: Bei der ersten Lieferung musste nur ein Teil des Geldes im Voraus gezahlt werden, der Rest dann später mit der nächsten Lieferung. Weiterhin, dass nicht verkaufte Ware, mit einem Strafmalus versehen, wieder an das Werk zurück geschickt werden konnte.

Mutter war immer noch begeistert von dieser Geschäftsidee und unterschrieb den Vertrag. Vater hielt sich aus allem heraus, hatte aber offenbar seine Bedenken. („Wenn das man gut geht!“) Bereits einige Tage später traf die erste Lieferung ein. Die Waren hatten eine gute Qualität, waren robust, ohne viel Schnickschnack und vom Preis her akzeptabel.

Zwei Probleme gab es beim Verkauf, der nun anlaufen sollte: Welche Kunden kamen infrage? Und: Wie präsentierte man dort seine Waren? Mutter hatte eine einfache, aber geniale Lösung. Sie wollte über Land zu den Bauern fahren, dort, wo das Geld saß und die Einkaufsmöglichkeiten in Fachgeschäften nur eingeschränkt waren. Außerdem kannte sie deren Mentalität und sprach ihre Sprache. Für das Transportproblem hatte sie ebenfalls eine Idee: Die Waren wurden in eine große, robuste Reisetasche gepackt und sollten auf dem Gepäckträger des Fahrrades transportiert werden.

Gesagt, getan: Am Abend des ersten Verkaufstages kam sie müde zurück, hatte einige Pullover verkauft und war mit dem erzielten Gewinn von zwölf Mark sehr zufrieden. Sie behauptete, dass sie noch viel mehr hätte verkaufen können, wenn sie ihre gesamte Kollektion dabeigehabt hätte.

Und damit kam ich ins Spiel: Sie ordnete an, dass ich auf meinem Kinderfahrrad mitfahren und die zweite Tasche mit den Strickwaren auf meinem Gepäckträger transportieren sollte.

Ich war sofort absolut dagegen, protestierte heftig bis hin zur offenen Rebellion mit Weinen, Schreien und auf den Boden werfen. („Nein, das will ich nicht! Wie ein Zigeuner über Land ziehen! Das mache ich nicht!“) Alle meine Proteste und auch die zaghaften Einsprüche von Vater („Das kannst du doch nicht von dem Jungen verlangen!“) fruchteten nicht. Es war beschlossene Sache!

Und so begann einige Tage später eine Phase in meinem Kinderleben, die ich als Leidenszeit in meinem Gedächtnis behalten habe. Ich musste mit Mutter über Land fahren und wie ein Bettler an fremden Türen klingeln. Mutter machte diese Situation offenbar überhaupt nichts aus.

Sie trat forsch auf, kam mit den Menschen an den Türen schnell in Kontakt – auch weil sie sofort familiär wurde und mit ihnen Oldenburger Platt sprach – und erzielte gute Verkaufserlöse. Nicht nur Pullover und Strickwesten, sondern auch die feineren Strickkleider und Twinsets, die ich in der zweiten kleineren Tasche transportiert hatte, fanden ihre Abnehmer. Der Umsatz war zufriedenstellend, ebenso der Gewinn für Mutter, der tatsächlich unsere Haushaltskasse spürbar entlastete.

Ich empfand die Situation als beschämend und entwürdigend und weigerte mich standhaft, die Einladungen der Hausfrauen zu einer Erfrischung oder einem Butterbrot anzunehmen. Ich blieb verstockt lieber auf den Treppenstufen sitzen und setzte keinen Schritt über die Türschwelle. („Wat is denn met de Jung, lieve Frau? Het hij wat?“)

Meine Aversion gegen diese Art des Geldverdienens wurde so massiv, dass ich sofort das Weite suchte, wenn ich merkte, dass Mutter wieder zu einer neuen Tour aufbrechen wollte. Es kam so weit, dass sie mich dann in meiner Dachkammer einsperrte, um eine weitere Flucht zu verhindern. Einmal gelang es mir aus meinem Gefängnis auszubrechen, indem ich mit meinem Taschenmesser eine der Holzplatten, welche die Abseiten vom Zimmer abtrennten, aufhebelte und durch diesen Spalt auf dem Bauch liegend in den schmalen Zwischenraum zu den Dachsparren hineinrobbte. Von dort aus konnte ich auf leisen Sohlen – die Schuhe in der Hand – über die Treppe hinunter ins Freie gelangen.

Alles Rufen und Drohen nutzte nicht: Ich blieb verschwunden. Als ich abends mit großer Angst wieder nach Hause zurückmusste, gab es dann auch die entsprechend drastische Abreibung von Mutter. („Ich kann es nicht dulden, dass du dich so vor deinen Aufgaben drückst! Mach das nicht noch einmal, sonst kannst du das nächste Weihnachten vergessen! Weißt du denn nicht, wie dringend wir das Geld brauchen?") Nur Vater zeigte Verständnis, konnte sich aber – wie so oft – nicht durchsetzen.

Als die Zeiten besser wurden und die Modebedürfnisse der Menschen sich änderten, kam das Sortiment, das Mutter anzubieten hatte, nicht mehr so gut an. Die Waren verkauften sich nun schleppender und entsprechend verringerte sich der Gewinn. Als es den Aufwand nicht mehr lohnte, gab Mutter das Geschäft nach einem Jahr auf.

Für mich war das eine Erlösung: Wie sehr hatte ich als Kind in diesem einen Jahr gelitten!

„Unser tägliches Brot gib uns heute."

In den ersten Nachkriegsjahren bis 1950/51 gab es nicht viel, aber dennoch immer ausreichend zu essen, zumindest bei uns auf dem Land. In den zerbombten Städten sah es sicher anders aus. Hier waren die unterversorgten Menschen auf ständigen Hamstertouren in den ländlichen Regionen unterwegs. Meistens waren das Frauen, oft zusammen mit ihren Kindern, die mit Fahrrädern, Bollerwagen, manchmal auch mit leeren Kinderwagen von Bauernhof zu Bauernhof zogen, um dort ihre wenigen geretteten Habseligkeiten zum Tausch gegen Lebensmittel anboten: Besteck, Geschirr, Schmuck, Uhren, Teppiche und auch wertvolle Kleidungsstücke wie Pelzmäntel.

Manche bäuerliche Familie hat mit diesem ungleichen Tauschhandel ihren eigenen Haushalt oder ihren Kleiderschrank für billigen Gegenwert aufgebessert. Bargeld gab es bei diesen Geschäften nicht zu erzielen, nur Tausch in Naturalien. Selbst dabei waren die Bauern geschäftstüchtig und nutzten die Notlage der Hamsterer weidlich aus. Mancher Fluch der Übervorteilten über das hartherzige Landvolk konnte beim Abmarsch gehört werden. Man mochte die Bauern nicht, aber man hatte sie zum Überleben nötig. Als Folge dieser ungerechten Behandlung wurde dann von den Feldern gestohlen: Mundraub als ausgleichende Gerechtigkeit. Neben vielen anderen haarsträubenden Erzählungen aus dieser schweren Zeit werfen auch diese Episoden der Hamsterer ein bezeichnendes Licht auf die mangelnde Bereitschaft vieler Menschen, die weitgehend unbeschadet aus dem Krieg hervorgegangen waren, zur Solidarität mit den eigenen Landsleuten, die fast alles verloren hatten.

Besonders tragisch war es, wenn diese Menschen auf ihrem Rückweg nach Hause von Polizeikommandos, die zur Bekämpfung des „Hamsterer-Unwesens" eingesetzt waren, aufgegriffen wurden und denen man dann ihre mühsam ergatterten Waren wegnahm, um diese an Ort und Stelle zu vernichten. Auf den Bahnhofsvorplätzen oder an sonstigen Verkehrssammelstellen, wo solche Aktionen häufiger durchgeführt wurden, spielten sich dann unglaubliche Szenen ab, voller Verzweiflung und Wut über diese unmenschliche Behördenwillkür. Ich selbst habe als Kind diese Zeit nicht mehr bewusst erlebt. Nachdem nach den ersten Nachkriegsjahren die Grundversorgung der Bevölkerung mit Lebensmitteln – immer noch auf Lebensmittelkarten – besser wurde, hörte auch die Hamsterei auf. An die Erzählungen meiner Verwandten auf dem Bauernhof, zu denen auch häufig die Hamsterer kamen, aus jener Zeit kann ich mich jedoch noch gut erinnern.

Auch bei uns wurde die anfangs knappe Nahrungsversorgung dann besser. Mutter war in der Lage, aus dem wenigen Vorhandenen immer etwas Nahrhaftes zu zaubern. Sie war keine wirklich gute Köchin, aber besser hatte sie es halt nicht gelernt, trotz Hauswirtschaftsausbildung während ihrer Zeit im Mädchenpensionat „Marienhain" in Vechta, wo sie einige Zeit Anfang der Dreißigerjahre zugebracht hatte. Die von ihr zubereiteten Speisen wiederholten sich ständig, waren immer ein wenig langweilig, aber trotzdem schmackhaft. Bei den nur eingeschränkt vorhandenen Zutaten eigentlich doch eine Kunst und offensichtlich auch einigermaßen ausgewogen. Jedenfalls hatten wir keine Mangelerkrankungen. Die geringe Fettzufuhr hatte unfreiwilligen Diätcharakter. Nicht nur wir, sondern auch die meisten Menschen in dieser Zeit waren rank und schlank. Gesund war diese Art der Ernährung wohl auch, denn wir waren nur selten ernsthaft krank.

Einzige Ausnahme: die Milch. Die kam frisch vom Bauern, seltener aus dem Milch- und Käseladen von Thun in der Nachbarschaft, abgefüllt mithilfe einer Apparatur, die einem Bierzapfhahn ähnelte. Oder aber die Milch kam vom Hof von Mutters Bruder Oskar in Daren. Mit dem Fahrrad sechs Kilometer hin, zurück mit einer gefüllten 2-Liter-Milchkanne mit Blechdeckel, zusätzlich vier oder fünf Eiern oder einem Stück Speck. Dies wurde mir von Tante Trude heimlich zugesteckt. Wenn Onkel Oskar es bemerkte, gab es hämische Kommentare von ihm: „Habt ihr wieder mal nichts zu beißen? Sollen wir euch etwa durchfüttern?“ (Dass Vater oft tagelang auf dem Hof für Gotteslohn arbeitete, hatte er offenbar vergessen.)

Zu Anfang wurde die Tuberkulosefreiheit der Milchviehbestände nicht lückenlos überwacht. Später gab es dann Blechschilder an den Stalltüren, die stolz verkündeten: „Dieser Bestand ist garantiert Tbc-frei!“ Dennoch gab es die Unvernunft, auch nicht abgekochte Milch zu trinken. („Junge, frisch von der Kuh! Trink, das ist gesund!“)

Kinderspiele auf dem Hof in Daren: Unter dem mächtigen Kuheuter liegen und mit geschickten Griffen an den Zitzen sich die warme Milch direkt in den Mund spritzen.

Die Kühe machten es widerspruchslos mit und ließen sich beim Heumampfen nicht stören. Erstaunlich, wie einfach der Zusammenhang war: oben fest rein, unten flüssig wieder raus. Dazu der angenehme Stallgeruch, die großen, dunklen Augen der Wiederkäuer und ihre dicken feuchten Lippen. Welch angenehme Kindheitserinnerungen! Ich liebe diese Tiere noch heute und beginne immer im Vorbeigehen ein Gespräch mit ihnen, wenn ich sie auf einem Spaziergang auf der Weide antreffe. Irgendwie habe ich dann das Gefühl, dass sie mich verstehen, wenn sie mich mit ihren schönen Augen anschauen.

Ab und zu gab es auch Milch von Nachbar Hecklers Ziegen. Es schmeckte ekelhaft, jedes Mal großes Widerstandsgeschrei von mir. Eine nachdrückliche Ohrfeige von Mutter erzwang dann den zweifelhaften Genuss.

Die roh genossene Milch hatte allerdings Folgen für mich: eine leichte Lungenerkrankung mit Tbc-Verdacht. („Der Junge hat es an der Hilusdrüse.“) Vier Wochen in einem Lungensanatorium in Huntlosen bei Oldenburg waren die Folge. Der Aufenthalt dort muss für mich nicht so schlimm gewesen sein, jedenfalls habe ich keine negativen Erinnerungen daran.

Außer Milch gab es an Getränken „Muckefuck“, einen Zichorienaufguss – der „Kaffee des kleinen Mannes“, für die Kinder zusätzlich noch verdünnt. („Pfui Teufel!“) Zur Erfrischung hatten wir selbst gemachten Fruchtsirup, vermischt mit kaltem Wasser aus der Pumpe. Lecker!

Keinerlei Alkohol, vielleicht irgendwo versteckt ein Fläschchen Likör für die Damen oder Korn für die Herren, wenn einmal – was selten geschah – unangemeldeter Besuch kam. Auch für Vater war kein Bier oder schärfere Sachen bereitgestellt, er wollte davon auch nichts wissen.

Wenn ihm bei irgendwelchen Treffen mit Arbeitskollegen nach Feierabend oder bei sonstigen Gelegenheiten Bier aufgenötigt wurde, war er natürlich sofort „duhn“ und kam schwankend, aber lustig singend nach Haus. („Oh Straße, wie siehst du mir wunderlich aus!“) Bei solchen Vorkommnissen war Mutter erstaunlicherweise liberal, es gab keinerlei Vorwürfe. Stattdessen wurde Vater von ihr ins Bett gepackt, Kotzeimer daneben, der dann auch bald mit lautstarken Geräuschen seiner Bestimmung zugeführt wurde. Am nächsten Morgen war er dann verkatert und muffelte brummig herum.

In puncto Alkohol war Vater wirklich vorbildlich. Von sporadischen Ausnahmen abgesehen, wurde von ihm kein Pfennig seines sowieso kargen Wochenlohnes – es gab ja am Samstag nach Arbeitsende noch die wöchentliche Lohntüte mit Bargeld – in Kneipen umgesetzt, wie es viele andere Männer taten. Diese wurden von ihren Frauen am Fabriktor oder an der Baustelle abgeholt, was dann häufig zu lautstarken, unschönen Szenen führte. Das betraf natürlich nicht die Junggesellen. Diese genossen ihre kleinen Freiheiten in vollen Zügen und schädigten ungeniert ihre Leber.

Fleisch war die absolute Ausnahme: nur am Sonntag ein preiswerter Nackenbraten mit viel Fett. Für jeden eine Scheibe, für Vater zwei. Am Samstag gab es Eintopf: Bohnen oder Erbsensuppe mit ein wenig fettem Bauchfleisch, keine Würstchen. Der Freitag war absolut fleischlos, Tradition in katholischen Gegenden zum Gedenken an Christi Kreuzestod am Karfreitag.

Stattdessen gab es an diesem Tag häufig Eier in Senfsoße, selten Fisch. Der war auch damals schon teuer. Manchmal „Grüne Heringe“ für ein paar Groschen. Die schmeckten – in Mehl gewälzt und in Margarine knusprig gebraten – zusammen mit Bratkartoffeln und einer Gewürzgurke auch lecker.

Wenigstens zweimal in der Woche wurde eine Spezialität gekocht – genannt „Oldenburger Südfrüchte“: gedünstete Steckrübenschnitzel, untergestovt mit Möhren, dazu kleine Stückchen Bauchspeck, manchmal auch eine klein geschnittene, geräucherte Mettwurst. Man konnte sich daran gewöhnen. (Bei meinen jährlichen Besuchen im Norden an der Ostsee esse ich noch heute ab und zu „Rübenmus mit Schweinebacke“.) Zwischendurch auch Pfannkuchen oder Kartoffelreibekuchen.

Alle zwei Wochen gab es dann eine weitere, eher zweifelhafte Besonderheit zu essen: Blutsuppe mit Schweineschwänzchen und Trockenpflaumen. („Junge, fahr mal schnell zum Fleischer, der hat heute Schlachttag, und hol eine Kanne Ochsenblut und Schwänzchen.“) Alles kostete nur ein paar Groschen. Wir waren nicht die Einzigen, die so etwas aßen. Der Clou waren die getrockneten Pflaumen aus Mutters Keller. Kaum zu glauben: Eigentlich war das eine abartige Komposition, wurde aber von mir trotz gemischter Gefühle ohne Protest gegessen. Es schmeckte so übel eigentlich nicht. Nur nicht lange darüber nachdenken!

Ab und zu wurde ich von Mutter mit dem Fahrrad in die acht Kilometer entfernte Kreisstadt zur Metzgerei ihres Bruders Georg geschickt. („Schönen Gruß von Mama, ob du nicht ein wenig Fleisch für uns hast?") Dann gab es eine Tüte längst überfälliger Mettwürste. („Pfui, die haben ja schon einen Belag!") Aber unter heißem Wasser abgewaschen und in den Eintopf geschnippelt waren sie noch genießbar. Manchmal rückte er auch ein Päckchen Wurstenden oder Suppenknochen heraus, nie ein richtiges Stück Fleisch. Danach wurde ich flugs hinausexpediert. („Keine Zeit! Grüß Mama schön!") Die war begeistert über so viel Geschwisterliebe.

Zu dem Hof in Daren wurde ich regelmäßig von Mutter zur Verbesserung unserer Ernährungslage hingeschickt. („Fahr mal eben mit dem Fahrrad zu Onkel Oskar und Tante Trude und frag nach einer Kanne Milch und ein paar Eiern!") In der Zeit, als der Hausherr und Patriarch, Großvater Hinnerk, noch lebte, war ich immer ein gern gesehener Gast. Er mochte mich und nannte mich „Jürgelein". Das war mir gar nicht recht, denn diese Benennung hing mir bald als Spottname an, hämisch von meinen eifersüchtigen Cousinen benutzt. Hinnerk aber ließ sich nicht beirren: Onkel Oskar, sein ältester Sohn und späterer Hoferbe, der ständig an mir herummäkelte, wurde häufig in scharfem Ton von ihm ermahnt, Jürgelein in Frieden zu lassen. Solches Ungemach war von Oskars Frau Trude nicht zu erwarten.

Sie war eine dicke, gefühlvolle Frau Anfang vierzig, die nicht nur alle Mitglieder ihrer eigenen Großfamilie liebte, sondern ebenfalls fast alle anderen Menschen, besonders wenn diese auch zur Familie gehörten, vor allem aber die Kinder. Sie war meine erste Ersatzmutter in Sachen Gefühl, an die ich noch heute mit äußerst angenehmen Erinnerungen zurückdenke.

Tante Trude war die unumschränkte Herrscherin in ihrem Bereich, und das waren in erster Linie der Haushalt und vor allem die Küche, das Zentrum des Familienlebens. Frühmorgens stand sie bereits am riesigen Küchenherd, auf den heißen Platten eine große gusseiserne Pfanne mit brutzelnden Spiegeleiern mit Speckstreifen, in Butter gebraten. („Jürgen, willst du deine Eier gewendet haben?“) Zwei musste man wenigstens essen, sonst wurde man verspottet. Die meisten am Tisch aßen drei, Onkel Oskar sogar vier. Zusätzlich gab es eine weitere Pfanne mit Buchweizengrütze – auf Platt: „Götte“ – in Butter außen kross gebraten, alles in Fett schwimmend, aber sehr wohlschmeckend.

Das Wort „Cholesterin“ war noch unbekannt, aber alle Mitglieder der Hofgemeinschaft, abgesehen von Tante Trude, waren rank und schlank und sind sehr alt geworden.

Diese Völlerei bereits morgens um sechs war aber auch notwendig, weil danach die schwere Hofarbeit begann für Onkel Oskar, seine Helfer und die Flüchtlinge, die in der Nähe in einer Nissenhütte hausten und bei der Feldarbeit aushalfen.

Die Bezahlung dieser Menschen erfolgte meistens nur in Naturalien: Milch, Eier, ein Säckchen Kartoffeln oder Körner für die Hühner, selten ein paar Mark auf die Hand. Die auf diese Art Übervorteilten holten sich das ihnen Zustehende durch nächtliche Raubzüge auf den Feldern zurück. Onkel Oskar stand auf Wache mit einem Knüppel und dem Flobert-Gewehr, aber immer erfolglos. Ab und zu gelang es ihm, die huschenden Gestalten zu verjagen. Dann knallten Warnschüsse durch die Nacht, von denen wir aus dem Schlaf aufschreckten.

Am folgenden Morgen reagierten die Verdächtigten – trotz durchdringender Blicke von Oskar – mit unschuldigen Blicken und gelassenem Normalverhalten. Da er nicht bereit war, die Situation grundlegend zu verändern und er auf die Hilfskräfte angewiesen war, folgte der nächste Raubzug bald.

Das Mittagessen war traditionell: dicke Bratenstücke mit viel Soße, Gemüse und Kartoffeln. Wenn der Arbeitstag besonders lang war, gab es als zusätzliche Stärkung am Nachmittag das Vesperbrot, dazu gekühlte Buttermilch. Diese Mahlzeit wurde von uns Kindern in Körben den hart arbeitenden Menschen auf das Feld gebracht.

Zum Abendbrot gab es dicke Scheiben von dunklen, selbst gebackenen Brotlaiben mit leckerer Kruste, reichlich mit selbst gekirnter Butter bestrichen und mit Mettwurst oder Schinken belegt.

Die Butterstücke kamen nach ihrer Herstellung mithilfe der Zentrifuge, in Pergamentpapier eingewickelt, in den Eiskeller der Küche. Hier lagerte auch in Kühlkisten das Stangeneis, das von den Bierfahrern der „Haake-Beck-Brauerei“ – Stammsitz Bremen, Niederlassung Vechta – mit Lastwagen einmal in der Woche zusammen mit den Bierfässern hergebracht wurde. Jene wurden mit einem dumpfen Platsch auf die ledergepolsterten Prallkissen von den rotgesichtigen, mit kräftigen Muskeln ausgestatteten Bierkutschern abgeladen und – ebenso wie das Stangeneis – auf den ledergeschützten Schultern in den Keller geschleppt. Danach mussten sich die schwitzenden Männer erst einmal mit einem halben Liter frisch gezapftem Bier stärken. Danach ging es weiter zur nächsten Lieferstelle. Offenbar gab es damals nicht die Gefahr einer Alkoholkontrolle. (Gab es überhaupt eine Promillegrenze am Steuer, es sei denn, man verursachte einen Unfall?)

Die angelieferten Getränke – neben Fassbier auch Flaschenlimonade der Marke „Orangina“ – sowie Kartons mit diversen Schnäpsen, hauptsächlich Korn füllten den Vorrat des im Nebenerwerb von der Familie betriebenen Dorfkruges „Zum Storchennest“ auf. Den Namen hatte die Kneipe von einem – von den Klappervögeln jedes Jahr erneut bewohnten – Storchennest erhalten, dessen Unterbau – ein ausrangiertes hölzernes Rad eines Ackerwagens – Opa Hinnerk eigens zu diesem Zweck auf der Firstspitze der Hofscheune montiert hatte. Das vom Storchenkot weiß bespritzte Dach gehörte mit dazu.

Im Eiskeller standen auch die dicken Fässer aus salzglasierter Keramik mit dem selbst hergestellten Sauerkraut, der Holzdeckel mit einem schweren Steinbrocken beschwert. An der rauchgeschwärzten Balkendecke der Küche: Blut-, Mett- und Leberwürste, geräuchert in der hofeigenen Räucherkammer auf der Tenne. Eine besondere Köstlichkeit, mit der dann selbst die ansonsten sehr großzügige Tante Trude beim Aufschneiden vorsichtiger umging, war das „Nagelholz“, luftgetrockneter Kernschinken mit nur wenig Fett. Frische, nicht geräucherte Leberwürste und eingeweckte Sülze wurden ebenfalls im Eiskeller gelagert, gleichfalls eingepökelter Bauchspeck und andere Fleischstücke – alles einmal im Jahr im November bei der Hausschlachtung hergestellt.

Zuerst wanderte das Frischfleisch in den Kochtopf oder in die Pfanne, danach die haltbar gemachten Sachen. Wenn all das aufgebraucht war, musste das Hausgeflügel – Gänse, Enten und Hühner – die Fleischversorgung sichern in Form von leckeren Braten, aber auch sehr gehaltvollen Hühnersuppen.

Alle diese Genüsse auf dem Hof in Daren waren von einem anderen Kaliber als die karge Ernährung bei uns zu Hause. Leider gab es für mich diese Köstlichkeiten nur, wenn ich dort meine Ferien verbrachte, also vielleicht zehn Wochen im Jahr.

Insgesamt gesehen kann man im Rückblick die Ernährungssituation unserer Familie in der sogenannten „schlechten Zeit" als durchaus zufriedenstellend bezeichnen. Bedauerlicherweise galt das damals nicht für die Mehrzahl der Menschen im bitterarmen Nachkriegsdeutschland, vor allem, wenn sie nicht über die günstigen Voraussetzungen einer Verwandtschaft mit einem Bauernhof verfügten.

Aber das ging uns eigentlich nicht besonders nahe: „Jeder muss selbst zusehen, wie er satt wird."

Der Mensch ist ein soziales Wesen: Unsere Nachbarn und Freunde

Familie Kordes, unsere unmittelbaren Nachbarn, bewohnten die rechte Hälfte des Doppelhauses in der Landwehrstraße. Clemens, ein kleiner Angestellter, fuhr morgens – mit Hut und Hosenklammern – mit dem Fahrrad zur Arbeit, die Aktentasche – ausgebeult von der Frühstücksdose und der Blechflasche mit Tee – an der Rahmenstange festgemacht. Sie war eine kleine Dicke und hatte zwei pummelige Kinder. Erstaunlicherweise gab es wenig Kontakt trotz der räumlichen Nähe. Waren wir ihnen nicht gut genug?

Wir Kinder spielten auch selten miteinander. Ein Vorfall ist mir noch gut in Erinnerung: Ich – mit einem Rhabarberblatt auf dem Kopf – zur Mutter: „Bin ich nicht ein schöner Engländer?“ (Die englischen Besatzungssoldaten, die man ab und zu sah, trugen flach gedrückte, auch grüne Barette.) Daraufhin Frau Kordes von nebenan leise, aber dennoch vernehmbar: „Ja, ein schöner Sau-Länder.“ Langes Gekeife der beiden Frauen, ausgehend von meiner Mutter.

Mir war’s egal, allerdings hat sich mir nicht erschlossen, was Frau Kordes mit dieser Bemerkung bezwecken wollte. Lange aufgestauter Groll? Ich hatte nie etwas bemerkt. Danach folgte eine deutliche wechselseitige Abkühlung. Nur noch „Guten Tag“ und „Auf Wiedersehen“.

Familie Sielmann bewohnte ein eigenes Haus links von unserem. Sie waren wohl aus dem Osten hierher verschlagen worden, denn sie sprachen einen sächsischen Akzent. Aber noch viel schlimmer: Sie waren evangelisch. Wir hatten kaum Kontakt mit ihnen. („Mit denen sprechen wir nicht.“)

Sie hatten einen Sohn Paul in meinem Alter, mit dem ich trotz Verbot längere Zeit befreundet war. Heimliche Treffen mit anschließenden Entdeckungsreisen. Er zeigte mir die kleine evangelische Kirche am Ort, ich ihm die wesentlich größere katholische Pfarrkirche. Befremdliche Gefühle beidseitig: bei mir über die mir unbekannte Kargheit der protestantischen Kirchenausstattung, vor allem die Kleidung des kurz hindurcheilenden Pastors im vollen Ornat mit schwarzem Talar und weißem Beffchen. Da sahen unsere Priester aber doch anders aus. Gleichfalls bei Paul: die pomphafte, oft an Kitsch grenzende Überladung der katholischen Kirche mit den vielen Heiligenstatuen und -bildern.

Ein gemeinsames Abenteuer war der Besuch der Leichenhalle in einer separaten Kapelle neben dem katholischen Krankenhaus St. Elisabeth. Praktisch: Direkt dahinter befand sich der Friedhof. Beklommenes Eintreten in die Halle, sofort umfing uns der ganz besondere Geruch der dort aufgebahrten toten Menschen. Zögerndes Nähern, dann die Mutprobe: Wer geht am nächsten heran an die starren Wesen im Totenhemd mit geschlossenen Augen, wächsernen Gesichtern und mit Kreuz oder Rosenkranz zwischen den gefalteten Händen?

Unbedingt erforderlich: das Beugen des eigenen Kopfes nahe bis über das Gesicht des Toten. Wem es gelang, die erkalteten, starren Hände oder vielleicht sogar die eiskalte Stirn kurz zu berühren, war der Sieger. Danach fluchtartiges Verlassen der Halle nach draußen an die frische Luft und an das helle Tageslicht. Es fühlte sich an, als würde man ein Brennen in der Hand spüren, welche die Leiche berührt hatte. Erst lange Zeit später verlor sich dieses Gefühl durch mehrmaliges Schlenkern dieser Hand. Manchmal entstand Streit darüber, wer der Mutigere gewesen war: „Ich war näher dran!“ – „Nein, ich!“

Gemeinsame Spiele im Hopener Wald mit Paul. Aus einem Fetzen abgerissener Lkw-Plane bauten wir mit ein paar Stricken eine Hängematte, aufgehängt zwischen zwei Baumstämmen. Das war dann unser Treffpunkt.

Herumalbern und Balgen in der Matte, dabei kam man sich näher. Plötzlich vorher nie gekannte Gefühle, warm im Bauch und zwischen den Beinen. Dann der erste wechselseitige Griff zwischen die Schenkel des anderen. Die kurzen Lederhosen, die wir beide trugen, waren schnell aufgeknöpft, und dann nahm das Geschehen seinen Lauf.

Angenehme Gefühle, aber ohne sichtbaren Erfolg. Wir waren wohl noch zu jung, vielleicht acht Jahre. Plötzlich entstehende Unlust und ein abruptes Ende. Schweigsam und mit niedergeschlagenen Blicken der Gang nach Hause. Kein Abschied.

Das war meine erste ernsthafte Begegnung mit der Welt der bisher unbekannten Gefühle und gleichzeitig das Ende einer Freundschaft. Dieses Erlebnis hatte noch weitreichendere Folgen für mich. Doch davon später.

Die besten Bekannten – man kann vielleicht sogar sagen: Freunde – war die Familie Baumann. Vater Alwin war ein Arbeitskollege meines Vaters, nachdem dieser endlich Mitte der Fünfzigerjahre eine feste Arbeit hatte. Zunächst in dem Werk, in dem nach dem Krieg einer der ulkigen Kleinstwagen zu Beginn der langsam wieder anlaufenden Fahrzeugproduktion hergestellt wurde – das „Fuldamobil" –, danach bei „Siekmann-Röhren", ein Werk für nahtlos gezogene Großröhren für die Industrie.

Alwin war dort Vorarbeiter, Vater einfacher Produktionsarbeiter, obwohl er als Schlosser eigentlich besser qualifiziert war. Alwin kam aus der Landwirtschaft, hatte aber mehr Selbstbewusstsein und Durchsetzungsvermögen als Vater, der wohl immer noch die Spätfolgen seiner Depression zu verkraften hatte. Er war aber auch eher ein weicherer Typus, während Alwin mehr das gängige Männerbild darstellte, fordernd und durchsetzungskräftig. Dennoch verstanden sich diese beiden so unterschiedlichen Männer privat gut. Bei den wöchentlichen Treffen wurde zusammen mit einem Nachbarn Skat gespielt, gelacht und getrunken. Vater eher zurückhaltend: Er konnte ja nur wenig vertragen.

Frau Baumann war eine dicke, gemütliche Frau, Ende dreißig, ein bisschen aus der Form geraten, trotzdem noch mit Drall. Ein rundes, freundliches Gesicht mit immer lachenden Augen. Alwin liebte sie wohl über alles und zeigte das auch in Gegenwart von Gästen: hier eine Umarmung, dort ein Küsschen. Auch schon mal ein Klaps auf den runden Hintern, den sie mit verlegenem Lachen, aber sichtlich geschmeichelt entgegennahm. Das war für mich neu: So hatte ich meine Eltern, vor allem meine Mutter, eigentlich noch nie gesehen. Auch die beiden Frauen verstanden sich gut, trotz Mutters verklemmter Art.

Die beiden Söhne: Wolfgang in meinem Alter, ein übergewichtiges Kind mit feist rundem Gesicht und Speckrollen an den Hüften, aber mit freundlichem Gemüt, viel lachend, stets bereit, im Streit auch zurückzustecken und sich schnell wieder zu versöhnen. Stefan, mehrere Jahre jünger als sein Bruder, war ein kleiner, schmächtiger Junge mit starkem Oberbiss, was seinem Gesicht immer etwas Nagetierartiges gab. (Später erfuhr ich, dass er Technik studiert hatte und als Ingenieur auf großen Schiffen zur See gefahren war. Schau an!) Er war das Nesthäkchen, abgöttisch geliebt von seiner Mutter. Alwin tat immer so, als würde er ein strenges Regiment führen, aber unter den tadelnden Blicken seiner Frau war er dann weich wie Butter in der Sonne. Sowohl der eine als auch der andere kam bei der Elternliebe nicht zu kurz, die Vater und Mutter weitgehend gerecht auf beide verteilten.

Wolfgang und ich spielten Cowboy und Indianer mit aus Astzwillen selbst geschnitzten Pistolen und Knüppelgewehren. „Pistolak“ nannten wir so etwas: Verstecken, Anschleichen, um die Ecke lauern und dann: „Peng, peng! Du bist tot!“ Danach – auf wundersame Weise wieder zum Leben erweckt – ein neuer Angriff. Stefan ging bei seinen Versuchen, am Spiel beteiligt zu werden, meistens leer aus. „Hau ab! Du bist noch viel zu klein.“ Dann zog er beleidigt ab. Mit meiner Schwester Marianne, die bei den Besuchen der Eltern bei den Baumanns immer mit dabei war – „vielleicht zwei, drei Jahre alt – wollte er natürlich nicht spielen, die war ja nun wirklich noch viel zu klein.

Im Herbst liefen Wolfgang und ich zu Bauer Bröringmeier, der am Rande der Innenstadt einen großen Niedersachsenhof mit Fachwerk und den gekreuzten Pferdeköpfen über der Einfahrt zur Tenne mit eingeschnitztem Sinnspruch hatte, und fragten nach, ob wir bei der Kartoffelernte helfen könnten. Manchmal hatte er Arbeit für uns beim Aufsammeln der Knollen und wir verdienten ein paar Groschen. Die wurden beim nächsten Bäcker sofort in Naschereien umgesetzt.

1. Mai: „Kampftag der Arbeiter!" Obwohl der Arbeiterklasse zugehörig, kein Begriff bei uns. Es gab in Lohne auch keine Aufmärsche, stattdessen gemeinsame Fahrradtouren („Der Mai ist gekommen ..."), die Lenker geschmückt mit einem Bund Birkenzweige, meistens zur Burg Dinklage. Dann gab es ein Picknick am Rande des Burggrabens auf dem Rasen vor dem idyllischen Herrenhaus.

Später war Alwin Frühinvalide, Unterschenkelamputation wegen „Raucherbein". Wir besuchten ihn nach der Operation im Krankenhaus, wo er uns mit seinem Beinstumpf und dabei eine Zigarette paffend erwartete.

Eine schöne Zeit! Diese Freundschaft hielt bis zu unserem Weggang aus Lohne. Danach brach der Kontakt ab. (Meine Schwester erzählte mir allerdings Jahre später, dass Wolfgang – inzwischen eine Art Manager geworden – sie angerufen und versucht hatte, sich mit ihr zu verabreden. Sie hatte kein Interesse daran, weil sie inzwischen liiert und er außerdem überhaupt nicht ihr Typ war. Also gab es einen entsprechenden „Korb“. Erstaunlich, diese Aktion von ihm: War er etwa – unbemerkt von uns allen – in Marianne verliebt gewesen?

Unsere Nachbarn auf der gegenüberliegenden Straßenseite waren die Hecklers, eine verwitwete alte Frau mit einem etwas zurückgebliebenen Sohn. Nett und freundlich, aber von mir mit eher gemischten Gefühlen betrachtet, denn sie hatten zwei Ziegen, deren abscheulich schmeckende Milch ich manchmal – meist unter Zwang – zu mir nehmen musste. Mutter war davon überzeugt, dass Ziegenmilch etwas besonders Gesundes und auch Wohlschmeckendes sei. Ersteres mochte ja stimmen, die zweite Behauptung konnte ich als Betroffener jedoch überhaupt nicht bestätigen.

In der benachbarten Hälfte dieses Doppelhauses wohnten die Schlarmanns, eine junge Arbeiterfamilie mit der Tochter Gertrud. Sie war die beste Freundin meiner Schwester, als sie noch zur Schule gingen, später auch noch. Beide spielten ständig ihre Mädchenspiele, mit denen ich nichts anfangen konnte.

Etwas weiter stadteinwärts, eingerahmt von einem brachliegenden Grundstück auf der einen und den Fabrikationshallen der trenkampschen Dreschmaschinenfabrik auf der anderen Seite, wohnte die Familie Müller. Mit ihnen pflegten wir regelmäßigen Umgang. Uns allen war sie unvergesslich durch den beinahe tödlich verlaufenden Sturz meiner kleinen Schwester in die müllersche Jauchegrube und ihre dramatische Rettung in letzter Sekunde.

Vater Müller war Arbeiter bei Trenkamp, seine Ehefrau Lisbeth eine rundliche, sehr gefühlige Frau und Mutter von sechs Kindern. Der älteste Sohn – damals schon um die zwanzig – zog bald weg und wurde Steiger in einem Bergwerk im Ruhrgebiet.

Die nächstältere Tochter war Irmgard, ein lang aufgeschossenes Mädchen von zwölf Jahren. Trotz ihres mageren Körpers hatte sie schon Ansätze von Brüsten mit deutlich sichtbaren Brustwarzen. Herbert war in meinem Alter und mein Spielkamerad. Dann gab es noch einen Bruder Günter, um einiges jünger als wir. Die Letzte im Reigen war die blonde Lotte.

Das Nesthäkchen mit drei, vier Jahre war Kurti, blond gelockt und der besondere Liebling seiner Mutter. Über dessen frühen tragischen Tod wird später zu berichten sein.

Müllers hatten als Einzige in der Nachbarschaft einen Fernseher, natürlich Schwarz-Weiß und nur mit erstem Programm, krisseliges, unscharfes Bild mit manchmal laufenden Streifen. Meine Eltern gingen ab und zu abends hinüber, um sich einen Heimatfilm oder eine andere Schmonzette anzuschauen. Für uns Kinder war Fernsehen natürlich tabu. („Ab mit euch ins Bett! Das ist nichts für euch Kleinen.“)

Eine Ausnahme war die Fußballweltmeisterschaft 1958 in Schweden („Heja! Heja!“) mit der skandalösen 1:3-Niederlage der Deutschen – „rote Karte“ für Juskowiak –, natürlich durch finstere gegnerische Mächte verschuldet. Die höhnisch ausgestreckten Finger der schwedischen Autofahrer bei ihrer Rückfahrt aus dem Italienurlaub (drei rechts, einer links) erregten nicht nur die Fußballnation, sondern auch alle übrigen von ihrer Fußballüberlegenheit überzeugten Deutschen. Allen anderen war natürlich das ganze Theater gleichgültig.

Den grandiosen Sieg der deutschen Weltmeisterschaftself 1954 in Bern bekam ich als Siebenjähriger nur aus den aufgeregt-stolzen Erzählungen der Erwachsenen mit. („Jetzt sind wir wieder wer!") Ein weiterer Pluspunkt für das erstarkende Selbstbewusstsein der Deutschen.

Ein anderer Nachbar in der Landwehrstraße war drei Häuser weiter stadteinwärts der Besitzer der „Reparaturwerkstätte Greve. Alle Fabrikate". Eine große Halle im Parterre mit zwei hohen klappbaren stählernen Schiebetüren und zwei Montagegruben für alle möglichen Automobile, auch kleinere Lastwagen.

Davor auf dem Bürgersteig eine Straßentankstelle mit zwei Zapfhähnen: „Benzin" und „Diesel". Immer gut ausgelastet, der Laden lief. Kleines Lager für Ersatzteile und neue und gebrauchte Reifen. Die Gummischläuche auf Regalen aufgereiht. Schlauchlose Reifen waren noch unbekannt. An der Wand ein Wassertauchbecken zur Reparatur der defekten Schläuche. („Blubb, blubb. Ah, hier haben wir das Loch!") Die Reparatur des Schlauches von Hand, wie bei defekten Fahrradschläuchen. Danach, bereits ganz modern, das Aufpumpen mit einem kleinen Luftkompressor.

Stundenlang habe ich zwischen den Toren gestanden und den ölverschmierten Monteuren bei ihrer Arbeit, die ihnen flott von der Hand ging, zugeschaut. Man merkte, sie waren Experten. („Na, Junge! Willste auch mal Mechaniker werden?“ – „Weiß noch nicht.“)

In einem kleinen abgeteilten Kabuff saß der Chef, genannt Greves Jan, in seinem „Bureau“. Ein älterer Mann mit wuschelig zu Berge stehenden grauen Haaren. Er machte immer einen etwas bärbeißigen Eindruck, war auch meistens kurz angebunden, aber eigentlich doch ganz umgänglich, besonders gegenüber Kindern. Im Sommer zur Saison in der Lohner Badeanstalt standen die Kinder, meistens Jungens, vor der Werkstatt Schlange. Er verlieh nämlich aufgepumpte alte Reifenschläuche, die als Schwimmhilfen dienen sollten, für billiges Geld. Kleine Schläuche für die Nichtschwimmer für zwanzig Pfennig den Tag, größere Lkw-Schläuche kosteten dreißig Pfennig. Diese wurden von den älteren, die bereits schwimmen konnten, als Badespaßutensil gerne genommen. Greves Jan nahm kein Pfand, aber jede Übergabe wurde gewissenhaft in einer besonderen Kladde notiert, damit alles seine Richtigkeit hatte mit Leihbetrag und Namen. Die meisten Kinder, die ja aus der Nachbarschaft kamen, kannte er bereits. („Um sechs machen wir zu. Eine Viertelstunde vorher gebt ihr die Schläuche ab, oder es setzt was! Und macht mir bloß die Schläuche nicht kaputt, sonst müssen eure Eltern berappen. Dann ist das Taschengeld für die nächsten Wochen weg.“) Die meisten von uns Kindern, die noch nie etwas von Taschengeld gehört hatten, schauten sich erstaunt an. Nachdem wir ihm hoch und heilig versprochen hatten, dass alles zu seiner Zufriedenheit sein würde, gab er die prall gefüllten Reifen frei. Die ganze Kinderhorde zog dann johlend, die Schläuche mit geschicktem Handschlag vor sich her rollend, zum Freibad, das nur einige Hundert Meter entfernt war. Den reumütigen Sündern, die abends mit einem platten Schlauch zurückkamen, erließ er dann – allerdings erst nach einer kleinen Strafpredigt – die eigentlich fällige Strafgebühr.

Eine Freundin von Mutter, Anni Seelbach, wohnte mit ihrem Mann und den zwei Kindern in einem Zweiparteienhaus neben dem Eingangstor zur Dreschmaschinenfabrik auf der Brinkstraße weiter stadteinwärts. Das Haus war älter, etwas angegammelt, bröckelnder Putz im Bereich des Spritzwassersockels, auf der Innenseite der Mauer in Seelbachs Wohnzimmer immer feuchte, salpetrige Stellen unter der stockfleckigen Tapete.

Sie war eine dominante, resolute Person, er ein klein gewachsener, unter der Fuchtel seiner Frau stehender Finanzbeamter, der jeden Morgen mit dem Fahrrad die acht Kilometer zu seiner Dienststelle in Vechta zurücklegte. Sie renommierte gerne mit dem Beruf ihres Mannes. Geld hatten sie aber genauso wenig wie alle anderen in diesen Kreisen. Die kleinen Beamten wurden vom Staat ganz miserabel bezahlt.

Ihr Sohn, Hans-Friedrich, war in meinem Alter und wir spielten ab und zu gemeinsam. Er war ein blonder feingliedriger Junge, sensibel, der für raue Jungenspiele nicht zu haben war. Manchmal spielte er sogar mit den Puppen seiner Schwester. Als ich das einmal zu Hause erzählte, hatte er bei Vater sofort seinen Spitznamen weg: „Pissmänneken!“ Welcher richtige Junge spielte denn mit Puppen?!

Die ältere Schwester hieß Anke, war etwas rustikal in Aussehen, Wortwahl und Benehmen und nahm uns Jungens kaum zur Kenntnis. Mir war's recht: Auch ich konnte mit ihr nichts anfangen.

Später heiratete sie dann einen Schreiner mit eigener Werkstatt, also sozusagen ins gemachte Nest gesetzt. Er wurde von allen – aus welchen Gründen auch immer – „Willepitt“ genannt, was er aber nicht weiter übel nahm. Später erweiterte er sein Repertoire um eine Sargschreinerei. Dabei stellte er wohl fest, dass doch viele Menschen starben und somit einen Sarg brauchten. Also schien es ein gutes Geschäft zu sein, nicht nur die Särge zu schreinern, sondern auch dafür zu sorgen, dass die Toten anständig unter die Erde kamen. Als logische Folge dieser Überlegung eröffnete er mit Anke ein Bestattungsunternehmen, das ebenfalls von Beginn an gut lief. Dieses spielte später in unserer Familiengeschichte eine nicht ganz unwichtige Rolle, insofern als Anke und Willepitt sowohl unseren Vater mit zweiundachtzig Jahren als auch unsere Mutter mit fast hundert Jahren würdig unter die Erde brachten und das zudem noch zu akzeptablen Preisen. („Lass das mal Willepitt machen, der ist nicht so teuer.“)

In der oberen Etage des Doppelhauses wohnte die Familie Mayer, genannt „Karussell-Mayer“. Sie hatte nämlich früher ein großes Karussell mit hölzernen Pferden, Kutschen, Omnibussen, Autos, Motorrädern und noch diversen anderen Gefährten besessen, prachtvoll geformt und lackiert. Außerdem auch noch ein Kinderkarussell, alles ein wenig kleiner, zusätzlich noch mit Fahrrädern und einer Mondrakete. Die Firma Mayer ging dann im letzten

Kriegsjahr in Konkurs. Den Menschen stand wohl kurz vor dem Untergang nicht der Sinn nach Karussellfahren, trotz Zarah Leanders Durchhaltesong „Ich weiß, es wird noch mal ein Wunder geschehen“; die „Wunderwaffen“ kamen nicht und auch das Wunder selbst – der „Endsieg“ – war abgesagt. Dennoch hatte offensichtlich die vage Hoffnung auf einen Neubeginn nach dem Kriege Vater Mayer dazu bewogen, die Aufbauten des Karussells, ohne die drehbaren Untergestelle, oben auf dem Dachboden des Hauses einzulagern.

Wenn ich ehrlich bin, war der Grund meiner Besuche bei den Seelbachs nicht der unbedingte Wunsch, mit Hans-Friedrich halbweiche Spielchen zu spielen, sondern der sich daran anschließende Besuch in Mayers Karusselllager auf dem Speicher. Vorher musste zunächst bei Frau Mayer ordnungsgemäß angefragt werden, die daraufhin generös die Genehmigung erteilte. („Aber nichts kaputt machen, Kinder! Und fallt mir bloß nicht durch die losen Fußbodenbretter!“)

Dann folgten herrliche Stunden des Spielens in all diesen Wundergefährten, die zwar ramponiert waren, aber noch immer ihren alten Glanz erahnen ließen. Reiter, Kutscher, Bus- und Autofahrer („Tüt! Tüt!“): Welch herrliches Schwelgen in kindlichen Fantasien! Am beeindruckendsten war die rasende Fahrt in der Mondrakete. Mit glühenden Wangen ging es am Abend zurück nach Hause. („Wo hast du dich denn so dreckig gemacht? Gleich gibt’s eine Abreibung!“)

Am Ortsausgang von Vechta, Richtung Lohne, wohnte Frau Stolze in einer alten Wehrmachtsbaracke, in der nach Kriegsende Flüchtlinge und Vertriebene aus dem Osten untergebracht wurden. Von diesen nur mangelhaft isolierten Behausungen, mit Teerpappe gedeckten Dächern, nicht vorhandenen sanitären Anlagen mit nur einem Wasserkran und einem Primitivklo draußen auf dem Hof, gab es Dutzende in der Umgebung. Dort hausten die aus „Klein-Sibirien", aus der „kalten Heimat", wie sie verächtlich von den Alteingesessenen genannt wurden. Die durch das Dach, manchmal auch durch die Oberlichter der Fenster durchgeführten blechernen Rauchabzugsrohre qualmten und stanken in der kalten Jahreszeit ganz schlimm, sodass empfindliche Lungen sofort das Dauerhusten bekamen, wenn man sich den Behausungen näherte.

Frau Stolze war eine etwa fünfunddreißigjährige überschlanke Frau, schwarzhaarig, mit scharf blickenden Augen, aber einer angenehm dunklen Stimme. Mutter besuchte sie mit dem Fahrrad unregelmäßig alle sechs bis acht Wochen. Manchmal nahm sie mich mit. Eingeladen in die peinlich saubere, aber primitiv eingerichtete Wohnstube, wurde zunächst Kaffee getrunken, selbst gemachte Plätzchen gereicht und belanglos über dieses und jenes geredet.

Dann kam man zur Sache: Frau Stolze war Hellseherin, wie sie selbst behauptete und ihre allseits zufriedene Klientel bestätigte. Ihre Spezialität war das Kartenlegen, aber auch das Handlesen. Mutter bevorzugte ausschließlich das Kartenlegen. Das war noch am handfestesten, während die anderen Praktiken sie doch ein wenig zu obskur anmuteten. Die beiden Frauen saßen sich gegenüber am Küchentisch, ich im Hintergrund – aufmerksam beobachtend. Wenn Frau Stolze die Karten gemischt hatte und auslegte – eine Reihe umgedreht, eine Reihe offen sichtbar –, war Mutter voll gebannter Aufmerksamkeit und gespannter Erwartung.

Die dann aufgedeckten Kombinationen von roter Dame, schwarzem König, Damen, Buben, Siebenern und Assen wurden von der Kartenlegerin mit leiser, intensiver Stimme interpretiert. „Die rote Dame zum roten Buben. Wird in der nächsten Zeit in Ihrer Familie jemand heiraten?“ Mutter wusste es nicht genau, stimmte aber trotzdem zu. Gestärkt durch diesen Zuspruch kam die nächste Prophezeiung: „Schwarze Dame zur schwarzen Sieben. Oh, oh, Frau Holt! Sie werden bald krank und dann längere Zeit weg sein. Aber dann kommen Sie gesund wieder.“ Als danach Mutter tatsächlich nach einem halben Jahr an einer lebensbedrohlichen Rippenfellentzündung schwer erkrankte und sich zur anschließenden Erholung in einem „Müttergenesungsheim“ aufhielt, war ihr Glaube an die übersinnlichen Kräfte von Frau Stolze nicht mehr zu erschüttern.

Die Krönung ihrer Verbindung mit den unbekannten Winkeln der menschlichen Seele war ihre Prophezeiung, dass die Familie bald über einen größeren Geldbetrag verfügen würde. Ungläubige Blicke bei meiner Mutter und auch bei mir. Tatsächlich hatte Vater einige Monate später fünf Richtige im Lotto, allerdings ohne Zusatzzahl, dann hätte es sich richtig gelohnt. Aber auch so waren es ansehnliche tausendachthundert Mark. Über deren Verwendung wurde in der Familie lange gestritten – erst war ein Automobil Marke „Skoda“ oder „Goggomobil“ im Gespräch –, bis Mutter sich durchsetzte: „Das Geld wird gespart!“ Diese Summe wurde der Grundstock für unser zehn Jahre später gebautes Eigenheim. Abschließend wurden kleine Geldbeträge über Frau Stolzes Küchentisch geschoben und angenommen, ohne nachzuzählen.

Mutters Beziehung zu Frau Stolze hielt noch mehrere Jahre an, bis diese dann aus der Baracke auszog und vom Wohnungsamt im Rahmen der „Wiedereingliederung unserer Brüder und Schwestern aus dem Osten“ in eine kleinere, aber propere Sozialwohnung eingewiesen wurde, nachdem das Wirtschaftswunder Fahrt aufgenommen hatte.

Ihre mental-übersinnlichen Kräfte waren bei Frau Stolze aber offensichtlich eng mit dem Primitivzustand des Barackendaseins verknüpft. Nach dem Umzug wurden ihre Voraussagen immer vager und unergiebiger. Die bisherige Kundschaft begann sich peu à peu von ihr abzuwenden. Vielleicht auch, weil die zuvor herbeigesehnten Wohltaten nun – zumindest zu kleineren Teilen in bescheidenem Rahmen – anderweitig realisierbar geworden waren. Irgendwann gab Frau Stolze dann ihren lukrativen Nebenverdienst auf und genoss nun ohne Wahrsagen und Kartenlesen die Vorzüge des Sozialstaates.

Zwischenruf: Kurtis Tod

Ein trauriges Kapitel in meiner Erinnerung war der tragische Unfalltod von Kurti – dem Nesthäkchen der Familie Müller, unseren Nachbarn – im Alter von drei oder vier Jahren.

Müllers hatten inzwischen ein Siedlungshäuschen gebaut, ermöglicht auch dank der regelmäßigen Zuwendungen des Ältesten, der als Steiger im Ruhrgebiet gutes Geld verdiente. Das neue Zuhause lag einen Kilometer südwärts auf einem kleinen Sandhügel, gegenüber dem „Südlohner Berg“, einer Anhöhe von vielleicht fünfzig Metern Höhe, obenauf der Lohner Aussichtsturm.

Am Fuße des Hügels befand sich das Ausflugslokal „Schützenhof“, in dem Mutter Lisbeth aushilfsweise kellnerte. Dazwischen die wenig befahrene Landstraße, die nach Steinfeld führte. Die darauf fahrenden Autos konnte man an den Fingern einer Hand abzählen.

Eines Nachmittags musste Kurti unbedingt in den „Schützenhof“ zur Mutter, um sie zu sehen und ihr mitzuteilen, wie lieb er sie hatte und sich im Gegenzug von ihr ganz fest drücken zu lassen. So etwas machte Kurti öfter. Aber ausgerechnet an diesem Tag und genau in dem Augenblick, als er ohne jede Vorsicht über die Straße lief, musste ein Auto – zudem auch noch mit überhöhter Geschwindigkeit – sich nähern. Der Fahrzeuglenker: ein Viehhändler aus der Umgebung auf dem Weg heimwärts nach einem erfolgreich abgeschlossenen Geschäft, was er wohl mit einigen

Schnäpsen gefeiert hatte. Kurti wurde von dem Wagen erfasst und starb noch an der Unfallstelle.

Mutter Lisbeth, wohl aufmerksam geworden durch die unheilvollen Geräusche – Bremsenkreischen, Reifenquietschen und dumpfer Aufprall – eilte, zunächst nur neugierig, vor die Tür des Lokals, dann aber immer deutlicher fühlend, dass das unergründliche Schicksal nun sie erreicht hatte. Dramatische Szenen wie aus einer antiken Tragödie folgten: die Mutter mit lautem Schreien und Wehklagen über ihr totes Kind gebeugt, wie von Sinnen, das blutende Bündel Mensch an ihre Brust gedrückt.

Kaum zu ertragende Szenen auch bei der späteren Beerdigung Kurtis. Die Mutter mit aufgelösten Haaren und mit lautem Jammer über den kleinen weißen Kindersarg geworfen, sodass die Sargträger Mühe hatten, ihrer Aufgabe nachzukommen. Nur dank der tröstenden Worte des Pfarrers und des beruhigenden Zuspruchs der Nachbarsfrauen, zu denen auch meine Mutter gehörte, konnte Kurtis Sarg dann der Erde übergeben werden. „Staub zu Staub, Asche zu Asche! Der gütige Gott in seinem unergründlichen Ratschluss hat es für richtig befunden ...“ Ob Bekundungen dieser Art der verzweifelten Mutter und den übrigen Familienmitgliedern in ihrem Schmerz helfen konnten?

Die Erinnerung an dieses grausame Ereignis wirkt bei mir bis heute nach.

Kinderspiele (I)

Wir Kinder spielten häufig im Hopener Wald, der sich hinter unserem Haus erstreckte. Wir hatten dort mehrere Höhlen gebaut – mit ihren Knüppeldächern und einer Eindeckung aus Grassoden und belaubten Zweigen gut getarnt –, in denen unsere nachmittäglichen Treffen stattfanden und auf einem alten Spirituskocher in einer Blechschüssel Spiegeleier gebraten wurden.

Die verschiedenen Unterstände waren durch ein Grabensystem miteinander verbunden, um in erbitterten Kämpfen gegen die anstürmenden Kinder aus der Nachbarschaft besser verteidigt werden zu können. „Krieg spielen" nannten wir das. Woher wir solches militärisches Detailwissen hatten, kann ich nicht nachvollziehen; von unseren Vätern jedenfalls nicht, die redeten so gut wie nie über den Krieg.

Es gab blutige Blessuren an Armen und Beinen und manchmal auch am Kopf, wenn ein perfider Gegner einen dort mit dem Knüppel traf, fast wie im richtigen Krieg. Die so Verwundeten waren natürlich die Helden einer solchen Schlacht, und ihre Wunden wurden fachmännisch versorgt.

Meistens ging es aber ruhiger zu. Wir bauten kleine Wohnungen nach, indem wir zusammengekratzte Walderde – mit Nadeln der hohen Fichten vermischt, unter denen diese „Gebäude" errichtet wurden – zu entsprechenden Grundrissen anlegten: Eingang, Flur, Wohnzimmer, Küche, Badezimmer. Dieses nur, wenn die wenigen Glücklichen, die zu Hause ein solches hatten, sich durchsetzen konnten. („Gib nicht so an! Seit wann habt ihr denn ein Badezimmer?“)

Außerdem gab es noch ein Kinderzimmer, in dem wir uns auf den Waldboden legten und Familie spielten. Am interessantesten war natürlich das Elternschlafzimmer. Dort zeigte uns Irmgard, die zwölf-, dreizehnjährige Tochter unseres Nachbarn Müller, die Vater-Mutter-Spiele. („So geht das: Ich leg mich hin und du legst dich auf mich.“) Zögernd folgten die Auserwählten der Anweisung, verlegen, aber doch von prickelnden Gefühlen begleitet.

Irmgard überwachte das Geschehen: „Nein, so nicht! Näher an mich ran!“ Dann spürten wir ihre Brustspitzen und ihre Hand an unseren kleinen Hintern. („Ich zeig dir mal, wie Vater und Mutter es machen.“) Und sie bewegte ihr mageres Becken unter unseren ebenso mageren Mittelstücken und die Schieberei und Stoßerei nahm ihren Lauf, begleitet vom verlegenen Gelächter der umstehenden Jungen – Mädchen, außer der Hauptakteurin, waren bei diesem Spiel nicht zugegen –, die nicht in den Genuss dieser Behandlung gekommen waren. Sie kamen dann das nächste Mal dran. Als Irmgard so eine Art „festen Freund“ hatte, hörten diese Spiele zu unserem Bedauern abrupt auf.

Ein weiteres spannendes Spiel für uns Jungen – ja fast ein Abenteuer – war die verbotene Mitfahrt auf der Lorenkleinbahn, die auf Schmalspurgleisen den Torf vom Kroger Moor aus Gellhaus’ Torffabrik zum Lohner Bahnhof karrte: eine gedrungene, stumpfnasige Diesellok und sieben, acht Feldloren, hoch bepackt mit Stücktorf.

Ruckelnd und zuckelnd näherte sich das Gefährt, uns Kindern angekündigt durch mehrmaliges Pfeifen beim Kreuzen von Wegen und kleinen Straßen. Die Mutigsten aus der Jungenschar lagen dann gut getarnt neben den Gleisen und warteten auf ihre Chance zum Aufspringen. Das war nicht ganz ungefährlich, nicht wegen der enormen Geschwindigkeit des Ruckelzuges, der fuhr maximal so schnell wie ein Radfahrer ohne Ambitionen auf Geschwindigkeitsrekorde. Nein, das Problem war der Lokführer: ein älterer, grauhaariger Mensch mit Zottelbart und Wattejacke. Er wurde allgemein „Staljuchem“ genannt, vom Klang her vielleicht ein Name aus dem Litauischen. Jedenfalls wurde erzählt, er wäre als Kriegsgefangener nach Kriegsende hier irgendwie einfach hängen geblieben.

Ihm ging bei uns Kindern der Ruf voraus – genährt durch die Berichte von anderen „blinden Passagieren“ zuvor –, ein Untier, ein Monster, ein brüllendes Ungeheuer zu sein. Entsprechend groß war die Angst vor ihm, was jedoch den Reiz des Abenteuers eher noch erhöhte. Jedenfalls machte er sich einen Spaß daraus, die aufspringenden Jungen, die sich am hinteren Ende der Loren anklammerten und die er natürlich – trotz raffiniertem Verstecken – entdeckt hatte, zu erschrecken und zu verscheuchen. Es war ja auch nicht ganz ungefährlich, an den Loren angeklammert mit einem unsicheren Halt für die Füße nur auf den hin und her wackelnden Kupplungsteilen der Wagen mitzufahren. Immerhin war er als Lokführer der Verantwortliche.

So kam er dann seiner Pflicht nach: Er sprang an einer Stelle, an welcher der Zug wegen einer kleinen Steigung eh langsamer wurde, aus dem Führerstand ab und ließ das Gefährt an sich vorbeirollen. Dann begann er – mit einem Knüppel bewaffnet, den er drohend schwang – mit lautem Geschrei und unter ständiger Ausstoßung östlich klingender Flüche die blinden Passagiere einzeln zu vertreiben. (Könnte es sein, dass ich sogar manchmal den Eindruck hatte, dass dabei ein schelmisches Lächeln und ein Augenzwinkern in seinem bärtigen Gesicht zu sehen waren?)

Nach Abschluss der Aktion, die nur wenige Augenblicke in Anspruch genommen hatte, lief er seinem Zug hinterher und schwang sich wieder in den Führerstand, um die Fahrt zur Entladestelle des Lohner Bahnhofs – nun ohne zusätzlichen Ballast – fortzusetzen.

Wir geschlagenen Hobos trafen uns später an unserer Sammelstelle im Wald. Dort wurden dann – immer noch schwer atmend und mit schlotternden Knien – unsere Heldentat und das glückliche Ende unseres Abenteuers erörtert. Wir wiederholten noch ein paarmal unsere Mutprobe, aber niemand von uns erreichte jemals auf diesem Wege den Bahnhof von Lohne.

Eine weitere herrliche Möglichkeit zum Spielen bot sich ebenfalls im Hopener Wald. Dort gab es eine ausgedehnte Sandgrube, früher kommerziell ausgebeutet als Grundstoff für die Mörtelherstellung, frei zugänglich und nicht gesichert.

An dieser „Sandkuhle“, wie sie genannt wurde, traf sich die Kinderbande manchmal spontan, ohne dass eine vorherige Absprache getroffen worden wäre. Von der Kante aus sprangen wir an den nicht so tiefen Stellen in die darunterliegenden weichen Sandhaufen, die unseren Fall sanft bremsten. Die anderen Kinder, die sich an diesem Abenteuer nicht beteiligten, rutschten an den weniger steilen Stellen auf dem Hosenboden auf den Grund der Grube. Dort folgten dann hefige Sandbalgereien.

Weniger angenehm war das Sandwerfen. Die Klumpen landeten zwar völlig gefahrlos an Körper oder Kopf, manchmal aber auch in den Augen. Das hatte dann ein sofortiges Kapitulationsangebot zur Folge. Die schmerzenden, durch das unvermeidliche Reiben stark geröteten Augen waren meist erst wieder einsatzfähig, wenn die Kinderschar schon abgezogen war. Zu Hause wurde kein großes Aufheben daraus gemacht, immerhin jedoch gab es mütterliche Schmerzlinderungsbemühungen. („Was hast du nur mit deinen Augen gemacht? Komm her, Kopf in den Nacken und spülen!“) Danach der rabiate, aber kühlende Wasserschwall aus der Pumpe in der Küche, gefolgt von der schmerzlindernden Kamillenpackung.

Besonders aufregend waren die Mutproben, der Sprung in enorme Tiefen. Es gab in der Sandkuhle einige besonders tiefe Stellen, wo die sprungmildernden, rettenden Sandhaufen erst tief unterhalb der Abbruchkante lagen. Solche Sprünge – teilweise acht, neun Meter tief – wagten nur die Mutigsten. Nach geglückter Mutprobe wurden sie dann vom Rest der Bande mit Schulterklopfen beglückwünscht.

Bei einem dieser Wagnissprünge, die sonst immer glimpflich abgelaufen waren, hatte ich aber doch einmal ein äußerst schmerzhaftes Erlebnis. Nach dem Sprung kam ich – wie erwünscht – in einem Sandhaufen auf, den ich zuvor eigens für eine weiche Landung ausgesucht hatte. Leider konnte ich einen mittelgroßen Findlingsstein, ein Überbleibsel aus der letzten Eiszeit, der nur mit einer dünnen Sandschicht bedeckt war, nicht sehen. Zwar leicht abgemildert, aber dennoch sehr schmerzhaft, prallte mein Steiß dort auf. Begleitet wurde das Unglück von meinen durchdringenden Schmerzensschreien, sodass selbst meine ansonsten hartgesottenen Kumpane nun doch besorgt herbeieilten.

Kurze Inspektion des betroffenen Körperteils bei heruntergelassenen, kurzen Lederhosen, fachmännisches Betasten der blau geschwollenen Stelle, Funktionsprobe durch Beugen und Strecken des Rumpfes, dann Entwarnung: „Nichts gebrochen. Das wird schon wieder."

Humpelnd und mit schmerzverzerrtem Gesicht, von helfenden Armen gestützt dann der Weg nach Hause. Dort wurde natürlich über den Vorfall („Junge, was läufst du so seltsam! Hast du was?") nichts berichtet, das hätte unter Umständen statt mütterlichen Trosts eher eine Bestrafung wegen unfassbarer Fahrlässigkeit nach sich gezogen.

Eine weitere „Kuhle" – diesmal ein ausgebeutetes Kieslager – gab es im Lohner Stadtwald hinter dem Aussichtsturm auf dem „Südlohner Berg". Diese Grube war erheblich größer und tiefer als die Sandkuhle im Hopener Wald, für Mutsprünge aber nicht geeignet wegen der mit

Steinen durchsetzten Beschaffenheit der ebenfalls eiszeitlich entstandenen Bodenschicht.

Dort stand – noch aus der Zeit, als in der Grube mit Maschinen gearbeitet wurde – eine verlassene, aber noch intakte Baubude. Diese war das Objekt unserer Neugier: Welche Geheimnisse mochte sie wohl bergen?

Die Tür war mit einem altersschwachen Vorhängeschloss, das einzige Fenster mit verschraubten Laschen gesichert. Aus dem mit Pappe gedeckten Dach ragte ein blechernes Abzugsrohr. Nach langem Zögern und mit großen Bedenken („Hoffentlich gibt das keinen Ärger! Ist das nicht sogar strafbar?“) hebelten wir mit einem herumliegenden Rohrstück die Tür auf.

Im Inneren roch es nach Diesel aus den leeren, olivgrünen Militärkanistern. Einige verrostete Ersatzteile für die verwendeten Abbaugeräte lagen in einer Ecke, in der anderen stand ein Bollerofen mit herabhängender Feuerungsklappe. Ansonsten nur Schmutz und Staub. Trotz des desolaten Zustands dieser Behausung waren wir begeistert. Stolz beschlossen wir, dass dies nun unser neues Hauptquartier sein würde.

Mehrere Wochen trafen wir uns hier regelmäßig und tranken mit Wasser verdünnten Johannisbeersaft, den ich aus Mutters Keller entwendet hatte. Andere hatten ihren Müttern Eier und Speck geklaut, die nun auf dem reaktivierten Bollerofen, befeuert mit Sammelholz, in alten Wehrmachtskochgeschirren gebraten wurden.

Bratfett war der Inhalt eines kleinen Kännchens mit Maschinenöl, äußerst bedenklich riechend, aber dennoch seinem Zweck genügend. Nur die Spiegeleier schmeckten entsprechend. Sorge machte uns der qualmende Rauchabzug, der unsere ansonsten strikt geheim gehaltenen Unternehmungen hätte verraten können.

Nach einigen Wochen wurden die Zusammenkünfte seltener und endeten schließlich mangels Teilnehmern ganz. So blieb auch dieses Erlebnis eine Episode neben vielen anderen in meinem aufregenden Kinderdasein.

Exkurs: Mutter

Meine Mutter war noch ein Kind der Kaiserzeit, 1914 auf einem Bauernhof geboren. Eigentlich müsste sie als Viereinhalbjährige sogar noch eine schwache Erinnerung an seine Allerdurchlauchtigste Majestät gehabt haben, obwohl sie nie etwas davon erzählte. Jedenfalls hing das Kaiserporträt neben dem vergrößerten Regimentsfoto ihres Vaters Heinrich und dem Porträtfoto ihrer Mutter Ida in der Gaststube der Schankwirtschaft, die zum Hof gehörte. Meine Großmutter Ida: eine schöne, stolz aussehende Frau mit hochgesteckter Frisur und einer kostbaren Halskette. Ich habe sie nie kennengelernt. Sie ist bereits früh verstorben, als meine Mutter gerade mal zwölf war.

Die Familie bestand aus Vater Heinrich – genannt Hinnerk –, den fünf Söhnen Oskar, Alois, Johann, Georg und Walter sowie den beiden Töchtern: Maria – meine Mutter – und Herta, ihre ältere Schwester. Ein später Nachkömmling – Heinrich genannt nach seinem Vater – war bereits mit eineinhalb Jahren in dem Wassergraben, der vor der Hofeinfahrt verlief, zu Tode gekommen: unbemerkt jämmerlich ertrunken in dem Rinnsal, das nur einen viertel Meter tief war. Ein Familientrauma, an dem nie gerührt wurde, vor allem von den beiden Mädchen nicht, die eigentlich die Aufgabe gehabt hatten, Klein-Heinrich zu beaufsichtigen.

Mutters Zuhause war ein Bauernhof, der dem Gut Daren zugehörig und damit dem Baron von Freytag tributpflichtig war. Ein für damalige Verhältnisse relativ großer Besitz von vierzig Hektar, allerdings kein Eigentum, sondern auf Lebenszeit vom Baron gepachtet. Die Pacht bestand ausschließlich aus Geldleistungen, die Opa Hinnerk – frisch rasiert und im besten Sonntagsstaat – am Jahresende persönlich dem Gutsherrn auf dessen Herrensitz, dem „Schloss Daren“, vorbeibrachte. Von dort kam er dann immer mit einer Tüte Naschwerk – den Überresten des adligen Weihnachtsfestes – für seine Kinder zurück.

Der Baron nannte mehrere solcher Höfe in Erbpacht sein Eigen, zusätzlich eine Reihe von sogenannten „Heuerlings-Häusern“, kleine, strohgedeckte Katen mit einer eigenen winzigen Landwirtschaft zur Selbstnutzung. Ansonsten arbeiteten die Heuerleute auf den adligen Liegenschaften und die mietfreie Nutzung ihrer Häuschen und der von ihnen genutzten Grundstücke war Teil ihrer Entlohnung.

Das Landgut Daren war inmitten eines Waldes unweit der Landstraße zur nahen Kreisstadt Vechta gelegen. Ein großes, mehrgeschossiges Herrenhaus mit herrschaftlichem Eingangsportal und von einem Löwenkopf geschmückter Alleeeinfahrt, umgeben von einem mit Entengrütze grün bedeckten wassergefüllten Schlossgraben. Ringsum umschloss ein kleiner Park das Gebäude, in dem man manchmal die schöne Baronin mit ihren drei ebenfalls schönen Kindern lustwandeln sehen konnte. Umgeben war das Gut von den Wirtschaftsgebäuden, Pferdeställen und Remisen, in denen die Gärtner ihrer Arbeit nachgingen. In der äußersten Ecke des Waldes befand sich auf einer gerodeten und mit einem kunstvoll gestalteten Eisengitter umschlossenen Lichtung der Friedhof der adligen

Familie mit imposanten Grabdenkmälern für die verblichenen Ahnen.

Im Kriege waren auf dem Gutshof auch viele Fremdarbeiter aus dem Osten – Polen, Ukrainer und Russen – zwangsverpflichtet oder verschleppt und mussten dort unter erbärmlichen Bedingungen schuften und ihr Leben fristen. Hinzu kam, dass der Gutsaufseher, ein forscher preußischer Herrenreiter-Typ – geimpft mit der Naziideologie des „Herrenmenschen" – die Ostarbeiter, die für ihn entsprechend die „Untermenschen" waren, penetrant drangsalierte.

Unmittelbar nach Kriegsende zerbrachen Hunderte, ja Tausende dieser Elendsgestalten ihre Ketten, ebenso wie die unzähligen anderen „displaced persons". Diese zogen dann in Gruppen über Land, um von den Bauern das für sie Lebensnotwendige einzufordern, freiwillig oder mit Gewalt.

„Marodierende Banden" wurden sie genannt, und tatsächlich schreckten sie in Einzelfällen auch vor Gewalttaten – selbst Mord und Totschlag – nicht zurück. Nachdem dann in den darauffolgenden Monaten die Rückführung der „displaced persons" – entweder in ihre Herkunftsländer oder, wenn das nicht möglich war, in Sammellager – systematischer organisiert wurde, kehrte allmählich Ruhe ein.

Die Fremdarbeiter auf Gut Daren allerdings machten zuvor mit dem verhassten Gutsverwalter, der offenbar die Zeichen der Zeit nicht begriffen hatte und sich immer noch der Herrenrasse zugehörig wähnte, kurzen Prozess:

Er wurde zunächst von den aufgebrachten, enthemmten Männern mit Knüppeln halb tot geschlagen und danach in einem Gewaltexzess – an den Beinen mithilfe einer Kette festgezurrt – von einem der Gutspferde, von schrillen Schreien angetrieben, auf der kopfsteingepflasterten Freifläche vor der Eingangstreppe zum Herrenhaus zu Tode geschleift. Der blutig zerschundene Körper wurde anschließend im Schlossgraben versenkt.

Aus den Erzählungen meiner Mutter weiß ich, dass auch auf ihrem väterlichen Hof ein sogenannter „Ostarbeiter" – die korrekte Bezeichnung wäre „Zwangsarbeiter" gewesen – gearbeitet hatte. Es war ein junger Pole, der bereits kurz nach dem siegreichen Ende des Polenfeldzuges von den Nazis – wahrscheinlich auf Antrag von Oskar – an den Hof überstellt worden war, genauso wie Hunderttausende seiner bedauernswerten Landsleute, die zur Sklavenarbeit nach Deutschland verschleppt wurden. Später kamen dann noch Millionen von Ukrainern und Russen hinzu.

Stanislaw – so war sein Name –, ein hübscher, junger Kerl, der wohl auch aus einer Bauernfamilie stammte, sich mit der Landarbeit auskannte und entsprechend anstellig und fleißig war, hatte es – im Vergleich zu anderen Zwangsarbeitern – auf dem Hof relativ gut. Mutter erzählte, dass er nach einer Übergangsphase in die Familie integriert war, an den gemeinsamen Mahlzeiten teilnahm und sich auch in Gesprächen, nachdem er ein wenig Deutsch gelernt hatte, verständlich machen konnte.

Opa Hinnerk war pragmatisch und schätze ihn als gute, vor allem kostenlose Arbeitskraft. Er muss wohl auch Oskar, der in seiner Freizeit ein strammer SA-Mann war, bei seinen Versuchen, den „Untermenschen" zu kujonieren, gebremst haben. („Solang hej sine Arbeed gaut maakt, laatst du hem tofreeden.")

Eine Sache dürfte das Zusammenleben mit dem jungen Polen noch zusätzlich erleichtert haben: Er war wie die meisten seiner Landsleute extrem katholisch, und die Art seiner Religionsausübung – Mitsprechen der Tischgebete auf Polnisch, Kreuzzeichen schlagen und Marienverehrung vor einem in seiner Schlafkammer auf der Tenne aufgestellten Madonnenbild – wurde von den Familienangehörigen wohlwollend zur Kenntnis genommen.

Mutter muss Stanislaw wohl besonders gemocht haben: In unserem Fotoalbum gibt es eine Aufnahme, wie sie beide nebeneinander, allerdings ohne Körperkontakt, im Gras lagern. Beide im Sonntagsstaat, Stanislaw erstaunlicherweise mit einem Anzug, Hemd und Krawatte bekleidet. Offenbar war ihm doch hin und wieder ein wenig Geld zugesteckt worden, oder eine mitleidige Seele hatte ihm ein ausgemustertes Kleidungsstück geschenkt.

Stanislaw blieb bis zum bitteren Ende im Mai 1945 auf dem Hof und reihte sich dann, lebend und unversehrt, in die Unzahl der anderen „displaced persons" ein, die nun ihre lange und gefahrvolle Reise zurück in ihre Heimatländer antraten, wo sie nicht wussten, welches Schicksal sie dort erwarten würde. Für viele von ihnen endete die Ankunft in der Heimat – nachdem sie ihr Martyrium in Deutschland halbwegs heil überstanden hatten – im Gefängnis oder sogar mit dem Tode, weil sie – insbesondere in der Sowjetunion – von den stalinschen Militärbehörden als „Verräter an der Heimat“ inhaftiert oder hingerichtet wurden.

Später dann als Kind ab fünf, sechs Jahren war ich häufig auf dem Hof in Daren und verbrachte während der darauffolgenden Jahre dort die Ferien: Meine „zweite Heimat“!

Zu der Zeit hatte Großvater Hinnerk – ein kräftiger, großer Mann mit kurz geschnittenem Grauhaar, Bart und einem harten Gesicht – sein Regiment als Patriarch der alten Schule abgegeben. Er war durch die schwere Arbeit in der Landwirtschaft schnell gealtert und hatte gesundheitliche Probleme. („De Knooken, de Knooken!“) Er beteiligte sich dennoch immer noch an der Hofarbeit, werkelte in der Werkstatt herum und führte dort kleinere Reparaturen aus.

In Erinnerung geblieben ist mir, dass er im Winter – der einzigen Ruhezeit des Jahres für die Bauern – aus Kloben geeigneten Weichholzes die Holzschuhe schnitzte, die vor und nach dem Krieg alle Familienmitglieder, auch meine Mutter, zur Arbeit trugen. Diese „Hölschen“ waren am oberen Rand des Einschlupfes mit einem Lederband versehen, um das Wundreiben der Füße zu vermeiden, und im Winter mit einer wärmenden Stroheinlage ausgestopft.

Ich erinnere mich ebenfalls gut daran, wie er eine seiner Krankheiten, die Gicht in den Fingergelenken beider Hände, behandelte: Morgens nach dem Aufstehen entleerte er zunächst seinen Nachttopf im Stroh des Pferdestalles auf der Tenne. Danach strullte er mit immer noch vollem Strahl über seine Hände, zuerst die rechte, dann die linke. Ich stand daneben und schaute interessiert zu, ebenso wie Lotte, das Pferd. („Warum machst du das, Opa?“ – „Dat is gaut, min Jung, wenn di de Knooken kniepen daun!“)

Hoferbe und Alleinherrscher – allerdings gezügelt von der resoluten Tante Trude, seiner Ehefrau, die immer alles im Griff hatte und hinter den Kulissen den Ton angab – war nun Onkel Oskar. Ein großer, hagerer, vierschrötiger Mann, äußerst wortkarg.

Mit mir hatte er es nicht so: „Lohner Wind“ nannte er mich, in der Gegend dort ein Schimpfwort. Manchmal forderte er mich auf: „Komm her, schall ik di mol kniepen?“ Wenn ich dumm genug war, seiner Aufforderung zu folgen, kniff er mich tatsächlich mit seinen groben Fingern. Das tat lausig weh, schrilles Schmerzgeschrei war die Folge. („Het dat nich gaut daan?“) Wieso hatte er nur Spaß daran? Ich wusste nicht, was ich ihm getan hätte!

Der nächstältere Sohn war Johann, Johnny genannt. Sein Kennzeichen war ein Glasauge, das gesunde war ihm beim Kinderspiel von einem Spielkameraden mit einem spitzen Gegenstand ausgestochen worden. Er war Viehhändler und kam regelmäßig in sein Elternhaus, um mit seinen Geschäftserfolgen zu prahlen und dabei ein gehöriges Quantum Schnaps zu vertilgen.

Onkel Georg – von allen Schorsch genannt – war das „schwarze Schaf“ der Familie. Auch er groß, wie alle männlichen Mitglieder der Sippe und unverheiratet geblieben trotz mehrerer Liebschaften. Zunächst war er Schlachter, dann eröffnete er ein Metzgereifachgeschäft mit eigenem Schlachthaus in der Kreisstadt. Gute Ware, guter Umsatz, aber interessanterweise kaum Gewinn. Dafür sorgte Wilma, seine damalige Geliebte, mit der er zusammenlebte. Sie umgarnte Schorsch derart, dass sie einen ungenierten Griff in die Kasse nach dem anderen riskieren konnte, ohne aufzufallen. Nachdem er dann ausgeplündert war und in Konkurs gehen musste, war sie schnell auf Nimmerwiedersehen verschwunden.

Danach versuchte er sich in diversen anderen Unternehmungen, teils dubiosen Hintergrundes, aber immer erfolglos. Dazu gehörte auch die Geschäftsidee, zusammen mit seinem Bruder Oskar eine halb industrielle Schweinemast aufzubauen, offenbar alles auf Kredit. Oskar ließ sich – trotz dringender Warnungen seiner Frau – darauf ein, und die Pleite folgte nach einiger Zeit auf dem Fuße. Der verlassene, damals neu erbaute Maststall stand nach wie vor auf dem Hofgelände mit einer Unzahl von Schweineboxen mit Futtertrögen, Pissrinnen und einer Futterkammer. Zwischen den Boxenreihen Gleise für einen Kippwagen zur Fütterung, mit dem wir als Kinder Wettrennen im Maststall durchführten.

Auch weitere Geschäftsversuche von Schorsch scheiterten. Der letzte – ein Hühnermastbetrieb – führte sogar zu staatsanwaltlichen Ermittlungen gegen ihn wegen des Verdachts auf betrügerischen Bankrott, allerdings kam es zu keiner Anklage.

Onkel Georg starb völlig verarmt und vereinsamt irgendwo im Schwäbischen, wo ich einmal mit meiner Mutter auf deren Wunsch hin sein Grab besuchte und wir einige Blumen niederlegten.

Onkel Alois – genannt Alwis – war ein Sonderfall. Er hatte Anfang der Dreißigerjahre – wohl nach endlosen Querelen mit seinem Bruder Oskar über die ihm zustehende Abfindung – den Beschluss gefasst, Deutschland zu verlassen und – ebenso wie Hunderttausende seiner Landsleute – in die Vereinigten Staaten auszuwandern. Eine Fotomontage anlässlich seiner Ozeanüberquerung in eine ungewisse Zukunft hat mich als Kind sehr beeindruckt: Alwis – groß, etwas übergewichtig, gut aussehend, im Anzug mit Krawatte und Lackschuhen – an Deck am Ruder eines riesigen Ozeandampfers stehend, der im Hintergrund in voller Pracht abgebildet war. Am Bildunterrand der Sinnspruch: „Leb wohl, teure Heimat!"

Alwis ist nie mehr nach Deutschland zurückgekehrt. Er ging – nach der umständlichen Immigrationsprozedur auf Ellis Island – in New York an Land, schlug sich dort in den Großfleischereien als schlecht bezahlter Schlachter durch und landete dann nach einiger Zeit in Cincinnati/Ohio.

Dort eröffnete er – wohl auch mit Protektion seines Onkels Theodor, der bereits lange zuvor ausgewandert war und sich dort niedergelassen hatte – in einem Arbeitervorort eine Gaststätte: als „Pub" – Bilder zeigen ihn stolz vor seiner Kneipe posierend, zusammen mit Nachbarn und Freunden. Auf einem anderen Foto ist er hinter dem Tresen an den Zapfhähnen für „draught beer" stehend abgebildet, an der Bartheke sind Farbige in Arbeiterkluft mit markanten Gesichtern und stoischen Blicken zu sehen.

Alwis blieb durch seinen frühen Weggang von Deutschland die Diktatur erspart. Er heiratete später eine ebenfalls emigrierte Österreicherin, die einen Sohn mit in die Ehe brachte, und hatte mit ihr zwei weitere gemeinsame Söhne – Kenny und Danny –, die in unserem Familienalbum verewigt sind. Der ältere der drei hat dann in den letzten Kriegsjahren am Kampf gegen das Herkunftsland seines Stiefvaters als junger Bombenflieger teilgenommen und überlebt.

In der „schlechten Zeit" einige Zeit nach Kriegsende kamen dann ein, zwei Pakete mit ein paar Liebesgaben und abgelegter Kinderkleidung seiner Söhne bei uns an. Ich erinnere mich an eine Pelzmütze mit Ohrenklappen, ein Paar hohe Schuhe mit unglaublich weichem Oberleder und eine Art Bomberjacke aus weichem Leder mit Kragenpelz. Viel zu groß, aber ich trug sie voller Stolz, als ich ein wenig älter war. Einmal kam ein Brief mit dürren Informationen über die Familie in Amerika – keine Nachfrage, wie es uns in Deutschland geht – mit einer beigefügten Fünfdollarnote.

Alwis war Mutters Lieblingsbruder. Ständig redete sie von ihm; ein koloriertes Foto aus jungen Jahren, geschmückt mit einer Blume, hing an der Wand. Noch im hohen Alter, bereits dement, war er in ihrem Kopf. „Kannst du Onkel Alwis nicht mal schreiben, dass er uns besuchen soll?" – „Kann Felix nicht mal bei ihm vorbeifahren, um zu schauen, wie es ihm geht?" (Felix ist der Sohn meiner Schwester, der vor einigen Jahren wegen seines Studiums in die Staaten gegangen und inzwischen dort an der Westküste verheiratet ist.)

Da war Alwis bereits seit langen Jahren tot. Auch er hatte wenig Glück im Leben. Nach seiner Scheidung wurde er schwer krank und musste sein Geschäft verkaufen. Als guter Katholik kam er – obwohl später verarmt – in einem Heim katholischer Patres unter, die ihn bis zu seinem Tode betreuten. Alle diese Informationen erhielten wir aus zweiter und dritter Hand erst viel später von den Nachfahren seines Onkels Theodor. Eine offizielle Todesmeldung hat uns nie erreicht, der Ort seiner Grablegung ist uns nicht bekannt.

Der jüngste von Mutters Brüdern war Walter. Ihm merkte man seine bäuerliche Herkunft am wenigsten an: jung, gut aussehend, immer elegant gekleidet. Beruflich hatte er es zu etwas gebracht. Er war Generalvertreter für ganz Norddeutschland bei der Weltfirma „Henkel" aus Düsseldorf („Persil bleibt Persil"), mit gutem Gehalt sowie Provisionen und eigenem Mercedes-Dienstwagen. Auch privat war er erfolgreich, hatte die Tochter des Amtsgerichtsdirektors geheiratet und wohnte mit seiner Frau und seinen beiden Kindern in einer durchaus beachtenswerten Villa am Ortsrand der Kreisstadt.

Er war ein Bonvivant, hatte „Schlag" bei den Damen, was er wohl bei seinen vielen Dienstreisen auch weidlich ausnutzte. Ohne große Folgen: Seine Frau war tolerant. Bei Familienfeiern sorgte er mit eloquent vorgetragenen witzigen Anekdoten für die notwendige Aufheiterung.

Er war immer auf Contenance bedacht. Nie sah man ihn betrunken, obwohl er – wie fast alle oldenburgischen Männer – dem Alkohol nicht abgeneigt war („Dau mi noogmol einen Schluck un ein Beir“), oft getrunken als „Lütt un Lütt“, gleichzeitig zwischen den Fingern der rechten Hand gehalten. Eine echte Kunst, wenn man nichts verschütten wollte. Aber auch für verfeinerte alkoholische Genüsse hatte er einen Spruch parat: „In aqua claritas, aber in vino veritas.“ So etwas trug ihm anerkennende Blicke der Verwandtschaft ein. („Hest du hört? Hej spreekt ook Lateinsch!“)

Mutters Brüder haben – im Gegensatz zu meinem Vater – alle den Krieg gut überstanden. Johann war aufgrund seiner Halbblindheit vom Wehrdienst befreit. Georg und Walter waren Soldaten – Flak und Luftwaffe –, eingesetzt an der Heimatfront oder im besetzten Frankreich. Keine Verwundungen.

Oskar war als Hofbauer vom Wehrdienst freigestellt, da er als Angehöriger des „Reichsnährstandes“ eine für die Nazis wichtige Stellung bei der Ernährung des „an allen Fronten kämpfenden Reiches“ innehatte. Ihm hat wohl auch die Protektion seiner Parteigenossen dabei geholfen, das Inferno an der Front nicht miterleben zu müssen. Er war schon früh Parteigenosse und liebte – nach Mutters Erzählungen – ein martialisches Auftreten in SA-Uniform mit entsprechend bombastischen Reden.

Das Oldenburger Land war – auf der Basis der dort tief verwurzelten erzkatholischen Religiosität – eher resistent gegenüber der Naziideologie. („De Hitler will de Karken abschaffen. Dat is een Antichrist!“) Deutlich wurde diese ablehnende Haltung auch in den regimekritischen Kanzelaufrufen des Münsteraner Bischofs von Galen – insbesondere nach dem Beginn der 1939 angelaufenen mörderischen Aktionen im Rahmen des Euthanasieprogramms, dessen weitgehende Einstellung bis 1941/42 unter anderem auch den anhaltenden Protesten des Bischofs und der Unruhe in breiten Bevölkerungskreisen zuzurechnen war, immer unter den wachsamen Augen und Ohren der in der Kirche postierten Gestapoleute und ständig in Gefahr, verhaftet zu werden.

In einem solchen Umfeld war Oskars Auftreten nicht gerade eine Reputation. Nach dem Ende des Krieges wurde der Schleier des Vergessens über diese Angelegenheit ausgebreitet.

Mutters einzige und ältere Schwester war Herta. Sie war unscheinbar, nicht gerade mit körperlichen Reizen gesegnet oder zu geistigen Großtaten in der Lage, hatte auch keine Verehrer im „Storchennest", war eher das Mauerblümchen. Auf dem Hof war sie, dank ihrer kräftigen Statur, für die Schweinefütterung zuständig.

Sie heiratete dann ins Ruhrgebiet. Ihr Mann, Onkel Fritz, sah aus wie ein Germane aus einem Nazibilderbuch, trotz seines Aussehens aber keinesfalls ein Nazi, sondern wohl eher ein ganz lieber Mann.

Gefallen ist er in Frankreich als Angehöriger der „Organisation Todt", die an der Atlantikküste die deutschen U Boot-Bunker baute, durch die Fliegerbombe eines britischen Kampfgeschwaders. Diese Flugzeuge griffen in großer Zahl die Stützpunkte von Dönitz' „Grauen Wölfen" an, um die deutsche U Boot-Erfolgsserie im Nordatlantik, die zur tödlichen Bedrohung für die Insel geworden war, zu beenden.

In unserem Fotoalbum gibt es ein Bild von seinem Grab in Lorient, das Vater aufgenommen hatte, als er bei einem Kurzurlaub von der Normandiefront, an der er 1944 – von der Ostfront abkommandiert – mehrere Monate kämpfte, dort war. Ein Zufallsfund, den er bei einem Besuch mit Kameraden auf dem deutschen Soldatenfriedhof des Atlantikstädtchens machte und mit mehreren Fotos dokumentierte.

Ein- oder zweimal war ich bei Tante Herta als Kind in den Ferien zu Besuch. Der kleine Ort hieß Ahsen, in der Nähe von Datteln am nördlichen Rand des Ruhrgebietes. Wenn ich nach Ferienende in dem ersten dann zu schreibenden Aufsatz „Über meine Ferien" behauptete, ich hätte „bei Tante Herta in Asien" Urlaub gemacht, führte das zu Nachfragen meiner irritierten Lehrerin. Ich blieb jedoch – trotz Ermahnungen – bei meiner Behauptung. („Da können Sie meine Mutter fragen. Die wird Ihnen bestätigen, dass ich in Asien war.") Dieser Vorfall war dann auch Thema beim folgenden Elternsprechtag, wo Mutter das Missverständnis aufklären konnte.

Gefallen haben mir diese Besuche nie. Tante Herta war hart und schnauzte ständig mit mir herum. Nur mit ihrem Schwiegervater Philipp, einem älteren Mann, verstand ich mich gut. Das einzig Erfreuliche waren meine Fußmärsche zum nahe gelegenen Wesel-Datteln-Kanal, wo ich den Flusskähnen beim Schleusen zusah und – trotz Verbots – im Kanal badete.

Gut zehn Jahre später hatte ich als Achtzehnjähriger noch einmal das „Vergnügen" mit Tante Herta, als sie wegen des Umbaus ihres Häuschens in Ahsen für mehrere Monate zusammen mit Opa Philipp in unserem neuen Haus in Kalkar wohnte. Aus dieser Zeit gibt es lustige Anekdoten zu erzählen, vor allem über die skurrilen Streiche des inzwischen dementen Philipp.

Meine Mutter war in der Familie die Zweitjüngste, vor ihrem Bruder Walter. Bereits in jungen Jahren musste sie – nach dem frühen Tod ihrer Mutter – Verantwortung übernehmen. Sie war für den Haushalt zuständig, ihre Brüder arbeiteten auf dem Hof und ihre Schwester Herta kümmerte sich um die Schweinezucht. Das tägliche Melken der Kühe von Hand wurde von allen gemeinsam erledigt. Frühmorgens standen dann die Milchkannen an der Landstraße, wo sie von dem die Höfe abklappernden Lastwagen der örtlichen Molkerei abgeholt wurden. Die gleiche Anzahl leerer Milchkannen wurde dann im Tausch zurückgelassen.

Ihr Vater war nach dem Tod seiner Frau ein verbitterter, harter Mann geworden, sicherlich auch überfordert durch die Doppelbelastung durch die anstrengende Hofarbeit und die Kindererziehung. Er war streng, forderte Disziplin und Unterordnung, nur sein Wort galt. Dies war sicherlich ein Grund mehr dafür, dass seine Söhne – außer Oskar, dem designierten Hoferben – frühzeitig das Elternhaus verließen, um auf eigenen Beinen zu stehen; mit sehr unterschiedlichem Erfolg, wie bereits beschrieben. Die beiden Mädchen – Herta und meine Mutter Maria, genannt Mia – mussten mangels aussichtsreicher Alternativen auf dem Hof ausharren.

Ihr Vater Hinnerk war allen weltlichen Freuden – Kirmesvergnügungen, Tanzbodenfesten oder auch nur Kinobesuchen in der nahe gelegenen Kreisstadt – absolut unzugänglich. Das galt auch für alles, was mit Mode oder Kosmetik zu tun hatte – wichtige Themen für ein junges, gut aussehendes Mädchen! („Do hebben wi keen Geld vöör. Alles dumm Tüch! Hier op'n Hoff is genaug to daun.")

So verbrachte denn meine Mutter eine freudlose Kindheit unter der Fuchtel ihres despotischen Vaters. Einzige Lichtblicke waren die Gelegenheiten, wo sie bereits als junges Mädchen mit sechzehn, siebzehn in der zum Hof gehörigen Dorfkneipe hinter dem Tresen aushelfen musste: Bier zapfen und „Schluck" einschenken, der von den Stammgästen in Massen getrunken wurde. Wenn diese dann bereits früh am Abend duhn waren, folgte die unvermeidliche dummdreiste Anmache, die Mutter allerdings selbst ganz gut parieren konnte. Wenn es zu toll wurde, musste ihr Bruder Oskar dann mit drohender Geste eingreifen, um die angemessene Ordnung zwischen den Geschlechtern wiederherzustellen.

Mit neunzehn Jahren gelang es ihr dann – nachdem sie ihre Ausbildung zur Haushaltsgehilfin im Mädchenpensionat „Marienhain" in der Kreisstadt abgeschlossen hatte –, aus den Fesseln des Elternhauses zumindest vorübergehend auszubrechen.

Ihr Vater erteilte – zwar zähneknirschend nach Vorhaltungen der Pensionatsleiterin, dass er dem jungen Mädchen doch nicht seine weitere Zukunft verbauen solle – seine Zustimmung, dass Mutter in dem bekannten und reputierlichen „Café Schmidt“ in Meppen an der Ems als Gehilfin der Küchenmamsell und als Kaffeehausbedienung in Stellung gehen konnte. Viele ihrer danach an die Familie gerichteten Postkarten belegen, dass sie sich dort offenbar sehr wohl gefühlt haben musste. Die kleine Freiheit!

Bereits nach einem Jahr war die Herrlichkeit schon wieder zu Ende, weil ihr Chef den Arbeitsvertrag nicht verlängerte. Es waren immer noch die Auswirkungen der Weltwirtschaftskrise zu spüren, in der den Menschen das Geld für private Vergnügungen nicht lockersaß.

Zurück im Elternhaus ging es im alten Trott weiter. Später – Anfang 1937 – lernte sie meinen Vater kennen. Der war als junger Mann – geboren 1916, also zwei Jahre jünger als Mutter – als „Reichsarbeitsdienst“-Jungmann im nicht weit entfernten Lohne bei „Torfwerke Gellhaus“ im Kroger Moor als Torfstecher eingesetzt. („Wir sind die Moorsoldaten und ziehen mit den Spaten ins Moor.“)

Von dort aus war er zum Arbeitseinsatz für den neu zu erbauenden Fliegerhorst Vechta – Teil der Kriegsvorbereitungen der Nazis – abkommandiert. Durch Zufall gelangte er in Begleitung seiner Kameraden in die Dorfkneipe „Zum Storchennest“ und prompt funkte es zwischen dem gut aussehenden, feschen jungen Arbeitsdienstmann und der hübschen Bedienung Mia, meiner Mutter. Es entwickelte sich schnell eine amouröse Beziehung, die natürlich streng geheim gehalten werden musste, um den cholerischen Vater nicht zu provozieren. („Du heiratest einen Bauern! Komm mir bloß nicht mit einem anderen Kerl nach Hause!")

Als das Verhältnis trotz Vorsichtsmaßnahmen publik wurde, gab es natürlich einen großen Kladderadatsch mit viel Geschrei und Drohungen von Hinnerk. („Du bist nich mehr min Dochter. Ik wies di ut dat Huus! Mosst du di met so ein' Hergeloopenen inlaaten?") Aber Mutter blieb standhaft, und so musste er klein beigeben, sicherlich eine ganz neue Erfahrung für ihn.

Zwangsläufige Folge, um aus der vertrackten Situation herauszukommen, war die offizielle Verlobung der beiden. Die Geschwister meiner Mutter waren zwar weitgehend neutral gegenüber dieser Verbindung, aber dennoch skeptisch. („Musst du dir denn unbedingt einen rheinischen Luftikus nehmen? Gibt es nicht hier genug gestandene Männer?") Dennoch wurde Vater – wenn auch mit gebührender Verzögerung – von der Familie akzeptiert.

Die bereits geplanten Hochzeitsvorbereitungen wurden abrupt unterbrochen durch die Einberufung von Vater zum zweijährigen Militärdienst Ende 1937. Die Kriegsvorbereitungen waren in vollem Gange und der Diktator benötigte Kanonenfutter. In den beiden Jahren wurden unzählige Briefe, vor allem aber Postkarten, hin- und hergeschickt. („Wie geht es Dir? Mir geht es gut.") Die Hochzeit wurde auf das Ende von Vaters Militärdienst verschoben.

Kurz vor diesem Termin begann der Krieg. („Ab 5.45 Uhr wird zurückgeschossen!") Vater nahm vom ersten Tag als Panzersoldat an diesem Krieg teil. Bereits am zweiten Tag des Polenfeldzugs wurde er schwer verwundet: Bauchschuss. Die Kriegshochzeit der beiden fand dann nach seiner Genesung 1940 in Kalkar, dem Heimatort meines Vaters am Niederrhein, statt.

Während der dann folgenden fünfeinhalb weiteren Kriegsjahre kamen viele Feldpostkarten an (Briefe sind keine erhalten) – zu Anfang mehr; als sich das bittere Ende näherte, weniger. Sicherlich gab es auch einige Fronturlaube, die allerdings nicht brieflich dokumentiert sind. In den erhalten gebliebenen schriftlichen Aufzeichnungen finden sich erstaunlicherweise viele Belanglosigkeiten, wenig gefühlsmäßige Tiefe.

Keine Berichte über die Zustände an der Front, von Mutter keine sorgenvollen Nachfragen. Verfügten beide nicht über die Möglichkeit, mithilfe der Sprache ihre Gefühle zueinander mitzuteilen? Sah so eine Liebesbeziehung aus? Ungelöste Fragen.

Mutter lebte in den Kriegsjahren weiter auf dem elterlichen Hof. Zwischendurch war sie zwangsverpflichtet auf dem Fliegerhorst Vechta und half, deutsche Kriegsflugzeuge mit Bomben zu beladen. Der Fliegerhorst war ab 1943 häufiger Angriffsziel kleinerer Einheiten alliierter Bomber, die versuchten, den Flugbetrieb zu unterbinden, mit nur mäßigem Erfolg.

Mutter erzählte häufig von den Schrecknissen dieser Bombenangriffe. Wenn der Luftalarm rechtzeitig kam, konnte sie immer noch schnell per Fahrrad zu ihrem nahe gelegenen Elternhaus flüchten. Von dem ansonsten vernichtenden Kriegsgeschehen des Luftkrieges wurde die ländliche Region rund um Vechta – ohne Industrie und mit nur wenigen militärisch wichtigen Anlagen – weitgehend verschont.

Keine systematischen Bombardierungen, nur hin und wieder einzelne Bombenabwürfe von alliierten Flugzeugen auf dem Rückflug nach England, die ihre tödliche Fracht abluden, weil sie bei ihren eigentlichen Angriffszielen – Lübeck, Hamburg, Bremen – nicht zum Zuge gekommen waren und Gewicht einsparen mussten, wenn das Flugbenzin knapp wurde. Die Bomben gingen meistens auf unbebautem Gebiet nieder, wo sie keine größeren Schäden anrichteten. Fielen sie allerdings auf Äcker oder Felder, fanden die pflügenden Bauern die Blindgänger, die dann vom Räumdienst entschärft werden mussten. Viele Bauern, welche die gefährlichen Hinterlassenschaften nicht rechtzeitig bemerkt hatten, ließen dabei ihr Leben.

Ende 1945 kehrte Vater nach halbjähriger amerikanischer Kriegsgefangenschaft nach Hause zurück. Unser gemeinsames Leben begann danach in unserer ersten Wohnung in Lohne, nicht weit entfernt von Mutters Elternhaus.

Ein Kinderparadies: Meine Kindheit in Daren

Im Elternhaus meiner Mutter, dem Hof in Daren, habe ich über Jahre hinweg die im Rückblick glücklichste Zeit meiner Kindheit verbracht. Bereits vor meiner Einschulung war ich häufig mit meinen Eltern, aber auch ohne sie dort. Während meiner Schulzeit dann regelmäßig, wenigstens ein-, zweimal in der Woche, um Milch und Eier zu holen; mit dem Fahrrad sechs Kilometer hin, sechs zurück. Vor allem verbrachte ich meine Schulferien auf dem Hof, immer die Sommerferien, oft auch die Oster- und Herbstferien.

Der Hof lag nahe der Landstraße von Bakum nach Vechta in unmittelbarer Nähe des Hofguts Daren und gehörte zu den Besitztümern des dortigen Barons von Freytag. Es war ein durchaus ansehnliches Anwesen mit mehreren Gebäuden sowie Stallungen.

Auf vierzig Hektar gab es Ackerflächen zum Getreide-, Rüben- und Kartoffelanbau, Weideland für die fünfzehn Milchkühe und eine große Koppel für die zu Anfang vier, später nur noch zwei Pferde, schwarze Oldenburger Halbblüter, die zur Feldarbeit eingesetzt wurden. Diese weideten nach getaner Arbeit auf einer Wiese mit vielen Apfel- und einigen Birnbäumen und taten sich im Herbst am Fallobst, ansonsten am frischen Weidegras gütlich. Sie hatten eine eigene Tränke an dem unweit des Hofes vorbeiplätschernden Bach, der „Bäke". Diese nutzten wir Kinder im Sommer als private Badeanstalt, häufig von den neugierig herantrabenden Rössern mit Schnauben und aufgestellten Ohren aufmerksam beäugt.

Es gab auch eine Schweinezucht mit zwölf Muttersauen und einem Eber, einem mächtigen, Respekt einflößenden Tier mit beeindruckend großen Klöten. Die zahlreichen aus der Zucht hervorgegangenen Ferkel wurden als Jungschweine, wenn sie ein bestimmtes Schlachtgewicht erreicht hatten, an Viehhändler verkauft. Die Schweine wurden zusammen mit den Pferden auf einer Wiese gehalten und hatten an der Bäke ihre Suhle. Die friedliche Koexistenz zwischen den Tieren funktionierte, nur von dem martialische Grunzlaute von sich gebenden Eber hielten die Pferde sich fern. Die Milchkühe bewegten sich auf einer anderen Weide, auch sie mit einer eigenen Tränke.

Alle diese Tiere waren die meiste Zeit des Jahres im Freien, den Winter verbrachten sie in ihren Ställen. Artgerechte Haltung und Ernährung waren somit garantiert. Ein glückliches Tierleben, wenn nicht für viele von ihnen – auf jeden Fall für die Schweine, aber auch für die Milchkühe, die irgendwann zur Milchproduktion nicht mehr taugten – der vorzeitige Tod ihr Schicksal gewesen wäre. Nur die beiden Pferde, Onkel Oskars Lieblinge, blieben bis zum Schluss, als die Landwirtschaft schon eingestellt worden war, auf dem Hof und bekamen dort ihr Gnadenbrot. Ende November war Schlachtfest. Dann musste zur Selbstversorgung der bäuerlichen Familie eine Sau ihr Leben lassen. Die restlichen Schweine waren zur Nachzucht oder zum Verkauf bestimmt.

Weiterhin wurde eine umfangreiche Schar von Hühnern gehalten mit einem prächtig gefiederten Hahn, die tagsüber frei laufend auf dem gesamten Hofgelände gackerten und scharrten. Am Abend wurden noch einmal Körner zugefüttert. („Putt, putt, Hühnchen!“) Nachts waren sie in dem geräumigen Stall, auf Stangen sitzend und schlafend, zu Hause. Morgens wurden die von ihnen reichlich gelegten Eier von uns Kindern aus den Nestern geholt. Die Täuschung durch die zuvor hineingelegten Gipseier, um sie weiterhin zum Legen zu animieren, bemerkten die Tiere natürlich nicht.

Ein gutes Dutzend Enten und drei, vier Gänse vervollständigten die Geflügelschar. Sie alle dienten – neben der Eierproduktion – der regelmäßigen Abwechslung im bäuerlichen Speiseplan, vor allem wenn das Schweinefleisch des Schlachttages – zuerst das frische, danach das haltbar gemachte – im Laufe der folgenden Monate verbraucht worden war. Von den Gänsen wurden, nachdem sie geschlachtet und gerupft waren, die Daunen für die Bett- und Kissenfüllungen genutzt.

Die Gänse durfte man nicht unterschätzen. Sie waren wachsam, konnten aber auch sehr aggressiv werden. Ich konnte ein Liedchen davon singen: Nachdem ich einen Ganter ausgiebig mit Steinchenwerfen und Stöckchenhauen geärgert hatte, kam er schrill schreiend, hoch aufgerichtet und mit weit ausgebreiteten, mächtigen Flügeln auf mich zu. Ich war vor Schreck ob dieser nicht erwarteten Reaktion wie gelähmt und dem erbosten Tier gelang es, mich umzuwerfen. Danach hockte es auf meinem Rücken, attackierte mich mit Schnabelhieben und riss mir die Haare büschelweise aus. Tante Trude, die wegen meiner durchdringenden Schmerzensschreie herbeigeeilt war und den aufgebrachten Ganter mit einem Besenstiel vertrieb, war es zu verdanken, dass ich ohne weitergehende Körperschäden davonkam.

Das nächste Ungemach ereignete sich im darauffolgenden Sommer. Großvater Hinnerk, der zu dieser Zeit noch lebte, bewirtschaftete zum Zeitvertreib einen großen Bienenstock mit mehreren Völkern, die in einem selbstgebauten hölzernen Bienenstand mit festen Wänden, einem Pappdach und mehreren Einschlupflöchern untergebracht waren. Der Honig aus den nach und nach herausgeholten Waben wurde von ihm eigenhändig geschleudert und stellte eine angenehme Bereicherung der ansonsten eher deftigen Brotaufstriche dar. Heiße Milch mit Honig, bei Unpässlichkeiten verabreicht, war lecker und half sofort. Hinnerks Spruch: „Immenschiete is Honning!" Er hatte uns Kinder alle ernsthaft ermahnt: „Kinners, laat mi bloß de Immen tofreeden!" Die Mädchen hatten eh zu viel Respekt vor den stechenden Insekten. Mein Vetter Jan und ich hingegen meinten, die großväterliche Warnung ignorieren zu können, und stocherten ausgiebig mit abgerissenen Zweigen in den Einschlupflöchern herum.

Die aufgeregten Bienen waren zunächst orientierungslos, bis sie uns beide als Verursacher dieser nachhaltigen Störung ihres bisher friedlichen Bienendaseins ausgemacht hatten. Dann erfolgte urplötzlich die Reaktion: Ein großer Schwarm stürzte sich auf uns und setzte rücksichtslos seine Stacheln ein – kamikazeartig, weil der Gebrauch ihrer Waffen durch das Herausreißen der Giftblase beim

Wegflug unweigerlich den Tod für die Tiere bedeutete –, verteidigte aber auf diese Weise aufopferungsvoll das eigene Bienenvolk.

Wir, die Aggressoren, hatten das Nachsehen: In langwierigen Operationen wurden wir von Tante Trude mithilfe einer Pinzette von den Giftstacheln befreit, die höllisch brennenden und angeschwollenen Einstichstellen mit einem schnapsgetränkten Tuch desinfiziert, um dann mit abgeschlagenen Stücken des Stangeneises, das eigentlich zum Bierkühlen gedacht war, behandelt zu werden. Gott sei Dank waren wir offenbar weitgehend immun gegen das Gift und bekamen keinen anaphylaktischen Schock. Von Großvater Hinnerk war kein Mitleid zu erwarten: „Dat hebt ji nu daarvan!" Dass von nun an der Bienenstock für uns absolut tabu war, versteht sich von selbst: Aus Schaden wird man klug!

Hinter dem Bienenstand am Rande des Ackers betrieb Tante Trude ein kleines Gemüsegärtchen für den Eigenbedarf: Bohnen, Erbsen, Zwiebeln, Lauch, Möhren, Rübchen und einiges an Kopfsalat sowie Weißkohl und Rotkohl.

Die Kartoffeln – natürlich auch hier auf dem Hof die Hauptsattmacher – wurden nach der Ernte für den Eigenverbrauch ausgewählt und im Kartoffelkeller in der Scheune – neben den Äpfeln und Birnen – im Herbst eingelagert. Die restlichen Massen an Kartoffeln wurden für die Viehfütterung im Winter an den Ackerrändern in riesigen Mieten abgeladen und mit Erdreich frostsicher abgedeckt. Der Rest der Knollen wurde an die landwirtschaftliche Genossenschaft in der Kreisstadt verkauft.

Der Hof bestand aus einem Haupt- und mehreren Nebengebäuden für die landwirtschaftliche Nutzung. Im vorderen Teil des Haupthauses war die Tenne mit einem großen Einfahrtstor, durch das in der Erntezeit die Ackerwagen fahren konnten, um Heu und Stroh auf dem Tennenboden einzulagern. Oberhalb der Einfahrt am Dachfirst die gekreuzten Pferdeköpfe, darunter im Querbalken der eingeschnitzte Sinnspruch mit Jahreszahl und Erbauer.

Der Boden der Tenne war mit rot-blau schimmernden Hartbrandziegeln gepflastert. Rechts zwei einzelne Pferdeställe für „Lotte" und „Schwatter" mit der sich daran anschließenden Häckselkammer und der separaten Räucherkammer. Links der Einstand für den Zuchtbullen, ein mächtiges Tier mit wuchtigem Schädel, dicken Hörnern und einem eisernen Führring durch die Nase, mit kräftigen Absperrbalken und zusätzlicher Kette vor einem möglichen Ausbruch gesichert. Daneben zwei Stände für die Kühe, die zum Verkauf bestimmt waren.

Wenn diese Stände belegt waren, bekam der Bulle manchmal einen Koller. Er schnaubte und brüllte mit geiferndem Maul, riss an den Ketten und malträtierte die Absperrung. Wenn dann Onkel Oskar erscheinen musste, um ihm zwei, drei Knüppelschläge auf die eisenharte Stirn zu versetzen, beruhigte er sich wieder.

Bei der Zusammenkunft mit den eigenen paarungsbereiten Kühen – manchmal auch der Tiere von Nachbarbauern, die dann ein „Deckgeld" zu bezahlen hatten – waren wir Kinder wegen der möglichen Gefahren, die von dem

Bespringer ausgehen konnten, ausgeschlossen. Dennoch hatten wir die Möglichkeit, aus unserem Versteck die Tätigkeit des Bullen in seiner ursprünglichen Kraft und Wildheit zu beobachten, erschreckt, aber auch gleichzeitig fasziniert von dem Geschehen. Trotz der langwierigen Vorbereitungen des Deckaktes ging das Wesentliche interessanterweise eigentlich relativ schnell vonstatten.

Neben dem Bullenstand gab es noch zwei primitive Räume, nur mit Bett, Stuhl, Tisch und Schrank möbliert, für die Magd und den Knecht. Zu meiner Zeit wurden diese Zimmer nicht mehr genutzt. Onkel Oskar konnte sich Hofgesinde nicht länger leisten.

Auf der Tenne wurde – nachdem er im hohen Alter verstorben war – der Leichnam meines Großvaters Hinnerk aufgebahrt. Der Sarg stand auf einer ebenen Fläche aus Holzböcken und -bohlen mit weißen Leinentüchern bedeckt. Der Deckel geöffnet und daneben angelehnt abgestellt, Hinnerk im besten Sonntagsstaat mit dem Kreuz in den gefalteten Händen, bleich und starr. Beim Vorbeidefilieren der Trauergäste, um von ihm Abschied zu nehmen, hockten mein Vetter und ich unter dem Leichentuch. Es war Hochsommer, und ich erinnere mich, dass der süßliche Leichengeruch deutlich anzeigte, dass die Beisetzung nun recht bald erfolgen sollte. Die Pferde rechts und der Bulle links schauten mit ihren dunklen Augen zu und schnaubten hin und wieder leise. Ob sie merkten, was hier vor sich ging?

Tatsächlich wurde die Aufbahrung, die üblicherweise drei Tage dauerte, bereits am zweiten Tag abgebrochen. Am darauffolgenden Morgen formierte sich der Trauerzug, der neben den Familienangehörigen auch viele Mitglieder der eigens angereisten Verwandtschaft sowie alle Nachbarn und sonstigen Bekannten umfasste – sicherlich einhundert Menschen – hinter dem schwarz ausstaffierten Leichenwagen. Onkel Oskar hatte es sich nicht nehmen lassen, seine beiden eigenen Pferde – auf Hochglanz gestriegelt – vorzuspannen. Er selbst saß in Gehrock und Zylinder hoch aufgerichtet auf dem Kutschbock und lenkte das Gefährt – gefolgt von der Trauergemeinde zu Fuß – zum fünf Kilometer entfernten Friedhof in Bakum, wo mein Großvater beerdigt wurde und seine letzte Ruhe fand. Das Grab ist inzwischen längst aufgelassen und existiert nicht mehr. So gilt auch hier das Bibelwort: „Staub zu Staub, Asche zu Asche ...“

Im Anschluss an die Tenne begann das eigentliche Wohnhaus der Familie. Eine zweiteilige Holztür war der Zugang, deren oberer Teil häufig offen stand, um besser überwachen zu können, was auf der Tenne vorging, wenn die Tiere dort ungewöhnliche Geräusche von sich gaben, zum Beispiel wenn ein Pferd einmal erkrankte. Bei den Rindviechern wurde nicht so viel Aufhebens gemacht. Unmittelbar dahinter kam man dann in den größten Raum des Wohnhauses, die Küche, sicherlich fünfzig Quadratmeter groß mit Zementfußboden und rauchgeschwärzter Balkendecke.

Dominiert wurde dieser Raum durch einen riesigen langen Eichentisch, der vierzehn Personen Platz bot. Auf ihm wurden die Speisen vorbereitet und später saß dann auf soliden Eichenholzstühlen die gesamte Familie, das Hofgesinde sowie alle anderen mehr oder weniger zufällig anwesenden Menschen, die alle Tante Trudes Gastfreundschaft genossen, hier zu den Mahlzeiten zusammen.

Ein weiterer Mittelpunkt war der wuchtige Kochherd mit vier Kochplatten, die durch herausnehmbare Ringe verkleinert oder vergrößert werden konnten. Umlaufend eine Stange zum Trocknen der Küchentücher oder auch nass gewordener Hosen und Pullover. Zusätzlich eine große Warmhalteröhre sowie ein Backofen zum Backen von knusprigem Roggenbrot oder süßem Stuten sowie diversen Kuchen.

Beheizt wurde dieses Monstrum mit Holz aus dem kleinen hofeigenen Wäldchen nahe der Bäke oder mit Torf aus dem eigenen Torfbruch im Diepholzer Moor. Aufgabe meines Vetters Jan und mir war es, diese Brennstoffe aus dem Holzschuppen jeden Morgen mit einer Schubkarre in die Küche zu fahren, wo diese neben dem Herd in einer Ecke zum Nachlegen der Befeuerung abgestellt wurde.

Daneben stand in einer Nische ein bereits zerschlissener Ohrensessel, in dem Onkel Oskar nach der Abendmahlzeit entschlummerte, sanft gewärmt von der heruntergebrannten Glut des Kochherdes, bis er am späten Abend von Tante Trude, die unermüdlich noch lange in der Küche werkelte, geweckt und in das voluminöse Ehebett expediert wurde.

Gegenüber dem Esstisch stand ein ebenso riesiger eichener Küchenschrank, dreigeteilt: unten die Töpfe und Tiegel, oben mit Glastüren die Abteilung für Teller, Tassen und Gläser und in der Mitte ein Teil mit einer herausklappbaren Platte. Darin wurden Brot, Butter, Käse, Schmalz, Salz und Pfeffer aufbewahrt sowie – in einem luftdicht abgeschlossenen Behältnis – die fleischernen Kostbarkeiten: die luftgetrockneten Mett- und Blutwürste, Stücke von geräuchertem Schinken und das begehrte „Nagelholz“, lange abgehangener Kernschinken mit nur wenig Fett, hauchdünn aufgeschnitten mithilfe einer angeschraubten Handschneidemaschine.

Neben diesem Schrank war die Tür zum Eiskeller zur Lagerung der Eisblöcke für die Bierkühlung und der leicht verderblichen Lebensmittel vom Schlachttag sowie der eingepökelten oder eingeweckten Fleischwaren. Auch die Keramikfässer mit dem selbst hergestellten Sauerkraut standen dort.

Daneben gab es die einzige Wasserzapfstelle des bäuerlichen Haushaltes, eine eiserne Schwengelpumpe mit einem großen Spülstein aus Terrazzo. Hier wurde das Gemüse geputzt, der Abwasch erledigt und auch der Körperhygiene Genüge getan, Männlein und Weiblein mit entblößtem Oberkörper unter dem kalten Wasserschwall prustend und schnaubend. Die Ganzkörperpflege fand am Sonntagmorgen statt, dabei wurde die Küche dann für den Durchgangsverkehr für eine Stunde gesperrt. Das Abwasser wurde durch ein Bleirohr nach außen geführt und lief durch eine gepflasterte Rinne entlang des Hofplatzes zum Wassergraben vor der Hofeinfahrt.

Gegenüber, in einer ungenutzten Ecke, stand ein Kleiderschrank zur Aufbewahrung von diversen Arbeitssachen, Leder- und Gummistiefeln. Oben auf der Ablage dieses

Möbelstücks hatte Onkel Oskar seine Schusswaffe gelagert, ein Kleinkalibergewehr der Marke „Flobert“ mit scharfer Munition, ein nicht ungefährliches Utensil, das zur Jagd auf Kaninchen und Ratten eingesetzt wurde.

Mit diesem ungesichert abgelegten Gewehr wäre beinahe eine Katastrophe angerichtet worden und ich – sechs, sieben Jahre alt – wäre der Schuldige gewesen und meines Lebens nie mehr froh geworden. Eines Nachmittags – in der Küche befand sich niemand, außer meiner zwei Jahre jüngeren Cousine Rieke und mir – schnappte ich mir einen der Esstischstühle und holte auf Zehenspitzen stehend den Flobert herunter.

Onkel Oskar hatte den Schießmechanismus zwar entspannt, aber nicht gesichert. Am allerschlimmsten: Er hatte eine scharfe Patrone im Lauf stecken lassen! Nach dem Vorschieben des Verschlusses war das Gewehr schussbereit. Ich fragte meine neugierig zuschauende Cousine – mir nicht bewusst der für sie unmittelbaren Todesgefahr –, ob ich mal auf sie schießen solle. Erstaunlicherweise zeigte sie keinerlei Angst und entgegnete: „Das traust du dich ja doch nicht!“ – Darauf ich: „Das wirst du schon sehen!“ Langsam auf sie zugehend, hob ich das Gewehr in ihre Richtung, den Finger am Abzug.

Im allerletzten Augenblick – nach einer blitzartigen Eingebung, dass dieses Vorhaben nicht ausgeführt werden dürfte – senkte ich den Lauf und drückte gleichzeitig ab. Die Kugel prallte unmittelbar vor Riekes Füßen in den Zementfußboden. Die herumfliegenden Stein- und Metallsplitter trafen sie an beiden Beinen. Wir waren beide geschockt und schreckensbleich. Es kam jedoch kein Laut über unsere Lippen.

Der fürchterliche Knall ließ Tante Trude herbeieilen, totenbleich und mit aufgelösten Haaren, als sie das Geschehene mit einem Blick erfasste. „Was hast du getan, Junge!“ Weinend und schreiend nahm sie ihre Tochter, die in der Tat nur knapp dem Tod entronnen war, in die Arme. Nun löste sich auch die Starre bei Rieke und sie wimmerte leise, an die Schulter ihrer Mutter gepresst.

Ich war – fast besinnungslos – auf den Steinfußboden gesunken und hielt verzweifelt den Kopf zwischen meinen Händen. Inzwischen war die gesamte Familie – bis auf Oskar, der auf dem Feld arbeitete – zusammengelaufen und stimmte in das allgemeine Lamento ein.

Nachdem sich die Emotionen etwas beruhigt hatten, wurde Rieke auf ein Sofa im Wohnzimmer gelegt. Trude, eine praktisch veranlagte Frau, untersuchte die Wunden ihrer Tochter und entschied, dass die Hinzuziehung eines Arztes nicht erforderlich wäre. Mit einer Pinzette wurden die Splitter aus dem Fleisch gezogen, anschließend mit Schnaps desinfiziert, danach die verletzten Unterschenkel verbunden. Rieke, welche die Prozedur, ohne viel zu klagen, über sich hatte ergehen lassen, wurde dann in ihr Bett verfrachtet.

Ich hatte währenddessen zusammengesunken in einer Ecke gekauert. Die Folgen meiner unüberlegten Handlung wurden mir erst nach und nach klar. Tante Trude bewies ihren mütterlichen Großmut, indem sie zu mir kam, mir über den Kopf strich und eindringlich sagte:

„Das machst du nie mehr wieder, hörst du! Du hast ja nun gesehen, was man mit einem solchen gefährlichen Ding alles anstellen kann. Danke Gott, dass alles gut gegangen ist!“ Und dann kniete sie neben mir nieder und wir beide sprachen mit gefalteten Händen ein Dankgebet.

Anschließend wurde Onkel Oskar von der Feldarbeit nach Hause geholt. Hier überfiel seine Frau ihn mit den heftigsten Vorwürfen und Verwünschungen wegen seiner unverzeihlichen Unvorsichtigkeit und Fahrlässigkeit. („Ein geladenes Gewehr ungesichert aufzubewahren! Das hätte unserer Tochter fast das Leben gekostet!“) Der Schwall der Vorwürfe war so massiv, dass er gar nicht zu Wort kam. Seine Versuche, meine Mitschuld zur Sprache zu bringen, wurden rigoros zurückgewiesen: „Du bist schuld und nicht der kleine Junge!“ Onkel Oskar musste zähneknirschend dieses Verdikt akzeptieren. Das Gewehr wurde nach diesem Vorfall an einem sicheren Ort aufbewahrt.

Es wuchs ziemlich schnell Gras über diese Beinahekatastrophe. Bei mir dauerte es sehr viel länger, bis ich den tief sitzenden Schock überwunden hatte.

Neben diesem Schrank, der Ausgangspunkt des Unglücks gewesen war, stand die Handzentrifuge, die zum Buttern genutzt wurde. Die Kinder drehten die Kurbel und Tante Trude trennte die eingefüllte frisch gemolkene Kuhmilch, um Magermilch für die Kälber, Dickmilch für Quark und Schichtkäse und den festen Rest als Butter herzustellen. Die Butterklumpen wurden aus der Zentrifuge gekratzt, in Tiegel eingestrichen und oben mit Pergamentpapier versiegelt. Die angefallene Buttermilch war später gekühlt ein Trinkgenuss.

Durch eine Tür gelangte man in den hinteren Teil des Wohnhauses, zunächst in die „gute Stube“, das Wohnzimmer. Dieses war jedoch nicht – wie ansonsten in kleinbürgerlichen Haushalten üblich – weitgehend ungenutzt und wurde nicht nur bei Festlichkeiten oder Verwandtenbesuchen seiner eigentlichen Bestimmung zugeführt, sondern ein Alltagsraum, in dem sich die Familie nach des Tages Mühe aufhielt, um zu reden, zu spielen oder die Zeitung zu lesen. Es gab ein Radio, aber keinen Fernseher.

Dieser Raum hatte als einziger im Haus einen Kohleofen, in der kalten Jahreszeit ständig unter Feuer. Daneben der Ohrensessel für den Patriarchen, nach seinem Tod vom Hoferben beansprucht. Niemand sonst nahm in diesem Sessel Platz. Unter dem Fenster ein schön verzierter Tisch mit ebenso schönen Stühlen und einem grün gepolsterten Kanapee aus der Gründerzeit, an der Wand eine reich verzierte Vitrine aus der gleichen Epoche.

Dieser Raum war ein sogenanntes „Durchgangszimmer“, von ihm aus gelangte man in die drei Schlafzimmer. Links ein lang gestreckter Raum mit den Betten für Großvater Hinnerk und meinen Vetter Jan, hintereinander aufgestellt. Der beschwerte sich über das nächtliche Dauerhusten von Hinnerk, musste es jedoch bis zu dessen Tod ertragen. Danach zogen zwei der Mädchen dort ein und Jan bekam ein anderes Domizil, was ihn sehr erfreute. („Endlich hat man seine Ruhe.“)

Die rechte Tür führte in das eheliche Schlafzimmer mit den obligatorischen wuchtigen Möbeln. Hier schlief auch das jeweils jüngste der Kinder, bis es dem Babybett entwachsen war. Tante Trude verwöhnte ihre Kinder sehr. Immer durfte das zweitjüngste zusammen mit ihr in ihrem Teil des Doppelbettes schlafen. Trotz aller pädagogischen Warnungen funktionierte dieses Prinzip offenbar recht gut: Die Bindung der Kinder an ihre Mutter war bis in ihr hohes Alter sehr eng. Waren das die Auswirkungen der jahrelang genossenen sprichwörtlichen „Nestwärme"? Das konnte man von meiner Mutter und mir aus den bereits geschilderten Gründen nicht gerade behaupten.

Hinter diesem Raum befand sich noch ein weiteres Zimmerchen, in dem nur ein Bett Platz fand. Hier schlief Jan nach dem Auszug aus Hinnerks Schlafzimmer. Wenn ich in den Ferien zu Besuch war, musste ich zu ihm kriechen und er rückte bereitwillig zur Seite.

Als das Haupthaus zu eng geworden war, um allen Familienmitgliedern Platz zu bieten – vor allem, als sich die Kinderschar auf fünf vergrößert hatte –, wurde angebaut. Die Familie bestand nun neben dem Großvater und den Eheleuten aus der ältesten Tochter Christiane, der zweitälteren Tochter Emma, meinem Vetter Jan, danach kam Cousine Rieke und das Nesthäkchen Helene. Die zusätzlichen Schlafzimmer für Kinder und Gäste waren erreichbar über eine schmale Holztreppe, die von der Küche abging und in die oberen Räume führte. Auch im Erdgeschoss des Anbaus wurden dadurch zwei weitere Räume ermöglicht. Damit war dem Platzbedarf der Großfamilie ausreichend Genüge getan.

Im Hauptgebäude befand sich auch die Schänke „Zum Storchennest”, wegen des von einem Storchenpaar regelmäßig bewohnten Nestes auf dem Dach der Hofscheune so genannt. Diese entwickelte sich innerhalb kurzer Zeit zu einer echten Dorfkneipe, dem Treffpunkt für die älteren, aber auch die jüngeren Dorfbewohner. Die nächste Kneipe war etwa zwei Kilometer entfernt und somit keine Konkurrenz für das „Storchennest“.

Die Gastwirtschaft bestand aus zwei Räumen. Zunächst dem eigentlichen Schankraum mit Tresen, hohen Barhockern sowie einigen Tischen mit Stühlen. Hinter dem Tresen die Bierzapfanlage für frisches Pils, das Kühlfach für die diversen Schnäpse und die Vitrine mit den Süßigkeiten, unverschlossen, was meinem Vetter die Möglichkeit gab, in günstigen Augenblicken mit kühnem Griff seinen Vorrat an Schokolade und Bonbons aufzufüllen, die er dann brüderlich mit mir teilte. Wenn man – trotz aller Vorsicht – erwischt wurde, gab es großes Gezeter, manchmal auch eine Kopfnuss.

Selten verlangt wurde „Orangina“, eine leckere Limonade, die wir Kinder bevorzugten. Es gab aber auch „Bluna“ oder „Africola“, ebenfalls nicht zu verachten. Die männlichen Gäste gelüstete es ausschließlich nach alkoholischen Getränken. Getrunken wurde „Schluck“ und „Beir“. („Geef mi noch mool een Lütt un Lütt“; Bier und Schnaps gleichzeitig mit einer Hand getrunken.) Die konsumierten Mengen waren beachtlich. Die oldenburgischen Männer sind auch heute noch als trinkfest bekannt.

Besonders Mutige im Zustand der fortgeschrittenen Alkoholisierung verlangten „Escorial“, einen giftig grün aussehenden Schnaps mit fast sechzig Alkoholprozenten. Die Wirkung war entsprechend. Diese Gäste, aber auch andere, die einfach nur hungrig waren, wurden von Tante Trude in die Küche geholt, wo sie ihnen starken Kaffee verabreichte und Spiegeleier auf Speck servierte. In der Regel geschah dies ohne Bezahlung, was die Stammgäste zu schätzen wussten. Sie kamen sich vor wie bei „Muttern zu Hause“. Diese Behandlung brachte vor allem die Alkoholopfer wieder in die Wirklichkeit zurück. Diese begaben sich danach – auf ihren Rädern zickzack fahrend – halbwegs nüchtern nach Hause. Eine besondere Sorgfaltspflicht des Gastwirtes war nicht vonnöten, da es zu dieser Uhrzeit keinen Autoverkehr mehr gab. Von den gelegentlichen Stürzen in den Straßengraben hatten sie sich schnell erholt.

Bedienung im Schankraum waren – mit wechselnder Besetzung – alle Mitglieder der Familie, außer Tante Trude, deren Reich weiterhin die Küche blieb. Onkel Oskar war abends auch schon mal hinter der Theke, bis er zu müde wurde und in seinem Ohrensessel neben dem Küchenherd verschwand. Dann mussten die älteren Töchter ran, in erster Linie Christina, eine schwarzhaarige, gut aussehende junge Frau von achtzehn, neunzehn Jahren. Sie war die Hauptattraktion der Dorfcasanovas und steigerte allein durch ihre Anwesenheit den Umsatz ganz erheblich. Nicht ganz so erfolgreich war die nächstältere Schwester Emma: blond, rund und unkompliziert. Aber auch sie fand ihre Verehrer.

In einem eigenen Fach der Vitrine waren die Rauchwaren separat gelagert – verschlossen, um die nicht erwünschte Selbstbedienung zu verhindern. Es gab Zigaretten der Marke „Juno“ („... lang und rund, passt in jeden Mund“), „Overstolz“ mit roter und „Eckstein“ mit grüner Verpackung, für Kenner auch „Senoussi“ aus ägyptischem Tabak mit der Kamelkarawane auf der Verpackung, natürlich alle filterlos. Auch einen Vorrat an Zigarillos und ein paar Zigarren gab es. Aus dieser Nikotin-Vitrine bedienten sich später – als wir überzeugt waren, dass nun die Zeit für solche verbotenen Genüsse gekommen sei – mein Vetter Jan und ich, um in unserem Versteck im Schuppen zu paffen. Die Wirkung war im wahrsten Sinne des Wortes durchschlagend und schnell gaben wir dieses Laster wieder auf.

Vom Schankraum aus gelangte man in den zweiten Raum der Gastwirtschaft. Dieser war erheblich größer und wurde zu den Zeiten, als der Patriarch noch das Sagen hatte, von den Gästen nach Voranmeldung für diverse Festivitäten – Hochzeiten, Kommunions- und Jubiläumsfeiern – genutzt, an den Wochenenden auch ab und zu zum Dorfschwof, bei dem eine kleine Kapelle von jungen Männern aus der näheren Umgebung den Gesang und die Musik machte. Gage waren die reichlich spendierten Biere und Schnäpse, bis das Vergnügen manchmal wegen allgemeiner Alkoholvernebelung nicht nur der tanzenden Gäste, sondern auch der Musikanten vorzeitig abgebrochen werden musste. Hinnerk sprach dann ein Machtwort, weil er um den unversehrten Zustand des Tanzbodens und des Mobiliars fürchtete.

Im hinteren Teil gab es zusätzlich einen „Herrensalon“, in den sich die Männer nach der opulenten Mittagsmahlzeit bei diesen Familienfeiern zum entspannten Rauchen der Verdauungszigarre in Verbindung mit dem Genuss eines Gläschens Cognac sowie zur Erörterung der aktuellen Neuigkeiten zurückziehen konnten. Dazu gehörten neben der Politik auch die Schweinepreise.

Nach der Hofübernahme durch Oskar starb diese Tradition aus. Diese Räume wurden noch jahrelang im Originalzustand erhalten: Brokattapeten, geschliffener und glänzend gebohnerter Holzdielenfußboden, auch für ein Tänzchen der Gäste geeignet. Hauptattraktion war das Klavier, später zwar arg verstimmt, von mir jedoch trotzdem zum zweifingrigen Herunterklimpern des „Schneewalzers“ genutzt, was mir anerkennende Blicke meiner Cousinen eintrug. Sie wussten natürlich nicht, dass dies das einzige Klavierstück war, das ich kannte. Die Möbel und Accessoires waren aus der Gründerzeit, teure Stücke. An den Wänden hingen majestätisch gerahmte vergrößerte und kolorierte Aufnahmen von Großvater Hinnerk und seiner Frau Ida, daneben das Bild des Kaisers und die Regimentschronik von Hinnerk.

Vor dem Krieg war das „Storchennest“ ein beliebtes sonntägliches Ausflugslokal für die Bürger und Kleinbürger aus der Kreisstadt gewesen. Nach einer kurzen Anfahrt im Automobil oder in der Pferdekutsche – die Rösser wurden in diesem Falle gegen ein geringes Entgelt auf dem Hof versorgt – stand zunächst ein ausgiebiger Spaziergang im Darener Wald mit Besichtigung des adligen Hofguts auf dem Programm. Danach wurde mit der ganzen

Familie im „Storchennest“ eingekehrt. Großmutter Ida und ihre älteren Kinder bewirteten die Gäste mit Kaffee und selbst gebackenem Kuchen. Die besonders Hungrigen konnten auch ein Brot „mit Schleppe“, Spiegeleier auf Speck oder Bockwurst mit Kartoffelsalat bekommen. Alles für kleines Geld.

Neben der Gastwirtschaft befand sich eine Grünanlage mit diversen, durch Hecken und beschnittene Sträucher abgetrennten größeren und kleineren Nischen, in denen Tische und Stühle für die Gäste standen. Auch hier wurde bedient. Diese Kombination wurde von den Ausflüglern sehr geschätzt. An jedem Sonntag war die Gartenwirtschaft gut besucht, manchmal sogar überlaufen.

Eine besondere Attraktion, die von den Herren gerne genutzt wurde, war die Naturkegelbahn. Diese war ebenfalls im Garten und bestand aus einer Wurfbahn aus festgewalztem, grobem Sand, seitlich abgegrenzt durch Holzbalken, einem Kreis mit den aufgestellten Kegeln, einer auf einem Gestell angebrachten Tafel mit Kreide zum Notieren der erreichten Punktezahl der Parteien sowie einer sanft abschüssigen hölzernen Rinne, in der die Kugeln wieder zu ihrem Ausgangspunkt zurückbefördert wurden.

Die umgefallenen Kegel wurden dann von den Kindern wieder aufgestellt. Dabei erwirtschafteten sie sich aus den Trinkgeldern ein erkleckliches Zubrot. Leider mussten sie dann am Abend den größten Teil ihrer gesammelten Reichtümer an die Eltern übergeben. Während Hinnerk am liebsten alles in seine eigene Tasche gesteckt hätte („Kinners bruukt keen Geld“), überließ Ida den fleißigen

Kindern heimlich einen Teil der eingenommenen Trinkgelder, vielleicht auch nur, um die Motivation für deren Mithilfe zu erhalten.

Alle diese Informationen habe ich von meiner Mutter, die mir lang und breit von diesen „herrlichen Zeiten“ erzählte.

Die Einkünfte aus der Schänke und dem Betrieb der Gartenwirtschaft müssen nicht unerheblich gewesen sein. Es war immer ausreichend Bargeld im Haus, das in die Ausstattung der Räume gesteckt, vor allem aber für Investitionen in die Landwirtschaft verwendet wurde.

Zu meiner Zeit waren die Außenanlagen der Gartenwirtschaft noch deutlich zu erkennen, wurden allerdings seit Jahren nicht mehr gepflegt, nachdem der Betrieb eingestellt worden war, und waren entsprechend weitgehend zugewuchert.

Dies führte bei passenden Gelegenheiten zu massiven Vorwürfen meiner Mutter gegenüber ihrem Bruder Oskar. („Du hast das Erbe unserer Eltern verkommen lassen! Wie war das früher immer schön!“) Unrecht hatte sie damit nicht. Oskar wusste sich nicht anders zu helfen, als ihr den Mund zu verbieten. („Dat is mien Hoff. Door maak ik, wat ik will!“)

Unmittelbar neben dem Hauptgebäude stand ein lang gestrecktes Stallgebäude, in dessen vorderem Teil die Schweine – in einem kleinen abgeteilten Kabuff der Eber – untergebracht waren. Die Futterkammer befand sich vor den Ständen mit Säcken voller Mehl und Kraftfutter und einem Kessel, in dem die Pampe für die Schweinefütterung angerührt wurde. Eine schwere Arbeit, die früher von Tante Herta, zu meiner Zeit von Cousine Emma, die gleichfalls kräftig und robust war, ausgeführt wurde.

Im hinteren Teil dieses Stalles waren die Einstände für die Milchkühe mit einer Kammer für das Heu und die Strohstreu. Gemolken wurde jeden Abend von Hand. Der Mist der Kühe – ebenso wie die Hinterlassenschaften der Schweine – wurden durch mehrere Klapptüren nach draußen befördert, wo sie in einem abgemauerten Trog gesammelt wurden, um von Zeit zu Zeit zur Düngung auf die Felder aufgebracht zu werden. Hier hielten sich bevorzugt die Hühner auf, aber auch vereinzelte Ratten, die dann von Onkel Oskar mit dem Flobert abgeknallt wurden.

Alle Tiere durften ein glückliches Leben führen, artgerecht gehalten, sommers im Freien, im Winter im Stall, alles bei gesunder, natürlicher Ernährung. Entsprechend schmeckte auch das Fleisch. Das Prädikat „Bio“ war noch nicht bekannt.

Das galt auch für die Pferde, die als Gegenleistung für ihr Wohlleben hart arbeiten mussten, allerdings auch nicht geschlachtet wurden, wenn sie für die Hofarbeit zu alt geworden waren. Andere Bauern verkauften dann ihre Pferde an den Rossschlachter, bei Onkel Oskar bekamen sie das Gnadenbrot. Sie waren zähe, kräftige „Oldenburger“ – eine im Norden bekannte und sehr geschätzte Halbblüter-Pferderasse –, denen die tägliche Anstrengung wenig ausmachte. Die Bauern behandelten ihre Arbeitspferde mit Respekt und gönnten ihnen ausreichende Erholungszeiten bei optimaler Ernährung.

Seitlich dieses Stalles gab es zwei separat abgemauerte Toiletten für die Familie und die Gäste des „Storchennestes“, getrennt nach „Frauen“ und „Männer“, vom kopfsteingepflasterten Hofplatz her erreichbar. Zu Anfang waren das noch Plumpsklos, für die Herren zusätzlich mit einer geteerten Pinkelrinne, später wurden dann moderne Toiletten mit Wasserspülung neben dem Schankraum eingebaut. Wahrscheinlich hatte das Gewerbeaufsichtsamt sein Veto eingelegt.

Auf der anderen Hofseite stand die große Scheune mit anschließender Remise für die Ackerwagen, lange hölzerne Gefährte mit ebenfalls hölzernen Speichenrädern, mit Eisenreifen auf den Laufflächen belegt. Daneben wurden die übrigen Geräte für die Feldarbeit abgestellt: die Mähmaschine für die Grasmahd, die Pflüge, der Kultivator zum Aufreißen der Bodenkrume, die Eggen und die Walze zum Glätten der bearbeiteten Flächen sowie die Sämaschine und der Heuwender. Später, als Onkel Oskar dem Modernisierungsdruck nachgeben musste, um den Hof einigermaßen rentabel weiterführen zu können, wurde ein neuzeitliches Gerät, ein sogenannter „Mähbinder“ – ein höchst kompliziertes Monstrum – angeschafft, von dem später noch die Rede sein wird.

Oskar konnte jedoch nie dazu bewegt werden, einen Traktor anzuschaffen. („So een Dübelskraam kommt mi nich op den Hoff!“) Der eigentliche Grund wird gewesen sein, dass er seine Pferde über alles liebte.

Abgeteilt von der Remise war der Stellplatz – mit einem Holztor verschlossen – für die schwarze Pferdekutsche, vierrädrig mit Kutschbock, Handbremse und zwei Karbidlampen aus Messing sowie mit einem mit Leder gepolsterten viersitzigen Fahrgastabteil, bei schlechtem Wetter überspannt von einem Stoffverdeck. Mit diesem Gefährt fuhr der Patriarch, zusammen mit Trude und den älteren Kindern und Oskar als Kutscher, zu wichtigen Ereignissen im bäuerlichen Leben – Hochzeiten, Kindstaufen, Beerdigungen und Kirchenbesuchen zu hohen Festtagen – nach Bakum oder Vechta. Ich hatte mehrfach das Vergnügen, an solchen Kutschfahrten teilzunehmen, die selbst im ländlichen, Pferde gewöhnten Oldenburger Land die erstaunten und bewundernden Blicke der Passanten auf sich zogen.

Diese bäuerliche Tradition, die ja auch etwas über Wohlstand und Ansehen einer Familie aussagte, wurde dann später von Onkel Oskar, als er gesundheitliche Probleme bekam, nicht mehr weitergeführt.

Die Kutsche gab es noch lange, aber sie zerfiel zusehends, vor allem als die Hühner einen Zugang zu dem Standplatz gefunden hatten und dort ihre Nester bauten, ihre Eier legten und ihre Köttelchen hinterließen. Das endgültige Ende war gekommen, als ein Marder diese bequeme Nahrungsquelle entdeckt hatte und danach auch die Lederpolsterung und das Verdeck in seinen Ernährungsplan einbaute.

Die Scheune hatte vorn und hinten jeweils ein riesiges doppelflügeliges Tor, durch das nach der Getreideernte die schwer beladenen Erntewagen ein- und wieder ausfahren konnten, wenn ihre Garbenlast entladen und auf dem hölzernen Tennenboden gelagert worden war. In der Ecke stand die Dreschmaschine der Marke „Trenkamp“ und wartete auf ihren Einsatz im Spätherbst.

In einem Nebenraum der Scheune war die Werkstatt untergebracht, in der kleinere Reparaturen an den Landmaschinen ausgeführt werden konnten. Alle Bauern mussten auch gute Handwerker sein. Hier stand ebenfalls der große Elektromotor mit einer Antriebswelle, über die während des Dreschens mittels eines ledernen Treibriemens die Dreschmaschine angetrieben wurde. In der Scheune hatten in einer Ecke des Dreschbodens mit Strohresten die Katzen mit ihrem Nachwuchs ihr Versteck.

Unterhalb dieses Bodens führte eine schmale Stiege in den Obstkeller, in dem Äpfel und Birnen gelagert und regelmäßig gewendet wurden. Daneben war die riesige Lattenrostkiste für die Winterkartoffeln.

In einem Kämmerchen neben der Scheuneneinfahrt, in dem die beim Dreschen anfallende Spreu gelagert wurde, hatten die zwei Hofhunde ein warmes Plätzchen, beide dunkelbraun gefleckte Boxerhündinnen – Dina und Dora – mit traditionell kupierten Schwänzen, die trotz ihrer Sabberlefzen von uns Kindern sehr geliebt und verwöhnt wurden. Tagsüber liefen sie frei auf dem Hofgelände, wurden mit Essensresten gefüttert, durften aber nicht ins Haus. Nachts mussten sie – an langer Laufkette geführt – ihren Wachdienst verrichten, was sie mit Gebell bei ungewöhnlichen Geräuschen oder Bewegungen auch ausgiebig taten, sodass mancher derbe Fluch von dem nachts aus dem Schlaf gerissenen Onkel Oskar aus dem Schlafzimmer erschallte.

Wenn die alkoholisierten Heimkehrer aus dem „Storchennest“ es zu toll mit dem Ärgern der sich dann wie rasend gebärdenden Hunde trieben, machte er sich den fragwürdigen und auch nicht ganz ungefährlichen Scherz, heimlich die Ketten der Hunde zu verlängern, sodass die Provokateure in den Kampfbereich der Boxer gerieten. Manche Hose musste nach einer solchen Aktion daran glauben, aber niemand kam ernsthaft zu Schaden. Danach war Ruhe. Am nächsten Tag wurde scheinheilig nach dem Befinden der Ruhestörer gefragt. Diese hatten ihre Lektion gelernt und es gab keinerlei Beschwerden oder gar Schadensersatzforderungen für die zerrissenen Hosen.

Ein lang gestreckter Holzschuppen, in dem neben den klein gesägten und klein gehackten Holzstücken auch der Stücktorf gelagert war, vervollständigte das Ensemble der Nebengebäude. Das Holz für die Feuerung wurde im Herbst vorbereitet, der Torf im Hochsommer gestochen. Dann ging es mit einem schweren Ackerwagen, gezogen von Lotte und Schwatter, in das Diepholzer Moor. Dort hatte Onkel Oskar einen gepachteten kleinen Torfbruch, den wir bearbeiteten.

Die schwere Arbeit des Torfstechens bei glühender Hitze wurde von den Männern erledigt. Mein Vater war in der Zeit, als er arbeitslos war, auch immer mit dabei. Wir Kinder – auch die größeren Mädchen – stapelten dann die feuchten Torfbrocken in langen Reihen auf, versetzt mit Luftschicht zum besseren Trocknen. Auch das eine schwere Arbeit. Diese musste in der warmen Jahreszeit ausgeführt werden, um die Trocknung zu beschleunigen. Nach mehreren Wochen – bevor die regnerische Zeit begann – wurden dann die getrockneten Torfstücke in einer gemeinsamen Aktion aus dem Moor geholt, im Ackerwagen auf den Hof verfrachtet und dort eingelagert. Neben diesen Naturstoffen – Holz und Torf – wurden keine weiteren Materialien für die winterliche Feuerung benötigt, höchstens noch ein, zwei Säcke Eierkohlen und Briketts für die Erhaltung der Ofenglut an den besonders kalten Tagen des Winters.

Etwas abseits des Hofes am Rande des Feldweges stand als letztes Gebäude der bereits zuvor erwähnte verlassene Maststall, eine Investitionsruine als Folge des gescheiterten Versuchs von Onkel Schorsch und seinem Bruder Oskar, das „schnelle Geld" zu machen.

Wir Kinder hatten eigentlich nur wenig Zeit zum Spielen, immer gab es irgendetwas zu tun. Jedes Kind hatte eine Aufgabe im Haushalt zu erfüllen – die älteren mehr, die jüngeren weniger –, der wir auch ohne Murren nachkamen. Kinderarbeit als verbotene Tätigkeit war ein Fremdwort, aber wir wurden nie über Gebühr beansprucht. Obwohl freies Spielen nicht so sehr im Vordergrund stand – außer ab und zu Fußballbolzen mit Jan auf dem Hofplatz und Ballschüssen auf das Scheunentor –, war uns nie langweilig. Der gesamte Hof war ja ein einziger Abenteuerspielplatz.

Ab und zu haben wir auch Streiche ausgeheckt. An einen erinnere ich mich gut. Mutter und ich waren von Bäcker

Schomaker, der in der Kreisstadt etwas zu erledigen hatte, in seinem alten DKW-Lieferwagen mitgenommen und auf dem Hof abgeladen worden. Als die Zeit nahte, dass er uns wieder abholen sollte, kamen meine Cousine Rieke und ich auf die glorreiche Idee, unsere Mütter ein wenig zu ärgern, indem wir uns im Holzschuppen versteckten, unsichtbar zwischen den hohen Reisigbündeln, aus denen Großvater Hinnerk im Winter die Besen für die Hofplatzreinigung herstellte.

Alle Rufe nach uns mit der Aufforderung, nun endlich herzukommen, Bäcker Schomaker würde schon ungeduldig warten, ignorierten wir. Beklommen, aber auch mit Schadenfreude beobachteten wir aus unserem Versteck die aufgeregte Suche nach uns beiden, an der sich inzwischen neben Mutter auch Tante Trude und weitere Hofbewohner beteiligten. Als uns die Angelegenheit dann doch zu brenzlig wurde und wir aus unserem Versteck hervorkrochen, war zwar die Erleichterung groß, aber es hagelte Vorwürfe.

Ich erhielt von meiner Mutter postwendend eine derbe, mir nicht unbekannte Abreibung. Auch Rieke, deren Mutter sonst keine körperlichen Züchtigungen ausübte, bekam diesmal ein paar Ohrfeigen ab. („Dat maakt ji nich noch mool! Ons so optorägen!“)

Einen weiteren, nicht so folgenreichen Streich verübten Jan und ich: Wir knoteten mehrere leere Blechdosen an den kupierten Stummelschwanz der Boxerhündin Dina. Diese war ein gutmütiges Tier und ließ dies mit sich geschehen, denn sie war ja mit uns vertraut. Als wir sie dann mit Stöckchenwerfen und „Apport!"-Rufen aufscheuchten, geriet die Hündin allerdings von dem Scheppern der angebundenen Dosen völlig außer sich und raste laut bellend wie närrisch über das gesamte Hofgelände. Onkel Oskar, der – durch den Lärm aufmerksam geworden – auf dem Plan erschien, verfolgte uns mit lauten Verwünschungen, bis er dann die bedauernswerte Hündin von ihren Anhängseln befreien konnte. Wir beiden Übeltäter trauten uns bis zum Abend nicht nach Hause zurück. Da allerdings war Oskars Zorn bereits verraucht und es blieb bei einer Standpauke.

Eine andere interessante Geschichte gibt es von „Pingel-Anton" zu erzählen, heute kaum glaubhaft, in der Zeit nach dem Krieg, als die Uhren anders gingen, jedoch nicht so ungewöhnlich. Den seltsam anmutenden Namen trug die Dampflokomotive der einspurigen Kleinbahn, die zwischen Vechta und Cloppenburg verkehrte, weil sie an den Bahnübergängen neben der Pfeife auch ihre Bimmelglocke erklingen, also „pingeln" ließ und der Lokführer Anton hieß. Der Hof, der jenseits der Straße lag, war eine der vielen Haltestellen. Die Männer, welche die Absicht hatten, von hier aus mitzufahren, nahmen natürlich vorher noch im „Storchennest" ein Bier zu sich.

Wenn das gerade erst gezapft worden war und nicht so schnell getrunken werden konnte, musste „Pingel-Anton" warten. Wenn es zu lange dauerte, ließ die Lokomotive zunächst einen zaghaften, danach als letzte Aufforderung einen energischen Pfeifton erschallen. Das veranlasste dann die Biertrinker, im Eilschritt die Kneipe zu verlassen und dem geschotterten Bahnsteig zuzueilen, wo der Lokführer sie mit Ermahnungen, aber gleichzeitig lachend, einsteigen ließ, um danach Dampf fauchend weiterzufahren.

Eine weitere schöne Kindheitserinnerung an das Kinderparadies Daren waren die Erlebnisse von Jan und mir mit den beiden Arbeitspferden. „Lotte“, eine gutmütige Stute, und „Schwatter“, von Oskar so genannt wegen seines tiefschwarz glänzenden Fells. Das war ein Wallach, der manchmal hinterlistig sein konnte und einen mit seinen gelb verfärbten Pferdezähnen kniff, wenn man nicht aufpasste.

Beide Pferde wurden nach der schweren Tagesarbeit von Jan und mir auf ihren Feierabend vorbereitet, abgeschirrt, mit einem Strohbüschel trocken frottiert und zur Tränke an die Bäke geführt, in der sie sich – bis zum Bauch im Wasser stehend — volltranken, um sich anschließend auf der Wiese zu wälzen. Danach wurden sie im Pferdestall von uns mit Häcksel und Hafer gefüttert.

In regelmäßigen Abständen wurden sie zur Fellpflege von uns ausgiebig gestriegelt, was beide sichtlich genossen. Onkel Oskar hatte uns vertrauensvoll die Pflege seiner beiden Lieblinge übertragen und er musste sich nie über mangelnde Fürsorge beklagen.

Nachdem die Tiere Hunger und Durst gestillt hatten, wurden sie zu einem der Rindviehstände auf der Tenne geführt, wo wir beiden kleinen Kerle uns von den erhöhten Gittern aus auf den Rücken der geduldig wartenden Pferde schwangen und sie mit sanftem Fersenschlag aus dem Tennentor herauslenkten.

Wir ritten – ohne Sattel und Trense, nur mit einem leichten Führzügel, der am ledernen Kopfgeschirr befestigt war – die Tiere dann auf dem sandigen Feldweg zu dem zwei Kilometer entfernten „Brook“, einem feuchten Weidestück mit saurem Gras und einem selbst gebauten Unterstand für die Pferde. Hier waren zwei verrostete Drahtesel abgestellt, mit denen wir beide dann zum Hof zurückradelten. Am folgenden Morgen ging die Tour in umgekehrter Richtung.

Ich erinnere mich noch gut an die angenehmen Gefühle bei diesen kurzen täglichen Ausritten. Zu Anfang war ich noch ein wenig beklommen und ängstlich wegen der wuchtigen Größe und Kraft dieser Tiere, danach zunehmend vertrauter werdend und dann die sanften, rhythmischen Bewegungen auf dem Pferderücken genießend, die dünnen Kinderbeine so eng wie möglich an die prall runden, warmen Pferdebäuche gepresst.

Nur wenn Vetter Jan – der natürlich durch längere Übung wesentlich besser ritt als ich –, um mich zu ärgern, die Tiere mit Zungenschnalzen und Fersenschlägen zu einer schnelleren Gangart aufforderte – zunächst Trab, dann sanfter Galopp –, wurde mir doch bange und ich klammerte mich angstvoll an der Pferdemähne fest. Dicht mit meinem Kopf am Ohr des Tieres, in das ich dann beruhigende Worte rief („Ho, Lotte, ho!“), bis es von selbst wieder in das Schritttempo zurückfiel. Der Vetter lachte dann gutmütig und überzog mich mit milden Spottreden.

Manchmal schickte Onkel Oskar uns mit den Pferden auch zum Hufschmied, der seine Werkstatt drei Kilometer entfernt in Richtung Harme hatte. Auf dem Weg dorthin benutzten wir den Sommerweg, eine Fahrspur aus Sand neben der eigentlichen Chaussee, um den Tieren den Ritt über die harte, kopfsteingepflasterte Fahrbahn zu ersparen. Beim Schmied angekommen, beobachteten wir, wie routiniert er mit den schweren Tieren umging, um sie neu zu beschlagen.

Die Pferde kannten die Prozedur und hielten schön still. Vielleicht waren sie auch froh, dass ihnen die Hufe beschnitten und neue Eisen aufgenagelt wurden. Den Gestank des Horns, wenn die noch warmen Eisen auf den Hufen angepasst wurden, habe ich noch heute in der Nase. („Jan, grööt man dinen Vadder van mi. Ik komm folgende Week op een Beir bi jau vorbij, um to kasseeren.“)

Dann ging es zurück zum Hof. Dabei kamen wir an der Abzweigung nach Lohne vorbei. Im Kurvenbereich war auf einer großen Fläche die Kopfsteinpflasterung herausgerissen und nur notdürftig geflickt. Dieses Andenken an die unmittelbare Nachkriegszeit hatte eine Panzereinheit der britischen Besatzungsarmee hinterlassen, acht fünfzig Tonnen schwere „Centurion“-Ungetüme mit einem Panzerspähwagen auf Rädern und lustig flatternden Kommandowimpeln an der wippenden Antenne vorweg. Die Kommandanten schauten mit ihren umgehängten Befehlsfunkgeräten bis zur Hüfte aus den geöffneten Panzerluken, von den Fahrern sah man nur die Köpfe mit ihren Baretten und aufgesetzten Staubschutzbrillen.

Der Verband näherte sich in zügiger Fahrt, laut scheppernd und rasselnd mit dumpf brummenden Motoren von Vechta kommend, der Abzweigung. Offensichtlich nahmen sie an dem zu der Zeit stattfindenden Großmanöver in Südoldenburg teil. Wir Kinder standen ganz in der Nähe, um uns das Spektakel nicht entgehen zu lassen.

In der Linkskurve machten die Panzer mit ihrer Kettensteuerung mehrere ruckhafte Lenkbewegungen, um danach wieder zu beschleunigen. Dabei gaben die Fahrer ordentlich Gas, die schweren Motoren brüllten auf und die Pflastersteine der Straße – durch die mahlenden Gleisketten herausgerissen – flogen meterweit durch die Luft, sodass die Zuschauer in Deckung gehen mussten. Die dabeistehenden Bauern machten drohende Gesten mit der Faust, eher unbedacht angesichts der machtvoll vorbeidonnernden Streitmacht. Entsprechend unbeeindruckt zeigten sich die Panzerfahrer, die uns mit zähnestrahlenden Mündern aus staubverschmierten Gesichtern anlachten und uns zuwinkten. Einige Kommandanten warfen uns – sich aus den Luken der Panzertürme hervorbeugend – mit weitem Armschwung einige Riegel Schokolade zu, um die wir uns dann balgten.

In einem der nachfolgenden Jahre hatte ich nochmals eine unverhoffte Begegnung mit der Besatzungsmacht in Gestalt von vier englischen Manöversoldaten in Tarnkleidung, die mit ihren seltsam aussehenden Tellerhelmen, von denen abgerissene Grasbüschel zur Tarnung herabhingen, in einem selbst gebauten Unterstand auf dem Sandberg am Ortsausgang von Lohne in Stellung gegangen waren, am Grabenrand ein leichtes Maschinengewehr aufgebaut.

Die Begegnung erfolgte überraschend, ich hatte zuvor nichts gehört oder gesehen. Die Soldaten saßen am Rand der Grube, hatten ihre Corned-Beef-Dosen geöffnet auf ihren Knien und beförderten den Inhalt mit den Spitzen ihrer Bajonette in die kauenden Münder.

Sie bemerkten, wie eingeschüchtert ich war, und riefen mich freundlich lächelnd zu sich. In ihrer mir damals noch unverständlichen Sprache, jedoch nicht misszuverstehen, luden sie mich zum Mitessen ein. So viel Mut konnte ich allerdings dann doch nicht aufbringen.

Einer reichte mir eine noch geschlossene Konserve. „Take it, boy! It’s good! For your mother.“ Dieses Geschenk nahm ich dankend an und verschwand danach schleunigst. Mutter freute sich tatsächlich sehr („Junge, wo hast du das denn her? Was ist das?“) über dieses essbare Zeichen – eine bei uns zu der Zeit noch unbekannte Köstlichkeit – der beginnenden Versöhnung zwischen den ehemaligen Feinden.

Der Feldweg zum Brook, den wir abends mit den Pferden ritten, führte an der Kate der von Trepkow – einer Flüchtlingsfamilie aus pommerschem Kleinadel – vorbei, in der auch mein heimlicher Schwarm wohnte. Im Vorbeireiten reckte ich immer heimlich den Kopf, um vielleicht einen Blick auf sie zu erhaschen. Jan durfte davon natürlich nichts merken, sonst wäre der Spott groß gewesen.

Vater von Trepkow war Landschaftsmaler, der manchmal mit seiner Staffelei an den Feldrändern zu sehen war. Hin und wieder gelang es ihm, ein Bild an einen kunstbeflissenen Vechtaer Bürger zu verkaufen. Der Verkaufserlös sicherte dann wieder eine Weile das bescheidene Auskommen der Familie. Sie lebten aber meistens von der Hand in den Mund.

Von Trepkow war kein arroganter Adliger, aber ein stolzer Mann. Eines Tages – wahrscheinlich als die Rücklagen der Familie völlig aufgebraucht waren und er sich nicht anders zu helfen wusste – erschien er abends auf dem Hof, um anzufragen, ob eventuell Interesse am Ankauf eines seiner Bilder bestehen würde. Das musste ihm sicherlich schwergefallen sein. Eine repräsentative Auswahl hatte er zur Ansicht mitgebracht. Schöne Landschaftsmotive – sogar eines, auf dem im Bildhintergrund der oskarsche Hof zu sehen war –, handwerklich ausgezeichnet gearbeitet, und das alles zu erschwinglichen Preisen. Offenbar hatte er jedoch das Kunstinteresse von Oskar und Trude überschätzt. Diese brachen das Verkaufsgespräch schnell ab. („Wi hebben al veer Bilder in de Gaststuuv to hangen. Dat is genaug.“) Es handelte sich dabei allerdings gar nicht um gemalte Bilder, sondern um kolorierte Fotografien. So musste sich von Trepkow unverrichteter Dinge wieder nach Hause begeben. Seine Enttäuschung und sein verletzter Stolz waren ihm anzusehen. Er kam dann auch nie wieder auf dieses Thema zurück.

Die von Trepkows hatten eine Tochter namens Marie-Louise – so hieß mein Schwarm –, ein hübsches blondes

Mädchen mit langem geflochtenem Zopf, ein Jahr älter als ich. Sie kam jeden zweiten Tag auf den Hof, um frische Milch und Eier zu kaufen. Wenn ich sie herankommen sah, versteckte ich mich mit glühenden Wangen und klopfendem Herzen: Ich war unsterblich in sie verliebt! Sie beachtete mich natürlich überhaupt nicht und hat wohl auch von meinem Gemütszustand nie etwas mitbekommen. So blieb mir eine Niederlage in Form einer entsprechenden Zurückweisung oder Verspottung erspart.

Am Ende des Weges zum Brook waren zwei Nissenhütten aufgestellt, halbrunde Wellblechbaracken, in denen nach dem Krieg als Behelfswohnungen die Flüchtlinge und Vertriebenen untergebracht wurden. Hier hausten zwei Familien: die Kowalskis, eine Großfamilie mit vielen Kindern, geführt von einem hochgewachsenen, kräftigen, mit seinem mächtigen Schnauzbart wild aussehenden Vater, vor dem wir Kinder Angst hatten, obwohl er uns noch nie etwas Böses getan hatte. Die zweite Familie waren die Strothmanns, die nur aus der alten Mutter und den beiden Eheleuten bestand. Beide Familien arbeiteten aushilfsweise auf dem Hof von Oskar und stellten die billigen Arbeitskräfte, die er benötigte.

Für die Arbeiten auf dem Hof gab es eine klare Arbeitsteilung. Die schwere Feldarbeit verrichteten die Männer. Vetter Jan und ich mussten, als wir älter waren, bei leichteren Arbeiten mithelfen. Der Haushalt mit allem, was dazugehörte, war Tante Trudes Domäne. Die Kinder – ihrem jeweiligen Alter angemessen – übernahmen die Hilfsdienste, was sie auch gerne taten.

Das Pflügen der abgeernteten Felder und die Vorbereitungen für die folgende Aussaat – Eggen, Walzen, dann später das Aussäen mit der Sämaschine und das Aufbringen des Kunstdüngers – erledigte Onkel Oskar mit seinen Arbeitspferden.

Ich erinnere mich noch gut, dass er zu Anfang, als er noch keine Sämaschine besaß, die Getreideaussaat von Hand ausführte und mit einer von Ledergurten gehaltenen Saatkumme vor dem Körper mit weit ausgreifenden Schritten über den vorbereiteten Acker schritt und mit rhythmisch wiederkehrenden Bewegungen die Saatkörner verteilte – eine Szene wie aus dem Bilderbuch.

Für das Setzen der Rüben und das spätere Rübenziehen zum Ausdünnen – eine schwere Knochenarbeit – setzte er seine Hilfskräfte ein. An dem sich daran anschließenden Rübenhacken, um die Pflanzenreihen unkrautfrei zu halten, mussten auch wir Kinder uns beteiligen. Eine unangenehme und schweißtreibende, aber notwendige Arbeit. Nach der Ernte wurden sie in Rübenmieten gelagert.

Eine schwere Arbeit war auch die Ernte der zuvor gesetzten Kartoffeln im Herbst. Diese waren in erster Linie bestimmt für die Viehfütterung, danach für den Eigenbedarf und der Rest für den Verkauf. Es gab keinen automatischen Vollernter. Die Knollen wurden mit einem speziellen Gerät nur ausgegraben und mussten dann eingesammelt und zu einer Sammelstelle auf dem Acker gebracht werden. Dort wurden sie von Hand nach Größe und Qualität sortiert, die kleineren und schadhaften ausschließlich als Viehfutter, die besten für die Küche des Hofes, der

Rest wurde zum Verkauf mit Ackerwagen zur landwirtschaftlichen Genossenschaft am Bahnhof der Kreisstadt gebracht.

Der angenehme Teil für uns Kinder kam nach dem Abschluss der Kartoffelernte. Das getrocknete Kartoffelkraut wurde auf offenem Feld verbrannt und die bei der Lese vergessenen Kleinkartoffeln durften von uns Kindern – auf Stöcken aufgespießt – im offenen Feuer gegart werden. Danach wurden sie gepellt – was nicht immer ohne verbrannte Finger abging – und heiß, mit blasenden Backen abgekühlt, verspeist. Eine köstliche Speise und – in Verbindung mit dem nie vergessenen Geruch – eine angenehme Kindheitserinnerung.

Für mich als Kind von zehn, elf Jahren war jedoch die Getreideernte im Hochsommer – Roggen und Hafer, keine Gerste – das interessanteste Erlebnis. Diese wurde lange von Onkel Oskar auf die traditionelle Art ausgeführt. Die erste Reihe des Anschnittes wurde noch von Hand mit der Sense gemäht. Danach fuhr er mit der Mähmaschine – mit ihren durch einen speziellen Mechanismus angetriebenen Messern – über das Getreidefeld. Eine nicht ganz ungefährliche Sache, bei der man sich hüten musste, vor die Messer zu geraten, wenn das Gerät während des Einsatzes repariert werden musste. Aus Sicherheitsgründen wurden dann die Pferde ausgeschirrt und angepflockt, damit sie nicht durch unerwartete Bewegungen das Gerät wieder in Gang setzten. Aus diesem Grunde waren auch Jan und ich von dieser Arbeit ausgeschlossen.

Für die zwischen den hohen Halmen versteckt lagernden Wildtiere – Rehkitze, aber auch Fasane und größere Wildvögel – war die Getreideernte eine gefährliche Zeit. Onkel Oskar scheuchte sie während des Mähens mit lautem Rufen und gelegentlichen Knüppelschlägen auf einen mitgeführten verbeulten Blechtopf auf und veranlasste sie damit zu hastiger Flucht. Ich habe nie mitbekommen, dass eines dieser Tiere unter die Messer geriet und getötet wurde.

Die gleichmäßigen Reihen der umgelegten Halme sanken in langen Schwaden zu Boden. Es folgten die Hofarbeiter, die mit einem routinierten Griff gleich große Getreidebüschel zusammenrafften und sie mit einem kleineren Strang von Getreidehalmen, die sie zu einem Band formten, zu Garben zusammenbanden. Danach kamen die Frauen, auch die älteren Töchter des Hofes, die diese Garben sechs- oder achtfach zu „Hocken" zum besseren Trocknen des Getreides zusammenstellten. Auch Jan und ich halfen dabei.

In diesen pyramidenartigen Gebilden mit vielen Hohlräumen haben wir jüngeren Kinder dann häufig gelegen, umgeben von den herrlichen Gerüchen der frisch gemähten Getreidehalme, und mit geschlossenen Augen geträumt oder unsere Späßchen gemacht. Wenn dann eine Hocke zusammenfiel, musste sie schnell in gemeinsamer Arbeit wieder aufgerichtet werden, sonst gab es Ärger mit Onkel Oskar.

Als ich dann bereits älter war – elf, zwölf Jahre vielleicht –, schaffte Onkel Oskar sich einen Mähbinder an, um die vielfältigen unterschiedlichen Arbeitsgänge bei der Getreideernte einfacher zu gestalten. Er betraute meinen Vetter Jan und mich mit der Bedienung, worauf wir beide sehr stolz waren. Man merkte Oskar an, dass er sich von der komplizierten Mechanik dieses Gerätes überfordert fühlte. Uns beiden traute er offenbar zu, dass wir damit zurechtkämen. Somit waren wir nunmehr „Spezialisten".

Nachdem wir uns mit der Mechanik vertraut gemacht hatten, waren wir dann auch ohne Weiteres in der Lage, das Gerät ordnungsgemäß zu bedienen. Ein solcher Mähbinder war im Grunde nichts anderes als eine verfeinerte Mähmaschine, allerdings mit weiteren Funktionen ausgestattet. Die Getreidehalme wurden nach wie vor von sich in Schnitthöhe hin und her bewegenden Messern abgeschnitten, fielen danach aber nicht auf den Boden, sondern auf ein umlaufendes Endlosband aus mit Latten verstärktem Segeltuch. Von dort wurden sie von mehreren komplizierten Metallmechanismen ergriffen, geteilt und auf Garbenstärke portioniert, danach mit einem starken Bindegarn gebunden und zum Schluss von einem ebenfalls komplizierten Mechanismus ausgeworfen. Das Ganze funktionierte nur, wenn das Gefährt in Bewegung war, um das an den Rädern angebrachte Getriebe zu aktivieren, also nur solange die Pferde sich nach vorn bewegten.

Das Vertrackte war, dass die verschiedenen Bestandteile nicht immer so funktionierten, wie es vorgesehen war. Besonders anfällig war der Bindemechanismus, der in regelmäßigen Abständen ausfiel, weil sich das Bindegarn verheddert hatte. Dann musste das Gefährt – einachsig mit zwei Eisenrädern, von Lotte und Schwatter gezogen –

angehalten werden, um die Reparatur vorzunehmen. Die Pferde freuten sich über die Pause. Danach ging es weiter.

Der Mähbinder musste von zwei Personen bedient werden. Die wichtigere Aufgabe hatte der Fahrzeuglenker, der etwas erhöht auf einem eisernen Schalensitz hockte, die Pferde lenkte und den Bindemechanismus überwachte. Untergeordnet war die Aufgabe der zweiten Person. Sie saß auf einem ebenso unbequemen Metallsitz mit einer langen Stange in der Hand und musste damit die von den Mähmessern abgeschnittenen Getreidehalme gleichmäßig auf dem Segeltuchband verteilen.

„Ablegen“ wurde dieser Vorgang genannt, anstrengend und nicht so interessant wie die Aufgabe des Lenkers und Kontrolleurs. Vetter Jan war ungerne bereit, diese Stellung abzugeben. Nur wenn mein Protest über diese Ungleichbehandlung zu energisch wurde, tauschte er den Platz mit mir.

Bis zum Abend hatten wir einen erklecklichen Teil des ausgedehnten Getreidefeldes bearbeitet und kehrten mit den ausgespannten Pferden – verschwitzt, müde und hungrig, ebenso wie die Rösser – auf den Hof zurück. Wenn wir dort auf Nachfrage von Oskar von dem Ergebnis unserer selbstständigen Arbeit berichteten, konnte es tatsächlich auch schon mal geschehen, dass er uns ein Lob spendete. („Dat hebt ji gaut maakt, Kinners!“)

Die letzte größere Arbeit auf dem Hof, bevor die Winterpause begann, war im Spätherbst das Dreschen des im Sommer geernteten und eingelagerten Getreides nach dem Abschluss aller Erntearbeiten. Diese Aktion erforderte ein Großaufgebot aller verfügbaren Arbeitskräfte, für die neben den Aushilfskräften auch die älteren Kinder mithelfen mussten.

Die Männer zogen die schwere Dreschmaschine unter Hauruck-Rufen in die Mitte des Dreschplatzes in der Scheune und platzierten sie unter dem Loch im Scheunenboden, durch welches die eingelagerten Garben herabgeworfen werden sollten. Vorher wurde das Gerät betriebsbereit gemacht. Alle beweglichen Teile und Lager wurden abgeschmiert und die Räder fest verkeilt. Danach wurde der wuchtige Elektromotor aus der Werkstatt herbeigeschleppt, mit Bolzenschrauben in vorbereiteten Dübellöchern im Fußboden der Scheune gesichert und der lederne Treibriemen auf der Schwungscheibe sowohl des Motors als auch der Dreschmaschine aufgelegt.

Danach nahmen alle Beteiligten ihre Plätze ein. Auf dem Scheunenboden waren zwei, drei kräftige Männer, welche die Garben herbeischleppten und sie durch das Loch in der Verbretterung auf den dafür vorgesehenen Platz auf der Dreschmaschine warfen. Jan und ich hatten die Aufgabe, die Bindeschnüre durchzuschneiden, damit sie von den älteren Mädchen in das „Fütterungsmaul" der Maschine geworfen werden konnten. Eine ältere Frau stand daneben und half mit geschickten Handgriffen nach, damit sich die Halme gleichmäßig auf den Schüttelrosten ausbreiten konnten. Wenn es zu einem Rückstau kam, musste das Gerät unter lauten Flüchen der Männer gestoppt werden. Dann wurden diverse Klappen geöffnet und wieder geschlossen, an Hebeln gestellt und an Rädern gedreht, bis der Schaden behoben war und es weitergehen konnte.

Am hinteren Ende der Maschine standen zwei Männer bereit, um das herausrieselnde Korn in untergehängten Jutesäcken aufzufangen und diese mit Schnüren zu verschließen. Danach übernahmen die kräftigsten Männer auf ihren Schultern den Transport der zentnerschweren Säcke, die mit geschickter Schulterdrehung auf dem bereitgestellten Ackerwagen abgestellt wurden. Dort stapelten zwei weitere männliche Schwergewichte die Last auf der Ladefläche.

Das ausgedroschene Stroh fiel zunächst ungeordnet auf den Scheunenfußboden. Wenn der Haufen zu groß wurde und die Arbeiten behinderten, wurden Helfer abgestellt, um das Stroh auf einen weiteren Ackerwagen zu verladen. Dies wurde dann später auf dem Tennenboden als Einstreu für die Viehställe und kleingehäckselt für die Winterfütterung eingelagert. Daneben lagerte das bereits im Frühsommer gemähte Heu, ebenfalls zur Viehfütterung vorgesehen.

Onkel Oskar hatte die Kontrolle über alles, hastete zwischen den einzelnen Arbeitsstationen hin und her, um Anweisungen zu geben, beteiligte sich aber auch an den einzelnen Arbeiten, wenn es notwendig war.

Das Ganze vollzog sich mit einem infernalischen Lärm der laut ratternden Dreschmaschine und in einer riesigen Staubwolke, die aus den aufgeschüttelten Garben und dem Dreschkasten aufstieg. Bereits nach kurzer Zeit begann das Husten und Augentränen und die mitgebrachten Tücher wurden über Mund und Nase gebunden. Feinstaubmasken und Schutzbrillen waren unbekannt.

Es wurde ohne Unterbrechung intensiv gearbeitet, nur wenn es nicht mehr auszuhalten war, wurde die Maschine gestoppt. Alle eilten dann schleunigst ins Freie, rissen sich die Staubschutztücher ab und lechzten nach Frischluft. Kalter Tee mit Zitrone wurde kannenweise zur Erfrischung gereicht. Dann ging es weiter. Die Mittagspause mit dem Imbiss in der Hofküche war knapp bemessen, die Vesperbrotzeit fiel aus.

Am späten Abend waren die Massen an Getreidegarben gedroschen, das Korn in Säcken verpackt und auf den Ackerwagen gestapelt. Erschöpft und müde versammelte sich die gesamte Mannschaft – nachdem der Staub abgespült war – in der Küche, wo es zunächst ein kräftiges Abendessen mit Bier und Schnaps gab und danach der Dreschlohn ausgezahlt wurde, diesmal in bar auch an die mithelfenden Flüchtlingsfamilien aus den Nissenhütten.

Am nächsten Tag wurde aufgeräumt, die Dreschmaschine gesäubert und für die Überwinterung vorbereitet. Die Kornsäcke, die für die Viehfütterung vorgesehen waren, wurden eingelagert. Am Nachmittag fuhr Oskar zusammen mit zwei Helfern das verbleibende Getreide zur Genossenschaft, wo es verwogen und danach das nicht unerhebliche Guthaben seinem Konto gutgeschrieben wurde.

Zwischenruf: Schlachttag

Einmal im Jahr, Ende November, wenn die Tage schon kälter wurden, war Schlachttag in Daren. Ein Tier aus der Schweinezucht des Hofes musste dann sein Leben lassen.

Die Hausschlachter – meistens gelernte Metzger, oft aber auch Menschen aus der Landwirtschaft, die sachkundig waren und sich damit in der kalten Jahreszeit ein Zubrot verdienten – waren vierschrötige Kerle mit blau-weiß gestreiften Metzgerblusen, weißen Gummischürzen und Gummistiefeln. Der Gürtel war vollgesteckt mit den notwendigen scharf geschliffenen Schlachterutensilien: das große und mehrere kleinere Messer mit dem Wetzstein. Die Leiter mit den Fleischhaken standen schon draußen an der Wand des Schweinestalles angelehnt.

Das Schwein, an einem Hinterbein angebunden, wurde von den helfenden Männern mit sanfter Gewalt herbeigezerrt und -geschoben. Wenn es dann sein kurz bevorstehendes Ende erahnte, wehrte es sich heftig, erbärmlich quiekend, sodass der Schlachter, der das Tier bereits mit schussbereitem Bolzenschießer erwartete, es zunächst einmal beruhigen musste. Einen günstigen Moment abgewartet, das Gerät routiniert an der richtigen Stelle der Stirn angesetzt, abgedrückt, und schon lag es da. Alle Gliedmaßen zuckten noch heftig, es musste von zwei kräftigen Männern niedergehalten werden.

Der Schlachter öffnete mit einem geübten Schnitt die Halsschlagader. Das Blut spritzte zunächst stoßweise – durch das noch zuckende Herz transportiert –, danach in ruhigem Fluss. Die Helfer standen mit flachen Gefäßen bereit, um den strömenden roten Lebenssaft aufzufangen und ihn mit hektischem Geschrei („Schnell, schnell! Neue Kumme!“) an die bereitstehenden Kinder weiterzureichen. Diese trugen den noch dampfenden Inhalt behände, ohne die kostbare Flüssigkeit zu verschütten, in die Wurstküche, wo schon die Frauen bereitstanden, um das Blut in einer Wanne zu rühren. Speckwürfel wurden hinzugefügt, und Tante Trude würzte das Ganze aus einem Topf mit einer geheimen, von ihr erprobten Gewürzmischung. Das spätere Resultat war überzeugend: Die Blutwürste – frisch gebrüht oder geräuchert – schmeckten köstlich.

Draußen bei den Männern war der tote Schweinekörper in eine Zinkwanne mit heißem Wasser gewuchtet worden. („Hau ruck! Alle Mann gleichzeitig!“) Die Männer wendeten die Sau, und die Frauen und Kinder kratzten die Borsten mit einem Schaber unter ständigem Übergießen mit frischem heißem Wasser ab. Aus der Wanne gehievt, wurden dem Körper durch die Fußgelenke Fleischhaken gespießt und dann – nochmals: „Hau ruck!“ – mit gespreizten Hinterbeinen an der bereitgestellten Leiter mithilfe von Stricken aufgehängt.

Der Metzger wartete bereits, seinem großen Messer mit dem Wetzstein den letzten Schliff gebend. Jetzt kam sein großer Auftritt: Der glatte Schnitt wurde von oben nach unten über die gesamte Unterseite von der Brust über den Bauch bis zwischen die Schenkel geführt. Die Bauchdecke öffnete sich in Sekunden und die Eingeweide quollen in einem ungeordneten Knäuel hervor. Dann erfolgten einige rasche Griffe und Schnitte des Schlachters und das Gekröse-Durcheinander nahm Form und Gestalt an: Ein großer Haufen Gedärm landete zunächst auf dem Hofpflaster; Leber, Nieren, Lunge, Herz und sonstiges blutiges Geklumps wurden in Schüsseln geworfen und schnell in die Wurstküche geschafft. Zwischendurch war der Veterinär da, um die Fleisch- und Trichinenschau durchzuführen. War alles in Ordnung, gab es die begehrten Stempel.

Im Anschluss daran kamen die Helfer wieder zum Zuge und machten sich über die Därme her. Zuerst entwirren, dann sortieren, immer schön vorsichtig behandelt, damit keiner der hauchdünnen Därme, die ja später die verschiedenen Füllungen aufnehmen sollten, beschädigt wurde.

Danach die meterlangen Eingeweide in Schlingen legen und den Darminhalt mit zwei Fingern herauspressen. Darauf wurden die nun entleerten Schlingen mehrfach mit warmem klarem Wasser gespült, bis sie gebrauchsfähig waren und – über die Unterarme gehängt – in die Wurstküche getragen wurden. Ekliger Gestank der braungrünen Masse in der Abfallrinne, die dann später mit kräftigem Wasserguss weggespült wurde.

Spätestens dann war meine Helfertätigkeit beendet: Mit grün-weißem Gesicht schaffte ich noch die fünf Schritte bis zur Stallecke, um meinen krampfenden Magen unter schmerzhaftem Würgen zu entleeren. Begleitet wurde dies von den spöttischen Zurufen der Männer, die in breitem Platt dazu ihre Kommentare abgaben. („Na, min

Jung, dat kannst du nich seien, wat? Ober laater eeten willst du woll!“)

Nachdem ich mich hinter einem Strohhaufen auf der Tenne wieder erholt hatte, siegte die Neugier. In der Wurstküche herrschte emsiges Treiben: Die Männer zerlegten und beinten die zuvor mit der Axt zerlegten Schweinehälften aus, die Frauen füllten die vorbereiteten verschiedenen Massen von Brät, Leber- und Blutwurst in die gesäuberten Därme, die Schinken und Würste wurden dann zum Räuchern bereitgestellt.

Der abgetrennte Schweinskopf wurde vom Schlachter fachmännisch geöffnet, das Gehirn entnommen, das dann später – verarbeitet zu Brägenwurst – eine besondere Spezialität war, die dem Hausherrn und seiner Frau vorbehalten war. Der Rest wurde zu Sülze verarbeitet, die Schweinebacken als Spezialität separat gelagert. Alle Fleischteile, die nicht geräuchert oder luftgetrocknet werden sollten, wurden in einem großen Kessel gesotten und waren danach als Wellfleisch Teil der Schlachtplatte. Dazu gab es die frische Wurstsuppe aus der Brühe der in einem eigenen Topf gesottenen Würste, zusammen mit einer kräftigen Einlage aus klein geschnittenen Fleischstückchen. Der Rest der Suppe wurde eingeweckt.

Am Ende des Schlachttages gab es dann das obligatorische Schlachtfest: Alle Helfer, weiblich und männlich, saßen – notdürftig vom Blut befreit – bei Bier und Schnaps am großen Küchentisch, um das anstrengende, aber gelungene Werk zu feiern. In der Zwischenzeit hatte Tante Trude auch die Wurstsuppe und die Schlachtplatte mit dampfendem Wellfleisch, Leber- und Blutwürsten mit Senf, Sauerkraut und frischem Brot auf den Tisch gebracht, wo dann von allen mit kräftigem Appetit zugelangt wurde. Danach wurden Würste und Schinken in die Räucherkammer – die Onkel Oskar schon vorbereitet hatte – getragen, um dort aufgehängt zu werden. Alle übrigen Fleischteile kamen in den Eiskeller, damit sie bis zum Einpökeln tags darauf frisch blieben.

Tante Trude hatte inzwischen die Schlachttöpfe vorbereitet, die dann an die Helferinnen und Helfer verteilt wurden. Überall sah man zufriedene Gesichter und mit geröteten Wangen und schnapsglänzenden Augen machte man sich auf den Heimweg.

Auch die beiden Boxerhunde und die zahlreichen Katzen kamen nicht zu kurz. Sie fraßen sich übersatt an den Schlachtabfällen, die ihnen vor die Hoftür geworfen wurden.

Die für mich als Kind doch erschreckend anmutende Prozedur, bei der ich mitgewirkt hatte, hat mich allerdings nicht zu einem Fleischverächter gemacht. Dass unsere tierischen Mitkreaturen ihr Leben lassen mussten und den Menschen zum Verzehr dienten („... macht euch die Erde untertan ...“) war für die ländliche Bevölkerung eine nie hinterfragte Selbstverständlichkeit. Wir Kinder wuchsen auch damit auf.

Ob diese Art der Schlachtung von Nutztieren, die auf den ersten Blick primitiv und grausam anmutet, für die Tiere nicht doch humaner war als die heutige industriell praktizierte Tötung, die nach nicht artgerechter Massenhaltung, häufig verbunden mit einem dem Tierschutz nicht gerecht werdenden Transport zum Schlachthaus über lange Strecken an den Schlachtopfern vollzogen wird, mag dahingestellt bleiben.

Kinderspiele (II)

Die Winter waren kälter damals und länger andauernd. Ende November setzte regelmäßig Frost ein, die Weiher und Kolke froren zu, allerdings dann noch ohne tragfähiges Eis. Der Wechsel der Jahreszeiten war klarer abgegrenzt, zwar nicht jedes Jahr, aber dennoch meistens verlässlich.

Wenn sich im Dezember der Frost fortsetzte, begann für uns Kinder die neben dem Sommer schönste Jahreszeit. Wenn meistens noch vor Weihnachten der Schnee kam, war das Kinderglück perfekt: Schlittschuh laufen und rodeln! Weihnachten ohne Schnee gab es nur selten. Das Christkind brauchte dann tatsächlich einen Schlitten.

Erstes Wintervergnügen: das Schlittschuhlaufen, immer in Verbindung mit Eishockeyspielen. Benötigte Utensilien waren Schlittschuhe mit Stahlkufen. Wichtig war der Hohlschliff, der von Mechanikerwerkstätten für ein paar Groschen nachgearbeitet wurde. Dieser Schliff der Längsseiten der Kufen sicherte das spurgenaue Gleiten und – bei abrupter Querstellung des Schlittschuhs – die punktgenaue Abbremsung. Vorn am Schlittschuh Zacken zum schnelleren Beschleunigen, ältere Modelle noch mit einer einfachen Spitze.

Die Schlittschuhe hatten vorn und hinten jeweils zwei stählerne Befestigungslaschen mit Schraubgewinde, die mittels eines kleinen Schraubschlüssels an die Spitzen- und Fersenbesohlung der normalen hochschäftigen Winterschuhe angeschraubt wurden. Das war der Schwachpunkt dieser Technik: Bei der enormen Belastung beim

Spurten oder Abbremsen waren die Kräfte so groß, dass die Absätze, manchmal die ganzen Sohlen abbrachen oder ausrissen. Dann war der Schuh hin, das einzige Paar hoher, fester Winterschuhe, das die Kinder häufig nur besaßen. Das kam einer kleinen Katastrophe nahe und die Vorwürfe und Bestrafungen zu Hause waren absehbar.

Die Kinder behalfen sich mit Riemen, oft aus Leibriemen oder Gürteln selbst zusammengefummelt. Diese wurden auf der Höhe der Zehen und Fersen über Schuhe und Schlittschuhe gezogen und festgezurrt, um diese Beschädigungen zu vermeiden, meistens erfolgreich. Auch die älteren Jugendlichen – ebenso wie die erwachsenen Eisläufer – bedienten sich dieser Technik.

Für das Eishockeyspiel benötigte man einen nach unten abgewinkelten Knüppel, der aus passenden Astgabeln herausgesägt wurde und dessen Handgriff abgeschält und mit Isolierband griffsicher gemacht wurde. Ein kleiner Spielball aus der häuslichen Spielkiste, manchmal auch eine abgesägte Astscheibe als Puck gehörten ebenfalls zum Spiel.

Die einzige größere Eisfläche in der Nähe war der Burggraben der Wasserburg Hopen, der sich rund um das ausgedehnte Herrenhaus hinzog. Der Hausherr, Graf von Korff, war offensichtlich ein Kinderfreund: Er verbot die Winterspiele auf seinem Burggraben nicht. Zu seiner Absicherung hatte er am Rand ein Schild aufgestellt: „Betreten der Eisfläche auf eigene Gefahr!“

Die Hopener Eisläufer teilten sich in drei verschiedene Parteien: Die meistens älteren Herren, die stur ihre Runden drehten, unterbrochen von künstlerischen Einlagen – Drehungen, Schwenkungen und auch schon mal einer Pirouette. Hin und wieder auch jüngere Paarläufer, schlanke, junge Herren mit hübschen, jungen Damen, erfreulich anzusehen. Den Einzel- und Paarläufern gelang es meistens, dem lauten Kampfgetümmel der großen und kleinen Eishockeyspieler mit eleganten Schlenkern auszuweichen.

Den überwiegenden Teil der nicht sonderlich großen Eisfläche teilten sich die Größeren – junge Männer und ältere Jugendliche – mit den Kindern. Sie wussten, wie sie ihre Rechte mit Schieben und Schubsen durchsetzen konnten, wenn wir ihnen ins Gehege kamen.

Die Kinder spielten mit dem gleichen Elan – wenn auch nicht ganz so sicher auf den Kufen – wie die Großen. Das Gleiten auf dem Eis war immer rasend, die abrupten Bremsungen ließen den Eisstaub aufspritzen. Der Kampf um den Ball oder den Puck mit den Knüppeln nahm verbissene Züge an mit Schreien, Schubsen und Knüffen. Ganz so wie bei den heutigen Eishockeyprofis. Der Torwart – zwischen den beiden Aststücken, die das Tor markierten – warf sich beim Torschuss völlig ungeschützt ins Getümmel. Er trug auch am häufigsten Blessuren davon, oft kleinere blutende Wunden am Kopf, die notdürftig mit Taschentüchern abgedeckt wurden. Für seine aufopferungsvollen Rettungstaten bei normalerweise unhaltbaren Torschüssen erhielt er postwendend den emotionalen Zuspruch seiner Mannschaftskameraden in Form von freundschaftlichen Knüffen und aufmunternden Zurufen.

Wenn früh – meistens noch vor fünf – die Dämmerung einsetzte, begab sich die gesamte Kinderschar müde und abgekämpft, aber mit – trotz der Kälte – glühenden Gesichtern nach Hause, wo die Mutter einen heißen Eierpunsch – allerdings ohne Rum, stattdessen mit einem Schuss Rotwein aus den Küchenvorräten – bereithielt.

Ein weiteres äußerst beliebtes Wintervergnügen für uns Kinder war das Rodeln, bei uns im Norden „Schlittenfahren" genannt. Am südlichen Ortsrand, Richtung Steinfeld, stand am Rande des Stadtwaldes auf einer Anhöhe der Aussichtsturm. (Mit diesem hatte es seine besondere Bewandtnis. Im Sommer stiegen wir oft auf diesen vielleicht zwanzig Meter hohen Rundturm. Unzählige Stufen der Wendeltreppe – vollgepinkelt und mit eingetrockneten braunen Häufchen in den Ecken – führten auf die Plattform, die wir Kinder mit einer gewissen Beklommenheit erkletterten. Oben angekommen, konnte man durch einen zinnenartigen runden Mauerabschluss einen weiten Blick auf die umliegende Gegend werfen, je nach Witterung näher oder ferner. Lohne mit seinen Kirchtürmen, den Straßenzügen – selbst einzelne Gebäude waren erkennbar („Oh, da ist ja unser Haus!") –, der Stadtwald, das Kroger Moor, der Geestrücken bei Ehrendorf, manchmal schemenhaft die Silhouette von Vechta.)

Die Tür zum Turmaufgang – normalerweise immer offen – fanden wir irgendwann verschlossen vor. Besucher mussten nun bei Interesse den Schlüssel bei der Stadtverwaltung anfragen und abholen. Für uns Kinder war damit zu unserem Leidwesen der freie Zugang nicht mehr möglich. Grund für diese Maßnahme war ein Selbstmörder gewesen, der sich per Strick – festgeknüpft an der eisernen Balustrade, welche die Aussichtsplattform absicherte – selbst entleibt hatte. Seine in den Treppenaufgang hinabbaumelnden Beine hatten hinaufkletternde Kinder derart geschockt, dass sie laut kreischend die Treppenstufen wieder hinabgestürmt waren, um zu Hause von ihrem schrecklichen Erlebnis zu berichten

Dieses unerhörte Ereignis – Selbstmorde im streng katholischen Südoldenburg waren eher selten – beschäftigte eine Weile nicht nur die Lokalpresse, sondern auch die Gespräche der Menschen. (Von dauerhaften traumatischen Spätfolgen bei den unmittelbar betroffen gewesenen Kindern ist nichts bekannt geworden.)

Der Hügel des Aussichtsturmes hatte jedoch noch eine weitere wesentliche Bedeutung für die Lohner Kinder: Er bot die einzige Möglichkeit im ansonsten weitgehend flachen Umland zum Schlittenfahren.

Der Turm stand auf einer Anhöhe, die bis zum Auslauf nahe dem bekannten Ausflugslokal „Schützenhof" einen Höhenunterschied von maximal fünfzig Metern hatte, also für alpine Verhältnisse flach, für uns Binnenländer allerdings „steil" war, vor allem, weil der Hügel im oberen Bereich unterhalb des Turmes wirklich steil abfiel, um nach kurzer Strecke flacher werdend dann gemächlich auszulaufen.

Erwachsene sah man kaum, ebenso wenig Väter oder Mütter, die unbedingt meinten, ihre Sprösslinge zu diesem gefahrvollen Unternehmen begleiten zu müssen. Unsere Eltern hatten wichtigere Dinge zu tun und so stürzten wir Kinder uns – ganz ohne Aufsicht, dafür aber voller Tatendrang und ohne hemmende Ängste – in das vor uns liegende Abenteuer.

Die Abfahrt vom Hügel teilte sich in zwei Bereiche: die normale Piste – der ganz äußere Bereich war den Rodlern vorbehalten, die nach erfolgter Abfahrt wieder die Höhe erklommen – und in der Mitte die „Todespiste“, die am steilsten war und durch die vereisten Kufenspuren auch die höchste Geschwindigkeit erwarten ließ. Allerdings war der Schlitten durch diese widrigen Bedingungen auch nur schwer lenkbar. Auf dieser Piste war es für die langsameren Rodler angebracht, den abwärtsrasenden Schlitten der „Todesfahrer“ aus dem Wege zu gehen, ansonsten waren Karambolagen mit fatalen Folgen unvermeidlich.

Die Schlitten waren solide Holzgestelle mit stählernen aufgenieteten Kufen. Gefahren wurde das Gefährt in Bauchlage, nur die Ängstlichen bevorzugten die sitzende Position. Gelenkt wurde mit den Stahlkappen bewehrten Spitzen der hohen Schnürschuhe. Die rasende Abfahrt wurde immer nur allein, ohne Beifahrer gemacht. Die enormen Geschwindigkeiten auf der Todespiste führten dann auch zu häufigeren Kollisionen.

Wichtig war es, die Rodelbahn nach solchen Zusammenstößen schnell wieder frei zu machen, um weitere Unfälle zu vermeiden. Dafür sorgten freiwillige Streckenposten: Kinder, die entweder selbst keinen Schlitten hatten oder nach einem vorhergehenden Unfall nur noch bedingt einsatzbereit waren.

Diese Streckenposten entschieden auch, ob ein Kollisionsrodler mit seinem Schlitten aus dem Verkehr gezogen werden musste. Blut, aus welchen Körperteilen auch immer fließend, war eines der Kriterien: „Du musst ins Lazarett!“ Das „Lazarett“ befand sich in einem kleinen Wäldchen nahe der Rodelstrecke. Dort wurden die Blessierten auf ihren Schlitten niedergelegt und gepflegt. Blut abtupfen und gutes Zureden waren ausreichend. Wer sich traute, wagte sich an die nächste Abfahrt, die schwerer Getroffenen schlichen nach Hause. Von gravierenden Verletzungen hat man nie gehört.

Diese beiden Wintervergnügen – das Schlittschuhlaufen und das Schlittenfahren – konnten wir Kinder in jedem Jahr ausüben: Frost und Schnee waren über Wochen garantiert. Diese winterlichen Kinderspiele habe ich bis heute noch in nostalgischer Erinnerung.

„Non scholae, sed vitae discimus“ (Seneca): Meine Schulzeit in Lohne

Meine erste Erfahrung mit sogenannten „Bildungseinrichtungen“ – gemeinhin Schulen genannt – machte ich an der „Katholischen Volksschule für Knaben“ in Lohne.

Einen Kindergarten hatte ich zuvor nicht besucht, ich bin mir auch nicht sicher, ob es in dem Städtchen überhaupt so etwas gab. Die allgemeinen gesellschaftlichen und familiären Verhältnisse waren zu der Zeit dergestalt, dass es in dieser Richtung auch keinen unmittelbaren Bedarf gab. Die meisten Mütter waren zu Hause und übernahmen die Kindererziehung. Wenn einige dieser Frauen einer Erwerbstätigkeit nachgingen, um das Familieneinkommen aufzubessern, waren das in der Regel nur stundenweise Tätigkeiten, in denen dann das eng geknüpfte solidarische Netzwerk zum Tragen kam und Großmütter, Tanten oder Nachbarfrauen die Kinderobhut übernahmen. Im Übrigen erzogen sich die Kinder selbst: in den Familien die älteren Geschwister die jüngeren, in den Kindercliquen die Kinder sich untereinander.

Neben den achtklassigen Volksschulen, wobei die ersten vier Jahrgangsstufen dem Grundschulbereich zugeordnet waren, gab es an weiterführenden Schulen in Lohne nur noch die „Mittelschule für Jungen“ – heute würde man sagen „Realschule“ – mit einem Zubringerzweig für die „Höhere Schule“ – kein Gymnasium. Das war in der nahen Kreisstadt gelegen.

Das Bildungssystem war zu der Zeit noch nach Konfessionen getrennt. Ob das die offizielle Linie der Schulpolitik im Bundesland Niedersachsen war oder eine Besonderheit des Oldenburger Münsterlandes mit seinem überwiegenden katholischen Bevölkerungsanteil, ist mir nicht mehr erinnerlich. Wahrscheinlich war die Konfessionstrennung eine Frage der herrschenden Ideologie. Zusätzlich gab es – zumindest im Volksschulbereich einschließlich des Grundschulbereichs – die Trennung nach Geschlechtern. Parallel zu der Volksschule für Jungen auf der rechten Straßenseite gab es auf der gegenüberliegenden Seite die „St. Gertruden“-Volksschule für Mädchen, die dann später auch meine Schwester im letzten Jahr vor unserem Weggang von Lohne besuchte.

Eine Besonderheit der Knabenschule war es, dass hier erst ab der zweiten Klasse und danach weiter bis zum achten Schuljahr unterrichtet wurde. Die Erstklässler waren in einem eingeschossigen kleinen Nebengebäude auf dem Gelände der Mädchenschule untergebracht.

Auf den Schulbesuch, der uns nun endlich zu „Schulkindern“ befördern sollte, hatte ich mich im Vorhinein bereits sehr gefreut. Diese Vorfreude sollte mir – und meinen anderen Mitschülern, die ich fast alle kannte und von denen einige sogar meine Freunde waren – jedoch bald vergehen.

Es bewahrheitete sich die Vermutung, dass das ursprüngliche Zitat des antiken römischen Philosophen Seneca – „Non vitae, sed scholae discimus“ – („Nicht für das Leben, sondern für die Schule lernen wir“), mit dem er seine

Kritik an den zeitgenössischen römischen Philosophenschulen zum Ausdruck gebracht hatte, wohl doch eher zutraf als die später umgekehrte Deutung, wonach wir für das Leben und nicht für die Schule lernen würden. Zumindest meine eigenen Erfahrungen mit Schule bestätigen die Originalversion des Seneca-Zitats.

Unser erster Klassenlehrer war Herr Pohlmann, ein bereits älterer Mensch, beleibt, mit Glatze und Stiernacken, immer korrekt mit Anzug, Weste und Krawatte bekleidet. Seine hervorstechendste Eigenschaft war jedoch, dass für ihn die kleinen Schüler, die vor ihm saßen – willig, Bildung wie ein trockener Schwamm aufzusaugen –, eigentlich seine Feinde waren, die es in Schach zu halten galt, um sie in die für ihn richtigen pädagogischen Bahnen zu lenken. Das bedeutete, dass er in erster Linie unseren Willen brechen musste, um uns dann nach seinem Idealbild zu formen: widerspruchslose, angepasste Wesen, in deren Köpfe er das Füllhorn seiner pädagogischen Weisheiten entleeren konnte.

Die Klasse war groß – sicherlich wenigstens vierzig Schüler –, die Kinder waren halt Kinder, neugierig und mitteilungsbedürftig, nicht immer konzentriert und aufmerksam.

Das konnte natürlich nicht angehen, hier musste Abhilfe geschaffen werden! Das geeignete Mittel schien Lehrer Pohlmann die Einschüchterung durch lautes Brüllen und Rutenklopfen auf der Kathederumrandung und – bevorzugt – körperliche Züchtigung zu sein.

Bei der Einschulung am ersten Tag hatte es – der Bedeutung dieses Tages für die Erstklässler angemessen – eine

Schultüte der Eltern gegeben, aber weder eine Einschulungsfeier noch ein Liedchen oder ein Blümchen im Klassenzimmer, und schon gar nicht eine freundliche Willkommensansprache des Klassenlehrers. Nur bürokratischer Kleinkram: Namenslisten und Inspektion der Schulranzen, ob alle notwendigen Utensilien vorhanden waren.

Bereits am zweiten Schultag kam es zu einem Eklat, als Lehrer Pohlmann meinem Banknachbarn, der unaufmerksam gewesen war und geschwätzt hatte, in einem cholerischen Anfall so heftig mit der flachen Hand ins Gesicht schlug, dass dieser nicht nur aus der Bank hinauskatapultiert wurde, sondern danach – völlig verstört und weinend – einen seiner Milchzähne, der ihm bei dieser brutalen Aktion ausgeschlagen worden war, ungläubig schauend zwischen seinen Fingern hielt. Der Kommentar von Lehrer Pohlmann war lakonisch: „Schau nicht so, als hätte ich dir etwas Schlimmes angetan! Wer nicht hören will, muss fühlen! Das soll auch den anderen eine Lehre sein." Das war es dann wohl auch für uns, die wir diese Kindesmisshandlung tatenlos hatten mit ansehen müssen.

Bis zum Abschluss der ersten Klasse gingen wir nur mit Angst, Unbehagen und Unlust in diese Schule und zu diesem Lehrer. Welches Vergehen er mit seinem Tun an den jungen Kinderseelen angerichtet hatte, ist diesem Menschen wahrscheinlich nie klar geworden. Mit öffentlicher Belobigung für seinen unermüdlichen Einsatz für die Belange der Schule und der ihm anvertrauten Schüler wurde er wenig später in den „wohlverdienten Ruhestand" versetzt.

Bis heute begreife ich nicht, dass die Eltern des besonders betroffenen Jungen, aber auch die der anderen Schüler, gegen diesen Lehrer nichts unternommen haben. Seine Verfehlungen mussten ihnen aus den Erzählungen ihrer Kinder bekannt gewesen sein. Wahrscheinlich kam hier die den Lehrern an Elternsprechtagen gegebene Blankovollmacht („Fassen Sie meinen Sohn ruhig hart an, wenn er etwas angestellt hat. Er muss lernen zu gehorchen.“) zum Tragen. Außerdem galt generell das Motto: „Wenn du eine Abreibung bekommen hast, dann wird es wohl seine Richtigkeit gehabt haben.“ Wer dies hartnäckig leugnete, lief Gefahr, noch einen „Nachschlag“ zu erhalten. All das wäre heute undenkbar, damals steckte jedoch der Untertanengeist noch zu tief in den Köpfen.

Nach dem Abschluss des ersten Schuljahres zogen die Kinder um auf die andere Straßenseite in den Klassenraum für die zweite Klasse im Erdgeschoss des wuchtig aufragenden Gebäudes der Knabenschule, um dort ihre Bildung vervollkommnen zu lassen. Neben vielen unangenehmen Dingen hatten wir bei Lehrer Pohlmann zumindest Lesen, Schreiben und Rechnen gelernt. Er hatte damit dem – ihm von der Gesellschaft übertragenen – Bildungsauftrag ausreichend Genüge getan.

Das Klassenzimmer war ähnlich eingerichtet wie zuvor bei den Erstklässlern: hohes Lehrerkatheder, Bank-Pult-Kombinationen für die Schüler, Tafel, Kartenständer, ein Schrank mit Lehrutensilien für die Lehrkraft, ein Ofen für die kalte Jahreszeit.

In einer Ecke des Schulhofes befanden sich die Toiletten mit einer zusätzlichen, schwarz geteerten Pinkelrinne, die regelmäßig vom Hausmeister durchgespült wurde. Diese durfte während des Unterrichtes nur in dringenden Notfällen – angezeigt durch anhaltendes, aufgeregtes Fingerschnipsen – aufgesucht werden.

Das beeindruckend große dreigeschossige Schulgebäude, mit einer Unzahl von Fenstern und zwei wuchtigen zweiflügeligen Eingangstüren, machte uns Kinder zu Anfang beklommen, später legte sich dieses Gefühl mit fortschreitender Gewöhnung. Beim Ertönen der Klingel vor Unterrichtsbeginn mussten sich alle Schüler klassenweise vor den Toren aufstellen. Der „Lehrkörper“ inspizierte – auf und ab stolzierend wie Feldwebel vor ihrer Kompanie – seine jeweilige Klientel und sorgte mit scharfen Ermahnungen für die notwendige Disziplin vor dem Hereinlassen der Horde in den Bildungstempel. Einmal außer Sicht, raste die Meute dann laut schreiend los und quetschte sich mit Drängeln und Schubsen in die Klassenräume. Die älteren Schüler trieben es besonders toll, bis die gewaltige Stimmfülle des Rektors auf der Empore vor dem Lehrerzimmer ertönte und dem wüsten Treiben, das natürlich nicht geduldet werden konnte, Einhalt gebot.

In den Pausen wurde auf dem großen Schulhof gespielt: Nachlaufen mit Abschlagen und eine vereinfachte Version der „Reise nach Jerusalem“, genannt „Weggegangen, Platz vergangen“, außerdem das altbekannte Hüpfspiel „Himmel und Hölle“ und das Bolzen mit mitgebrachten leeren Blechdosen. Rangeleien gab es natürlich auch, weitergehende Aggressionen wurden durch die aufmerksam das gesamte Gewusel beobachtenden Aufsichtspersonen sofort mit energischen Zurufen, zur Not auch mit Ohrenziehen oder Wangenkneifen unterbunden.

Der Schulhof wurde in den regen- und frostfreien Jahreszeiten auch zum Schulsport genutzt: Wettrennen, Staffelläufe, Seilspringen, Tunnel- und Völkerball. Eine eigene Turnhalle gab es nicht, also auch nicht den traditionellen Schulsport mit Bodenturnen, Bockspringen, Reckturnen und Seil- oder Stangenklettern. Für mich – im Nachhinein betrachtet – eher angenehm, denn ich hasste diese Sportarten, als sie dann später an den anderen Schulen, die ich besuchte, unterrichtet wurden, aus tiefstem Herzen, obwohl ich eigentlich gar nicht so unsportlich war. Aber diese Art von sportlichen Übungen habe ich immer nur mit Drill und Quälerei assoziiert.

Für andere leichtathletische Übungen wurde der Sportplatz des örtlichen Sportvereins „TuS Lohne“ mit Laufbahn und Sprunggrube genutzt. Hier fanden dann auch die jährlichen Bundesjugendspiele – gleichfalls für die Mädchen – statt. Im Winter fiel der Sportunterricht aus.

Wenn wir Zweitklässler gehofft hatten, dass nach dem Ende unserer Leidenszeit im ersten Schuljahr nun bessere Zeiten anbrechen würden, so hatten wir uns getäuscht: Wir kamen vom Regen in die Traufe.

Unsere neue Klassenlehrerin war Frau Habeck, eine ältere verwitwete Frau, deren Mann bei der Flucht aus Schlesien ums Leben gekommen war. Ihr gelang es, den rettenden Westen zu erreichen. Vermutlich war sie wegen dieses harten Schicksals unduldsam und verbittert geworden. Wir Schüler bekamen das zu spüren: Sie führte ein erbarmungsloses Regiment mit Gehorsam und Unterordnung. Wer sich widersetzte, bekam eine spezielle Art der Züchtigung zu spüren. „Vortreten! Hände ausstrecken, Handflächen nach oben! Still halten!" Und dann kam der energisch geführte Schlag mit dem hölzernen Lineal auf die Fingerspitzen. Das tat höllisch weh! Wer nicht die Nerven hatte still zu halten, und die Hände wegzog, bekam die doppelte Ration.

Im Übrigen beherrschte sie das Handwerkliche ihres Berufes und brachte uns weiterhin Lesen, Schreiben und Rechnen bei. Wir eingeschüchterten kleinen Wesen wussten das jedoch nicht richtig zu schätzen und hatten nur Angst vor ihr. Dennoch schritt die Vervollkommnung unserer Bildung zügig und gnadenlos voran.

Im dritten Schuljahr geschah dann das Wunder: Wir bekamen einen wirklichen Pädagogen als Klassenlehrer. Herr Arendt, Anfang dreißig, fesch aussehend und sportlich, trug weder Anzug noch Krawatte, sondern weite Hosen mit modischem Gürtel, offene Hemden mit „Schillerkragen" und lockere Jacketts. Damit unterschied er sich bereits äußerlich von seinen stocksteifen Kollegen.

Offenbar hatte er in seiner Lehrerausbildung etwas von den alternativen Konzepten der Reformpädagogik mitbekommen, die ja bereits in der Weimarer Republik entwickelt worden waren und nun – nach der brutalen „Volk-und-Führer-Pädagogik" der Nationalsozialisten – in den didaktischen und methodischen Konzeptionen der neuen Republik wieder zunehmend Anhänger fanden. Dies beschränkte sich allerdings vorwiegend auf den universitären Bereich, fand nur bedingt Eingang in die Lehrerausbildung und noch weniger in die konkrete Schulwirklichkeit.

Lehrer Arendt gehörte zu den Ausnahmen. Er bemühte sich, neue Ideen in den Unterricht einzubringen: Eine Erzählstunde zum Wochenbeginn; zweimal in der Woche eine Vorlesestunde; Ansätze von Freiarbeit und Gruppenunterricht; selbstständiges Arbeiten mit Nachbarhilfe. Es gab keinerlei körperliche Züchtigungen, nur Ermahnungen, allerhöchstens Verwarnungen. Auch wenige schriftliche Tadel, die im Klassenbuch vermerkt werden mussten, weil er offenbar mitbekommen hatte, welche schlimmen Folgen dies für die betroffenen Schüler haben würde, die dann beim Rektor antreten mussten. Das wollte er uns ersparen. Er appellierte an unsere Einsicht.

In den Vorlesestunden las er uns aus Mark Twains „Tom Sawyer“ vor. Da ich „Huckleberry Finn“ bereits kannte, war dies für mich eine herrliche Fortsetzung meiner Fantasiereisen in die Welt der Bücher. Ich war dann auch derjenige, der bei Störungen lautstark protestierte. Auch andere lesebegeisterte Schüler unterstützten mich dabei. So mussten die notorischen Störenfriede irgendwann klein beigeben.

Wir Kinder, die bis dahin nur die brutalen Disziplinierungsaktionen unserer beiden ersten Lehrpersonen kennengelernt hatten, waren natürlich durch diesen völlig anderen Führungsstil stark verunsichert, empfanden das milde Verhalten unseres Lehrers als Schwäche und nutzten diese für uns neue Situation weidlich aus. Unterrichtsstörungen – besonders durch die altbekannten Rabauken – waren an der Tagesordnung. Auch die eher ruhigen Schüler, die den Lehrer mochten, nahmen unter dem Zwang des Gruppendrucks an diesen Aktionen teil.

Die Folge waren anhaltende Disziplinprobleme, die natürlich nicht verborgen blieben und zu einem schweren Stand dieses Lehrers im Kollegium führten. Zusätzlich gab es Anfeindungen vonseiten der Eltern, die auch der Schulleitung angetragen wurden. („Der hat ja seine Klasse überhaupt nicht im Griff! Sein Unterricht ist ein einziges Chaos!“) Dass Lehrer Arendt seiner Verpflichtung zum ordnungsgemäßen Unterrichten – nur eben auf seine Art – dennoch weitgehend fehlerfrei nachkam und uns viel beibrachte, beweisen meine alten Grundschulzeugnisse aus jener Zeit, in denen ausschließlich gute Leistungen vermerkt sind.

Die meisten Schüler nahmen den Unterrichtsstil dieses Lehrers als wohltuend wahr, vor allem, weil jede Art der Repression fehlte. Wir gingen seitdem wieder gerne zur Schule. Weder Lehrerkollegen noch Eltern waren in der Lage, dies zu erkennen, und beharrten auf ihrem Standpunkt: „An erster Stelle stehen Zucht und Ordnung!“

Im zweiten Halbjahr dieses dritten Schuljahres verließ ich vorübergehend die Schule und damit auch Lehrer Arendt. Grund dafür war die schwere Erkrankung meiner Mutter, die dazu führte, dass sie neun Monate für die Kindererziehung ausfiel. Wir beiden Kinder – meine dreijährige Schwester Marianne und ich mit neun Jahren – erlebten danach eine wirkliche Odyssee, von der später noch zu berichten sein wird.

Als ich dann im vierten Schuljahr in die Grundschule in Lohne zurückkehrte, musste ich erfahren, dass Lehrer Arendt zwischenzeitlich an eine andere Schule versetzt worden war. Die Arbeit des ersten und einzigen guten Pädagogen, der mir in meinem bisherigen Schülerdasein begegnet war, wurde damit abrupt beendet. Die Hardliner hatten sich durchgesetzt! Ich war damals sehr traurig darüber. Noch heute denke ich manchmal mit Wehmut an diesen Lehrer, der mir so viel gegeben hat. Wie mag sein weiterer Lebensweg wohl verlaufen sein?

Unser neuer Lehrer in der vierten Klasse war Herr Halfmann. An diesen habe ich so gut wie keine Erinnerungen. Offensichtlich ist er mir weder durch ein schülergerechtes Unterrichten noch durch besondere Brutalität bei Strafaktionen aufgefallen. Immerhin etwas!

Zwischenzeitlich wurden wir immer wieder bei Erkrankungen von Lehrpersonen vom Rektor der Schule, Herrn Bokelfort, unterrichtet. Vor diesem Menschen hatten wir eine höllische Angst, nicht nur, weil er – wie seine Kollegen – mit harter Hand regierte. Uns allen war die Strafaktion dieses Pädagogen gegen unseren Mitschüler Manfred Tegthoff unvergessen in Erinnerung. Manfred war mein Freund, Sohn einer alleinerziehenden berufstätigen Mutter – ein sogenanntes „Schlüsselkind" also –, sodass ich bei meinen nachmittäglichen Besuchen in ihrer kleinen Dachgeschosswohnung ausreichend Zeit hatte, mit ihm völlig unbeaufsichtigt zu spielen. Bei diesen Gelegenheiten las er mir ab und zu aus den Liebesromanen, die seine Mutter bevorzugte, vor. Bis heute in Erinnerung geblieben ist mir ein Satz aus einer dieser Schmonzetten: „Sie bot ihm ihre alabasterweißen Brüste dar, und er berührte diese mit zitternden Fingern voller Verlangen …" Manchmal lieh er mir aus seiner umfangreichen Sammlung von Westernheften einen „Tom Prox" oder „Jerry Jenkins" aus.

Diese Lektüre konnte ich dann abends zu Hause nur versteckt unter der Bettdecke im funzeligen Schein einer Taschenlampe konsumieren. Dabei durfte ich mich natürlich nicht erwischen lassen, um der Konfiszierung dieser „Schundromane" und weiteren Strafmaßnahmen zu entgehen.

Irgendwann war Manfred bei einem Ladendiebstahl erwischt worden. Ein Taschenmesser hatte er gestohlen, auf das er schon lange ein Auge geworfen hatte, aber nicht ehrlich erwerben konnte, weil er nicht genügend Geld hatte. Dieser Frevel war der Schulleitung gemeldet worden und kurz darauf stand Rektor Bokelfort in der Tür des Klassenraumes und forderte Manfred auf, ihm zu folgen. Dieser Aufforderung kam er – kreideweiß im Gesicht – nach. Er wusste, was ihn erwartete. Einige Zeit vernahm man nichts außer einem metallischen Geräusch, das darauf schließen ließ, dass die beiden großen Eingangstore verschlossen wurden. Dann setzte urplötzlich das Gebrüll, das Klatschen der Schläge und das Angst- und Schmerzgeschrei von Manfred ein. Wir hörten, wie der Rektor unbarmherzig den kleinen Jungen, der keinerlei Fluchtweg fand, die Treppen des Schulgebäudes hinauf- und herunterhetzte. Zum Schluss war nur noch ein leises Wimmern zu hören.

Danach schleppte sich mein Freund, weinend, verstört und voller blauer Striemen auf Armen und Oberschenkeln, in den Klassenraum, wo ihn der Lehrer aufforderte, wieder in seiner Bank Platz zu nehmen. Dabei verlor er kein Wort des Mitgefühls, geschweige denn eine tröstende Geste. Es handelte sich ja um einen Dieb, der zwar keinen wirklichen Schaden angerichtet hatte – es war bei einem Diebstahlsversuch geblieben, denn das gestohlene Messer war ihm sofort nach der Entdeckung der Tat wieder abgenommen worden –, aber er hatte sich gegen die anerkannten Regeln der Gesellschaft und das göttliche Gebot schwer vergangen, und das konnte natürlich auch durch die Schule und ihre selbst ernannten Tugendwächter nicht straflos hingenommen werden. Insofern hatte aus ihrer Sicht diese Strafaktion ihre Rechtfertigung gehabt. Auch diese Untat eines Pädagogen wurde nie angezeigt oder geahndet. „Business as usual!“

Ich verließ die Grundschule zu Ostern 1958, damals knapp elf Jahre alt. Offensichtlich war ich – trotz der geschilderten Erziehungsmethoden und ohne wirkliche Unterstützung durch meine Eltern in schulischen Dingen – ein fleißiger Schüler gewesen: Verhalten und Mitarbeit immer mit „gut“ bewertet, die Lernfächer durchweg auch mit „gut“. Über meine seelischen Beschädigungen während dieser vier langen Jahre gaben diese Zeugnisse natürlich keine Auskunft. Solche Dinge lagen nicht im Fokus der damaligen Pädagogen.

So kam es, dass ich nach dem Abschluss der Grundschule eine Empfehlung für die „Mittelschule für Jungen“ in Lohne bekam. Ich besuchte zunächst die fünfte Klasse dieser Schule, die als Probezeit gedacht war. Im Halbjahreszeugnis dieser Jahrgangsstufe – diesmal nicht nur alles mit „gut“ bewertet, sondern auch mit einigen „befriedigend“ – war vermerkt: „Jürgen ist aufgenommen.“ Somit war ich nun also ein Realschüler und entsprechend stolz auf diesen neuen Status.

Der Fächerkanon umfasste neben den üblichen Lernfächern auch Englisch, Erdkunde und Biologie. Die Noten, die ich an dieser neuen Schulart erreichen konnte, waren auch hier in Verhalten und Mitarbeit „gut“ – offenbar machte mir das Lernen immer noch Spaß –, in den übrigen Fächern gab es aber doch eine leichte Verschlechterung der Noten: in den Haupt- und Nebenfächern erreichte ich wie bisher fast nur „gut“ und „befriedigend“, aber auch schon mal ein „Ausreichend“, nie ein „Ungenügend“.

Diese Verschlechterung der Leistungen war jedoch nicht ungewöhnlich wegen der Fülle der neuen Fächer und der gestiegenen Leistungsanforderungen. Hinzu kam, dass ich so gut wie keine Unterstützung bei den Hausaufgaben durch meine Eltern hatte, die aufgrund ihres mangelnden Wissens mir keine wirkliche Hilfe sein konnten.

Die neue Schule hatte eine erheblich andere Qualität als die Volksschule: ein neues Gebäude mit einem großen Spiel- und Pausenhof und einer angegliederten Sporthalle; eine moderne Ausstattung der Klassenräume und ein

Physik- und Chemiesaal für die höheren Klassenstufen. Es gab neben Englisch als erster auch Französisch als zweite Fremdsprache. Die Anforderungen waren deutlich erhöht. Das Lernklima war schülergerecht und ich konnte recht gut mithalten. Vor allem gab es keine Repressionen durch körperliche Züchtigungen, stattdessen aber den Eintrag eines Tadels ins Klassenbuch und die anschließende Benachrichtigung der Eltern. Die Folgen waren dann auch nicht gerade angenehm.

Zu Ostern 1960 wurde ich in die siebte Klasse versetzt. Diese verließ ich mit Beginn der Sommerferien, weil danach unser Weggang von Lohne und der Umzug unserer Familie an den Niederrhein erfolgten.

Nach den Ferien wurde ich am „Neusprachlichen Gymnasium" in Goch – zwölf Kilometer von unserem neuen Wohnort Kalkar entfernt – erneut in die siebte Klasse, die nun „Quarta" genannt wurde, eingeschult. Über diese dritte Phase meines Durchmarsches durch das bundesdeutsche Bildungssystem wird später zu berichten sein.

Zwischenruf: Auch in Dorfschulen können Kinder lernen

Alle Kinder des Hofes gingen im nahe gelegenen Feldhausen zur Schule, zusammen mit den übrigen Kindern des kleinen Dorfes. Es waren insgesamt – quer durch alle Jahrgänge von der ersten bis zur achten Klasse – vielleicht vierzig, fünfzig Kinder. Diese wurden von Hauptlehrer Stukenhorst, einem schon älteren Dorfschullehrer, gemeinsam im großen Unterrichtssaal der Zwergschule unterrichtet, die Klassen 1 bis 4 vorn sitzend, die größeren Kinder der Klassenstufen 5 bis 8 an Pulten im Hintergrund des Schulraumes.

Der Lehrer wohnte mit seiner Frau und seinen beiden Kindern in der darüberliegenden Etage. Neben seiner kargen, aber gesicherten Entlohnung und der kostenfreien Dienstwohnung gehörte noch ein großer Garten – den er im Rahmen des Naturkundeunterrichts von den älteren Schülerinnen und Schülern unter der Leitung seiner Ehefrau bearbeiten ließ – zu den Privilegien seines Berufes. Im Gegenzug für die Erleichterung bei der Gartenarbeit durch die Kinder, die sicherlich durch diese Betätigung mehr lernten als aus jedem Lehrbuch – „learning by doing“ –, übernahm sie dann den Handarbeitsunterricht der Mädchen, offiziell als schlecht bezahlte pädagogische Hilfskraft des Lehrers. Schon damals bemühte sich der Staat, bei der Bezahlung seines Personals zu sparen.

Jungen und Mädchen wurden gemeinsam unterrichtet, auch im Schulsport auf dem Schulhof. Der Religionsunterricht war unproblematisch: Ausnahmslos alle Schülerinnen und Schüler waren katholisch. Sie wurden vom Pfarrer aus dem nahe gelegenen Bakum in der Gottesfurcht und der Notwendigkeit zum Gehorsam gegenüber der Obrigkeit unterwiesen, zu der er sich selbst natürlich auch zählte. Lehrer Stukenhorst hatte solche Tricks nicht nötig. Seine Schüler respektierten ihn fraglos, weil er ein guter Pädagoge war, der sich jedoch in Konfliktsituationen auch ohne Wenn und Aber durchsetzen konnte.

Im Musikunterricht wurde gemeinsam gesungen, vom Lehrer auf der Gitarre begleitet, manchmal auch mit dem Einsatz von orffschen Musikinstrumenten. Einmal in der Woche gab es eine Schönschreibstunde.

Die älteren Schüler mussten bereits morgens um halb acht erscheinen und bis um Viertel nach eins bleiben. Die Klassen 1 bis 4 kamen später und wurden bis zum Schulschluss unterrichtet. Damit war gewährleistet, dass die oberen Jahrgangsstufen während der ersten beiden Stunden allein und nicht gestört von den Grundschülern intensiver unterrichtet werden konnten. Danach konnten auf diese Weise die älteren den jüngeren Schülern in den sich daran anschließenden vier Unterrichtsstunden helfen.

Im Schulsaal vorn war in einer Ecke das hohe Katheder aufgebaut, das dem Lehrer die Übersicht über die vor ihm arbeitenden Schützlinge ermöglichte. In der anderen Ecke stand der Ofen für die kalte Jahreszeit, mit etwas Abstand davon der Schrank mit den Büchern und den sonstigen Lehrutensilien. Den gesamten Platz an der Stirnwand nahm die große verschiebbare Tafel ein, die auf der Vorderseite die Linien für die zu erlernende Schreibschrift für die beiden Anfangsklassen hatte und auf der Rückseite die geraden Linien für die Texte, die der Lehrer anschrieb und die dann von den älteren Jahrgängen mit Bleistift oder Federhaltern mit Tinte in ihre Hefte übertragen werden mussten. Die jüngeren Schüler schrieben noch mit Griffeln auf Schiefertafeln. An der Seite baumelte das Schwämmchen zum Auswischen der Krakelschrift. An den beiden Seiten der großen Tafel gab es noch jeweils eine kleinere Klapptafel mit Kästchen für die Rechenaufgaben.

An der Wand der Stirnseite das Alphabet in Druck- und Schreibschrift; daneben das Schaubild für die einfachen Rechenoperationen. Weiterhin die Landkarte der Bundesrepublik Deutschland, daran angrenzend die Umrisse der „SBZ“ und der „Gebiete z. Zt. unter polnischer und sowjetischer Verwaltung“.

Ringsum – an Bindfäden aufgehängt – die selbst gemalten Kinderbilder aus dem Kunstunterricht.

In der Mitte der Stirnwand das Kruzifix, vor dem jeden Morgen – nach der Begrüßung des Lehrers – stehend das Morgengebet gesprochen wurde.

Die ganze Meute saß in kombinierten Bank-Pult-Konstruktionen aus Holz. Die Jüngeren hatten darin ausreichend Platz, für die Älteren wurde es schon enger, die beiden letzten Jahrgänge hatten geräumigere Bänke.

Die Pulte hatten eine leicht geneigte Schreibfläche, die aufgeklappt werden konnte und Platz für die Unterrichtsutensilien bot, die nicht täglich in den mitgeführten ledernen Tornistern mit nach Hause genommen werden mussten. Oben in den Bänken waren kreisrunde Öffnungen eingefräst, welche die Tintenfässer aufnahmen, die regelmäßig von einem der älteren Schüler aus einem großen Tintenbehälter mithilfe eines kleinen Trichters aufgefüllt wurden.

Hauptlehrer Stukenhorst war ein altgedienter Pädagoge, der sein Handwerk verstand. Dazu gehörte in erster Linie die Organisation des Unterrichtens derart vieler Kinder, dazu noch aus verschiedenen Klassenstufen. Heute fragt man sich, wie die damaligen Dorfschullehrer das schafften, ohne im Chaos zu versinken. Dies war bereits eine Leistung an sich, und nur arrogante Ignoranten sind imstande, dies nicht anzuerkennen und die Dorfschullehrer als „steißtrommelnde Relikte" aus einer längst überlebten Epoche zu diskreditieren. In Deutschland gab es auf dem Lande diese Schulen noch bis in die Sechzigerjahre des vergangenen Jahrhunderts, bevor sie dann nach und nach durch die nun in dichter Folge durchgeführten Schulreformen abgeschafft wurden.

Ein letztes, fast vergessenes Überbleibsel dieser ehemaligen Schulform sind die „Inselschulen" auf den nordfriesischen Halligen, in deren Grundschulen die Lehrerinnen und Lehrer vor dem Problem stehen, dass sie nicht zu viele, sondern zu wenige Schüler in ihren Klassen haben. Vier bis sechs Kinder aller Jahrgangsstufen sind dort nicht die Ausnahme und erlauben eine optimale Förderung. Reportagen machen deutlich, dass auf diesen Inselzwergschulen nicht nur die Schüler, sondern auch die Lehrer glücklich sind.

Eine der Voraussetzungen, damit das ausgeklügelte System dieser Schulart überhaupt funktionieren konnte, war das Durchsetzen einer strengen Arbeitsdisziplin ohne Wenn und Aber. Unterrichtsstörungen, wie sie an unseren heutigen Schulen in zunehmenden Maße auftreten, waren nicht geduldet und wurden sofort unterbunden. Stukenhorst muss ein guter Lehrer gewesen sein, denn seine Schüler respektierten ihn, ohne vor ihm zu kuschen. Nur wenn es absolut unumgänglich war, setzte er seine Machtposition ein. Die Stimme konnte dann sehr laut werden, der Zeigestab knallte auf das Pult, um den Anweisungen Nachdruck zu verleihen.

Nur ein einziges Mal habe ich es erlebt, dass einer der Renitenten – immer nur Jungen – vortreten musste, um mit vorgebeugtem Oberkörper ein, zwei Schläge mit dem langen Lineal auf den durch die Lederhosen gut geschützten Allerwertesten zu empfangen. Die harmlosen Hiebe waren auch eher symbolisch gemeint und der so Bestrafte schlich mit schamrotem Kopf wieder in seine Bank zurück. Weitere Sanktionen waren nicht erforderlich. Auch Konsultationen mit den Eltern dieser Schüler waren entbehrlich, da die Erziehungsberechtigten dem Lehrer freie Hand bei der Auswahl der von ihm genutzten pädagogischen Mittel gaben. („Geeven Sei hem man ordentlich wat achtern drop, wenn hej nich pareeren will!“)

Lehrer Stukenhorst nutzte diesen Freibrief nicht aus. Die von ihm angewandten moderaten Maßnahmen waren völlig ausreichend. Zu schweren körperlichen Züchtigungen ist es nie gekommen, ganz im Gegensatz zu den Verhältnissen in der Grundschule, die ich in Lohne besuchte.

Bei der Unterrichtsorganisation ging der Lehrer nach einem einfachen, aber genialen System vor: Er kümmerte sich besonders um die Erstklässler, die ja noch das Lesen, Schreiben und Rechnen erlernen mussten. Im zweiten Schuljahr wurden die Aufwendungen, um dieses Ziel zu erreichen, geringer. Dann waren auch schon die Dritt- und Viertklässler in der Lage, ihren jüngeren Kameraden zu helfen. Die übrigen Altersstufen wurden mit Aufgaben von der Tafel oder aus dem Lehrbuch versorgt und mussten selbstständig arbeiten.

Das zweite Standbein war das pädagogische Prinzip „Der Ältere hilft dem Jüngeren, der Bessere dem Schwächeren“. Und so unglaublich es klingen mag: Dieses System funktionierte! Die Kinder lernten all das, was der Lehrplan forderte. Die einen mehr, die anderen weniger, wie in allen Schulen dieser Welt.

Ein weiterer unschätzbarer Vorzug dieser ja eigentlich aus der Not geborenen Form der Unterrichtsorganisation war, dass die Kinder schon sehr früh das lernten, was in modernen didaktisch-methodischen Konzepten das Prinzip der „Selbsttätigkeit“ und des „sozialen Lernens“ genannt wird.

Vielleicht sollte man für diese oft verspottete Schulform und die Dorfschullehrer, die nach diesen Prinzipien in ihren Zwergschulen lehrten, eine Ehrenrettung in Form einer öffentlichen Anerkennung in Erwägung ziehen. Dabei ist es natürlich klar, dass kein moderner Pädagoge zur Zwergschule zurück will. Die Welt – auch die der Kinder – hat sich in den vergangenen Jahrzehnten dramatisch verändert. Aber vielleicht sind ja doch einige Elemente dieser vergangenen Schulform auch für die heutige Pädagogik nutzbar.

Die geschilderten schulischen Zustände in den ländlichen Zwergschulen kann ich deshalb beurteilen, weil ich als Kind von meinem Vetter Jan und den schulpflichtigen Cousinen in die Schule mitgenommen wurde und mit seiner Erlaubnis als Gast im Unterricht von Lehrer Stukenhorst dabei sein durfte. Das war immer dann möglich, wenn ich wegen Krankheit die Volksschule in Lohne nicht besuchen konnte und meine Mutter mir erlaubte, diese Zeit auf dem Hof in Daren zu verbringen.

Vetter Jan und seine Schwestern haben alle ohne Sitzenbleiben den Volksschulabschluss erreicht und später ehrenwerte Berufe erlernt: Kraftfahrer, Krankenschwester und Erzieherin. Christina war lange Zeit als Arzthelferin beschäftigt, hat sich dann selbstständig gemacht und betreibt noch heute zusammen mit ihrem Mann eine gut gehende Gastwirtschaft in der Nähe von Vechta.

Man sieht: Auch die Dorfschule der vergangenen Zeit war in der Lage, den Anforderungen der Gesellschaft nach elementarer Bildung gerecht zu werden. Nach den vielen Klagen heutiger gesellschaftlicher Institutionen, insbesondere der Wirtschaft, über die mangelnden Fähigkeiten ihrer Auszubildenden, die schulischen Voraussetzungen für eine berufliche Qualifikation in ausreichendem Maß zu erwerben, kommt es mir hin und wieder in den Sinn, über die „Errungenschaften“ unseres derzeitigen Bildungssystems kritisch nachzudenken.

Die Vertreibung aus dem Paradies: Der Niedergang eines Bauernhofes

Nachdem Onkel Oskar aus Geldmangel kein festes Personal mehr beschäftigen konnte, war er ständig gezwungen, immer wieder Hilfskräfte wochen-, manchmal auch nur tageweise einzustellen. Das waren meistens die in der Nähe wohnenden Flüchtlinge und Vertriebenen, die ihre Arbeitskraft für kleines Geld, manchmal auch nur für Naturalien an ihn verdingten. Sie waren Tagelöhner, die nur bei Bedarf angefordert wurden. Nachdem auch für diese die Zeiten besser geworden waren und sie feste, besser bezahlte Anstellungen anderweitig gefunden hatten, war Onkel Oskar nun weitgehend nur auf seine eigene Arbeitskraft angewiesen.

Da er inzwischen auch in die Jahre gekommen war und nicht mehr so leistungsfähig wie früher, war er zunehmend auf die regelmäßige Mitarbeit seines ältesten Sohnes, meines Vetters Jan, angewiesen. In der Zeit, als dieser noch Schüler war, musste er bereits vielfältige Aufgaben bei der Feldarbeit verrichten. Nach dem Ende seiner Schulzeit – mit fünfzehn, sechzehn Jahren – versuchte Oskar, ihn immer mehr in die Hofarbeit einzubinden. („Du bist mein einziger Sohn und wirst später Hoferbe sein. Also streng dich an!“)

Jan hatte aber schnell gemerkt, dass die Arbeit sehr schwer war und zudem so gut wie gar nicht entlohnt wurde. („Wat, du wullt ook noch Geld hebben?“) Hoferbe zu werden, war für ihn keine attraktive Zukunftsperspektive und er verdingte sich bald als Kraftfahrer – zunächst zur Aushilfe, später in Festanstellung – bei dem örtlichen Baustoffhändler in der Kreisstadt.

Onkel Oskar stand nun allein da, nur noch selten waren Hilfskräfte auf dem Hof zu sehen. Der schweren Arbeit, die er jetzt ohne Helfer ausführen musste, war er auf die Dauer nicht gewachsen, weil nun auch gesundheitliche Probleme bei ihm dazukamen. Die Folge war, dass Teile der Ländereien nicht mehr bewirtschaftet wurden und verwilderten, was unangenehme Diskussionen mit dem Baron, der die Bewirtschaftungspflicht einforderte, nach sich zog. Aus alter Verbundenheit – vielleicht auch, weil die Rechtslage bei dem Erbpachtvertrag auf Lebenszeit, dessen Übertragung auf Oskar er nach dem Tode von Hinnerk genehmigt hatte, unklar war – verzichtete er auf eine Kündigung und ließ die Familie weiterwursteln.

Den beginnenden Niedergang des Hofes sah man an allen Ecken und Enden: Notwendige bauliche Reparaturen wurden nicht mehr ausgeführt, kleinere Nebengebäude verfielen. Der Viehbestand wurde drastisch reduziert und damit verbunden auch die Ackeranteile zum Anbau der Futtermittel.

Was der Familie das Überleben sicherstellte, waren die Einkünfte aus der Gastwirtschaft, die nach wie vor gut lief. Die Kundschaft bestand wie zuvor immer noch aus Stammgästen, die schon seit Jahren, ja Jahrzehnten in das „Storchennest“ kamen und zum Teil beachtliche Zechen machten. Die inzwischen anachronistisch anmutende Ausstattung der Dorfwirtschaft störte diese Menschen nicht. Eher im Gegenteil: Man hatte den Eindruck, dass sie selbst zu lebenden Anachronismen geworden waren. Die Umgebung, so wie sie war, war ihnen bekannt und vertraut, hier fühlten sie sich wohl. Eine veränderte, modernisierte Ausstattung hätte da nur gestört.

Tante Trude, die inzwischen auch größere gesundheitliche Probleme hatte, war der vielfältigen Hausarbeit kaum noch gewachsen. Ihre Töchter hatten nach und nach das Haus verlassen, um zu heiraten und ein eigenständiges Leben zu beginnen. Zum Schluss hatte sie nur noch eine treue Seele an ihrer Seite. Das war Roswitha, eine Flüchtlingswaise, die bereits seit Kriegsende auf dem Hof lebte und wie ein eigenes Kind behandelt wurde. Sie half Tante Trude bei der Hausarbeit, beim Waschen und Bügeln. Vor allem war sie beschlagen im Nähen und sorgte dafür, dass die Familienangehörigen immer ordentlich gekleidet waren.

Als sie dann, schon ein wenig älter, einen Mann fand und diesen dann auch bald heiratete, war sie nicht mehr in der Lage, ihre Arbeitskraft wie zuvor einzubringen. Ab und zu kam sie noch, um zu helfen, danach schlief auch das ein.

Als Oskar dann schwer erkrankte, wurden die landwirtschaftlichen Arbeiten ganz eingestellt. Das Milchvieh und die Schweine mussten verkauft werden. Das Geflügel diente noch der Aufbesserung des Speiseplanes, neues wurde nicht mehr angeschafft. Die Hunde waren zwischenzeitlich gestorben, nur die Katzen mit ihrem nie versagenden Nachwuchs blieben dem Hof treu.

Das Schlimmste war der nicht zu vermeidende Verkauf der beiden Pferde, die ihr Gnadenbrot, das Oskar ihnen versprochen hatte, nur knapp zwei Jahre lang genießen konnten. Onkel Oskar – so wurde berichtet – konnte sich von seinen Lieblingstieren nicht trennen und war völlig aufgelöst, als Lotte und Schwatter im Transporter des Pferdemetzgers zu ihrer letzten Reise abgeholt wurden.

Tante Trude schaffte es nur noch mühsam, den klein gewordenen Haushalt einigermaßen in Schuss zu halten. Ihre Kinder besuchten sie regelmäßig und halfen bei der Hausarbeit, ebenso wie an den Wochenenden in der Gastwirtschaft. Neben den geringer werdenden Einkünften aus dem „Storchennest“ halfen die Kinder, so gut sie konnten, mit zugeschossenem Geld aus.

Als dann die Haake-Beck-Brauerei ihre Lieferungen wegen unbezahlter Rechnungen einstellte, war das unwiderrufliche Ende des Hofes gekommen.

Oskar und Trude übersiedelten zu ihrer jüngsten Tochter Helene – inzwischen auch verheiratet und mit einem Kind –, die ein ausreichend großes Haus in der Kreisstadt besaß. Einige der schönen alten Möbel des Hofes konnten mitgenommen und im neuen Zuhause wieder aufgestellt werden, vieles wurde an die Geschwister verteilt oder anderweitig verkauft. Der Rest musste schweren Herzens entsorgt werden.

Helene und ihr Ehemann waren beide berufstätig und somit finanziell recht gut gestellt. Oskar und Trude konnten nur ihre schmalen Kleinstrenten beisteuern. Sie hatten – wie die meisten selbstständigen Landwirte und ihre Ehefrauen – nicht ausreichend oder gar nicht „geklebt“, das Hofeigentum sollte ihre Alterssicherung sein. Dennoch hatten sie bis an das Ende ihres Lebens ein zufriedenstellendes Auskommen.

Beide trauerten sehr ihrem Hof und der damit verbundenen Lebensweise nach, besonders Onkel Oskar. Er starb mit achtzig, Tante Trude ein paar Jahre später, auch ungefähr in diesem Alter.

Nach der Aufgabe des Hofes wurde der Pachtvertrag beidseitig gekündigt. Der Baron stellte wegen des desolaten Zustandes des Hofes keine Regressansprüche. Bereits vier Wochen später rückten die Bagger an und die Hofgebäude wurden allesamt abgerissen, die museumsreifen landwirtschaftlichen Geräte an Schrotthändler oder Trödler verkauft.

Das unrühmliche und gleichzeitig traurige Ende einer stolzen bäuerlichen Tradition von drei Generationen war besiegelt. Nur die Bäke – inzwischen im Rahmen der Flurbereinigung, der auch unsere Badestelle zum Opfer gefallen war, begradigt – nahm weiterhin ihren – nun allerdings nicht mehr plätschernden – Lauf.

Vom fortschreitenden Niedergang des Hofes nahm ich nur am Rande Kenntnis, da unsere Familie nach dem Umzug an den Niederrhein nur noch selten in Daren war. Meine Schwester, die in diesem Zeitraum die Pflegevorschule im Rahmen ihrer Ausbildung zur Krankenschwester in Vechta absolvierte, war noch regelmäßig bei Oskar und Trude auf dem Hof.

Ich besuchte hin und wieder die beiden in der Zeit, als ich als Marinesoldat in Wilhelmshaven stationiert war, wenn ich mit meiner schweren BMW-Maschine auf dem Weg nach Kalkar während eines Heimaturlaubs an dem Hof vorbeikam.

Mein Vetter Jan und meine Cousinen leben alle noch, mit Ausnahme der zweitältesten Cousine Emma, die bereits früh an Krebs verstarb. Mit allen habe ich bei sporadisch stattfindenden Familienfeiern und durch den regelmäßigen Austausch von Weihnachtskarten weiterhin Kontakt.

Meine Mutter hat den Untergang ihres Elternhauses nur schwer verkraftet. Bis zum Schluss war dies die Ursache ihres fortdauernden Zerwürfnisses mit ihrem Bruder Oskar, dem sie die alleinige Schuld an dem Zustandekommen dieser Situation zuwies.

In unserer Familie habe vielleicht ich am intensivsten unter dem Verschwinden unseres ehemaligen Kinderparadieses gelitten. Noch heute blutet mir das Herz, wenn ich bei meinen Besuchen in Vechta an den immer noch erkennbaren Umrissen des ehemaligen Hofgeländes vorbeifahre.

„Kindheit, oh süße Kindheit! Wohin bist du entschwunden?“ Solche oder ähnliche nostalgische Gefühle kommen dann in mir hoch, obwohl große Teile meiner bewegten Kindheit nicht „süß“ waren. Die Fähigkeit des Menschen, Unangenehmes zu verdrängen und sich nur an das Positive zu erinnern, ist eine erstaunliche Eigenschaft und vielleicht auch in den meisten Fällen zur Lebensbewältigung ganz hilfreich. Wie dem auch sei, die Erinnerung an diese schönste Zeit meiner Kindheit wird immer bleiben.

Kinderspiele (III)

Auf dem Programm der beliebten Kinderspiele stand eine Weile auch das Rollschuhlaufen. Vater hatte für billiges Geld ein Paar Rollschuhe von einem Arbeitskollegen, dessen Kinder aus den verstellbaren Größen der Sportgeräte herausgewachsen waren, erstanden und mir geschenkt. Die Befestigungstechnik war die gleiche wie bei den Schlittschuhen. Auch hier konnten Absätze abbrechen und Sohlen herausreißen, wenn die Spannlaschen nicht mit Riemen gesichert waren.

Das war aber nicht das eigentliche Problem: Während ich auf den Schlittschuhen absolut sicher fuhr – Spurten, Ausweichen, Bremsen –, fühlte ich mich auf den Rollschuhen völlig hilflos und wankte führungslos hin und her, einem schweren Sturz immer nahe. Das Bremsen klappte nicht, was Kollisionen mit anderen Läufern zur Folge hatte mit blutenden Ellenbogen und Knien. Bald wollten dann auch die übrigen Kinder mich nicht mehr an ihrem Spiel teilnehmen lassen. („Lerne erst mal, wie man richtig Rollschuh läuft!“)

Danach hatte ich die Nase von dieser Sportart voll und die Rollschuhe landeten in irgendeiner Ecke, was bei dem ansonsten absoluten Mangel an sonstigem Spielzeug schon erstaunlich war. Irgendwann wurden sie nach schweren Vorwürfen meiner Mutter („So schnell bekommst du kein anderes Spielzeug mehr! Du weißt es ja gar nicht zu schätzen.“) an andere Kinder verschenkt.

Ein ähnliches Schicksal des schnellen Vergessens erlitt das damals populäre Kinderspiel des „Seifenkistenrennens". Die selbst gebauten Vehikel traten nach Fertigstellung auf einer leicht geneigten Asphaltstraße, wenn möglich noch mit einigen Kurven, gegeneinander an. Vier bis sechs Seifenkisten, das war das Maximum, sonst gab es beim Start bereits Havarien, die den Ausgang des Rennens vorherbestimmen konnten. Wenn sich mehr Kisten zum Wettbewerb gemeldet hatten, wurde ein zweiter Durchgang notwendig. Danach mussten die beiden in den Einzelrennen siegreichen Fahrer und die Zweitplatzierten gegeneinander antreten, um den Gesamtsieger zu ermitteln.

Diese Rennen – immer am Samstagnachmittag ausgeführt, wenn die Väter wieder von der Arbeit zurück waren und zuschauen konnten – erfreuten sich einer großen Beliebtheit. Zahlreiche Kinder und Erwachsene aus der Nachbarschaft säumten die Rennstrecke und unterstützten mit Anfeuerungsrufen ihre jeweiligen Favoriten.

Die Väter, die als Konstrukteure und Erbauer der Vehikel – die fahrenden Söhne hatten nur Hilfsfunktionen – beim Rennen engagiert waren, stellten die Rennleiter, Starter und Zeitnehmer. Größere Jugendliche waren die Streckenposten, welche die havarierten Seifenkisten von der Rennpiste schoben und die verzweifelten Fahrer trösteten. („Beim nächsten Mal klappt's. Das wird schon wieder!") Der Sieger erhielt einen veritablen selbst gebastelten Siegerkranz, Zweiter und Dritter eine Urkunde und einen warmen Händedruck. Aber alle – auch die weniger gut Platzierten – verließen den Kampfplatz mit stolzgeschwellter Brust.

Ich nahm an solchen Rennen drei Mal teil, ein Mal ausgeschieden bereits beim Start durch Zusammenstoß mit einer anderen Kiste, zwei Mal unter „ferner liefen“. Das Problem war, dass die selbst gebauten Gefährte zwar äußerst primitiv waren, aber dennoch einigen Mindeststandards des Rennsports genügen mussten: Sie sollten – mithilfe von Seilzügen – lenkbar sein, der Fahrer musste sie bremsen können – was mit einem kräftigen Knüppel, der durch die hölzerne Bodenplatte gesteckt war, bewerkstelligt wurde – und sie mussten so stabil sein, dass sie nicht schon beim kleinsten Rumpler ein Rad verloren oder sonst wie auseinanderfielen.

Eines oder auch mehrere dieser Kriterien trafen auf meine Seifenkiste, die von Vater mit meiner unwesentlichen Unterstützung gebaut wurde, nicht zu. Mein Vater – obwohl er eine technische Ausbildung hatte und auch ansonsten seine Bastlerqualitäten häufig unter Beweis gestellt hatte – zeigte beim Kistenbau eine verwunderlich geringe Motivation. („So, ich glaube, das reicht jetzt. Wird schon funktionieren.“ – „Meinst du wirklich, Papa?“) Ich muss gestehen, dass in diesen Phasen mein ansonsten stabiles Vaterbild etwas in Mitleidenschaft gezogen wurde.

Nach drei Misserfolgen in Serie wurde dann das Thema „Seifenkiste“ genauso schnell ad acta gelegt, wie die Idee zuvor euphorisch verfolgt worden war. Ich vergaß die Geschichte schnell und Vater hat nicht weiter daran gerührt. Wahrscheinlich hatten ihm meine Zweifel an seinen — in diesem Punkt mangelhaften – väterlichen Qualifikationen doch zu schaffen gemacht.

Der plötzliche Motivationsmangel galt übrigens auch für die meisten anderen der zu Anfang rennbegeisterten Väter und Söhne der Nachbarschaft: Irgendwann war diese einstmalige Sensation in Vergessenheit geraten und niemand fragte mehr danach.

Ein weiteres weitverbreitetes Kinderspiel, das eigentlich immer aktuell war und nicht das schmähliche Ende der Seifenkistenbegeisterung erfuhr, waren die Fahrradrennen. Der Grund für deren Beliebtheit war sicher, dass keine langwierigen Vorbereitungen, keine komplizierte Rennstrecke und nur geringstmögliche organisatorische Vorkehrungen erforderlich waren: Die kindliche Spontaneität siegte!

Kinder, die ein eigenes Fahrrad besaßen – das waren längst nicht alle, aber die waren als Zuschauer und Claqueure willkommen –, trafen sich am Rande eines geraden, ebenen Straßenstückes, tunlichst asphaltiert und ohne Schlaglöcher. Autos gab es eh nur eine Handvoll, dennoch wurden aus Sicherheitsgründen solche Straßenstücke ausgewählt, auf denen kein automobiler Verkehr zu erwarten war.

Die versammelten Zweiräder waren zum Teil ulkige Vehikel. Die Kinderräder – oft schon vor Jahren zu Weihnachten oder zu Festtagen geschenkt bekommen – waren wirklich klein: kleine Rahmen, kleine Lenker, kleine Speichenräder. Umso länger waren die Stangen, welche die Sättel trugen, oft bis zum Gehtnichtmehr ausgezogen. Das galt auch für mein Fahrrad, das meine Eltern mir vor Jahren zu Weihnachten – gekauft bei „Zweirad-Honkomp, erstes Haus am Platze" – geschenkt hatten und das längst für den inzwischen doch erheblich gewachsenen Sohn zu klein war. Erst mit zwölf bekam ich ein gebrauchtes größeres Fahrrad, nachdem die Sattelstange nicht mehr weiter ausziehbar war und meine ständigen Quengeleien endlich Früchte trugen. Viele Kinder erschienen mit den ohne Erlaubnis ausgeliehenen Drahteseln ihrer Eltern, Herren- und Damenfahrräder. Auch die kleineren Kinder durften teilnehmen. Lustig sah es aus, wenn die Kleinen auf einem Herrenrad mit einer oberen Rahmenstange ankamen, auf dessen Sattel sie nicht sitzen konnten, weil sie dann die Pedale nicht erreichten. Sie fuhren mit einer Spezialtechnik: Mit seltsam verrenkten Gliedern hatten sie ihre Beine schief durch den Rahmen gesteckt und traten mit vollem Elan los, sich an der Lenkstange festhaltend. Wegen dieses Handicaps konnten sie die Spur nicht richtig halten und es war ratsam, von ihnen Abstand zu halten, um Kollisionen zu vermeiden. Die Siegerehrung war ebenso problemlos: Nach der Bekanntgabe des Siegers erhielt dieser einen Applaus. Fertig!

Erstkommunion: Ein Kinderfest mit bitterem Nachgeschmack

Ein ganz besonderer Tag im Leben eines katholischen Kindes ist die Erstkommunion, nach der Doktrin der Kirche die Aufnahme in die Gemeinschaft der Gläubigen. Ich war fast neun, als – kurz vor dem Beginn meiner Kinderodyssee – dieses Fest auch für mich anstand. Das große Ereignis wurde natürlich entsprechend vorbereitet mit einem monatelangen Kommunionunterricht, der Einübung des rituellen Ablaufs der Zeremonie und den entsprechenden Gebeten und Gesängen. Voraussetzung für die Teilnahme war die erste Beichte – das „Sündenbekenntnis" – mit der Bitte um Vergebung der Sünden nach vorheriger Reue und sich daran anschließender Buße. Im Falle von acht-, neunjährigen Mädchen und Jungen ein eher seltsam anmutendes Unterfangen. Konnte man in diesem Alter schon sündigen? Offenbar meinten die Kirchenoberen – und erstaunlicherweise auch die Eltern: „Ja, so etwas gibt es. Und das muss ordentlich geahndet werden."

Eines der Hilfsmittel für die Kinder war der sogenannte „Beichtzettel", auf dem die Aspiranten ihre vermeintlichen kleineren und größeren Sünden aufschrieben und sie auswendig lernten. Danach konnten sie im Beichtstuhl („Ja nichts vergessen und schon mal gar nichts verschweigen, sonst begehst du eine Todsünde!") dem aufmerksam lauschenden und häufig nachdrückliche Zusatzfragen („Wann, wo und wie oft? Allein oder mit anderen?") stellenden Geistlichen ihre „Sünden" vortragen.

Alle Kommunionkinder hatten höllische Angst vor diesem Akt. („In Demut und Reue bekenne ich meine Sünden. Ich habe gesündigt durch …“) Wie würde der Pfarrer unsere Sünden beurteilen? Würde er uns die Absolution erteilen oder uns gar unter den Augen der Wartenden aus dem Beichtstuhl weisen? Zu welcher Buße würde er uns verurteilen? Wir zitterten diesem Tag entgegen und starben vorher tausend Tode: katholische Gehirnwäsche in Reinkultur!

Auch ich hatte einen Beichtzettel angefertigt. Die ständigen Ermahnungen, dabei nichts zu verschweigen, in Verbindung mit der handfesten Drohung, dass sonst die gesamte Beichte ungültig sei und ich weiter im Zustand der „Todsünde“ leben müsse, hatten mich dazu gebracht, mein schon einige Zeit zurückliegendes harmloses homoerotisches Abenteuer mit meinem damaligen Freund Paul in Kurzform zu erwähnen. Durch einen Zufall entdeckte Mutter diesen Zettel, der in einem verschlossenen Umschlag mit der Aufschrift „Mein Beichtzettel“ steckte. Sie hielt es für richtig, diesen Umschlag zu öffnen und meine Bekenntnisse zu lesen.

Anschließend brach das Inferno über mich herein! „Jürgen, sofort hierher!“ Sie schlug mir den Zettel rechts und links um die Ohren. „Was ist da passiert? Ich will es ganz genau wissen!“ In erster Linie interessierte sie die Geschichte mit Paul. Ihr Sohn ein „Ferkel“, das konnte ja wohl nicht angehen! Und das bei der guten katholischen Erziehung, die ich bei ihr genossen hatte! (Diese Stellungnahme passte bestens in das allgemeine verlogene homophobe Klima, das in der gesamten bundesrepublikanischen Nachkriegsgesellschaft – und noch Jahrzehnte danach – tonangebend war.)

Sie bestand darauf, dass ich ihr haarklein alles berichtete, auch die Details. Das war noch schlimmer als bei der späteren Beichte in der Kirche, wo der im Beichtstuhl sitzende Priester – hinter einer vergitterten hölzernen Sprechöffnung verborgen, der reuige Sünder davor kniend – auch sehr penetrante Fragen über den Hergang dieser ungeheuerlichen Sünde stellte. Die Buße war entsprechend hart. Aber wenigstens er vergab mir im Auftrag des Herrn: „Ego te absolvo!“

Mutter tat das offensichtlich nicht. Mein Bericht über meine unfassbar verwerfliche Tat – stockend und mit niedergeschlagenem Blick angesichts dieses Gesinnungsterrors vorgetragen – wurde von ihr mehrfach mit Ausdrücken des höchsten Abscheus („Ferkel! Schwein! Warte nur, wenn ich Vater das erzähle!“) unterbrochen und von Ohrfeigen begleitet. Gott sei Dank nahm sie von ihrem Vorhaben Abstand, alles Vater zu berichten. Ich hätte nicht gewusst, was ich in meiner Not dann getan hätte.

Diesen schweren Verrat, den sie durch den Bruch des Briefgeheimnisses in dieser äußerst intimen Angelegenheit an mir begangen hatte, ebenso wie ihr sich daran anschließendes grausames Verhalten mit Beleidigungen, Demütigungen und Züchtigungen, habe ich meiner Mutter bis heute nicht verziehen. Es gehört zu den vielen Dingen, die ich in meiner Erziehung erfahren habe und nur schwer verarbeiten konnte.

Auf jeden Fall war es der Beginn meiner innerlichen Abkehr von der Kirche in ihrer doktrinären Form, wenngleich ich auch noch einige Jahre länger mit religiösen Dingen konfrontiert war. Aber der Faden zur Kirche, den Großmutter Louise mit ihrem Verhalten sanft gesponnen hatte, war für immer zerschnitten. Erst im Alter habe ich wieder einen gewissen Zugang zu Fragen der Religion gefunden. Heute bin ich ein Freidenker, der eine sehr individuelle, undogmatische Haltung zu dem Wesen, das „unser Schöpfer" genannt wird, pflegt.

Im Anschluss an die Beichte gingen wir Viertklässler dann zur Erstkommunion. Dieses Fest – angeblich das schönste Ereignis im Leben eines katholischen Kindes – war mir aufgrund der Geschehnisse zuvor gründlich verleidet. („Was hast du, Junge? Freust du dich nicht?")

Hinzu kam eine weitere Erniedrigung, die ich mit diesem Fest verbinde und die ich auch nicht so schnell vergessen habe. Alle Kommunionkinder waren von ihren Eltern festlich ausstaffiert worden, was diese eine anständige Stange Geld gekostet hatte. Die Paten steuerten einen Teil bei. Die Mädchen trugen traditionell weiße Kleider, hatten kunstvolle Frisuren – zum Teil mit Haarschleiern –, weiße Strümpfe und Lackschuhe. Die Jungen sahen aus wie kleine Gentlemen: schwarzer Anzug mit langer Hose – nur eine Minderheit, zu der auch ich gehörte, trug kurze Hosen –, Krawatte oder Fliege und – vor allem – Lackschuhe.

Meine Mutter hatte es für richtig befunden – trotz Protesten von Vater –, mich nicht nur mit kurzen Hosen auszustatten, sondern auch mit hohen ledernen Schnürschuhen, obwohl Lackschuhe obligatorisch waren. („So viel Geld auszugeben für ein Paar Lackschuhe, die hinterher im Schrank verstauben! Hohe Schuhe sind viel praktischer, und die kann der Junge auch noch später anziehen.“)

So ging ich als ein durch meine Kleidung gekennzeichneter Außenseiter, der die hämischen Kommentare seiner Kameraden ertragen musste, in der Prozession der Kommunionkinder zur Kirche mit. Auch dieses für mich schlimme Erlebnis ist mir bis heute in Erinnerung geblieben.

Kindliche Odyssee

Im Jahre 1956 kam es zu einem Ereignis, das mein Kinderleben – ebenso wie das meiner Schwester – in Aufregung versetzen sollte.

Mutter klagte im Sommer zusehends häufiger – obwohl sie ansonsten zäh und überhaupt nicht wehleidig war – über Schwächeanfälle, verbunden mit Fieberschüben. Deshalb musste sie zwischendurch immer wieder das Bett hüten. Wenn es ihr vermeintlich besser ging, quälte sie sich von ihrem Krankenlager auf, um ihren Verpflichtungen nachzukommen. („Die Kinder müssen versorgt werden. Und wer kümmert sich um den Haushalt und den Garten?")

Sie wurde immer schwächer, aß nur noch minimal und magerte zusehends ab. Als es erkennbar so nicht mehr weitergehen konnte, ergriff Vater die Initiative und bestellte unseren Hausarzt Dr. Trenkamp zu einem Hausbesuch. Er erkannte den Ernst der Lage sofort und stellte – trotz Mutters Protest – eine Überweisung ins Krankenhaus aus. Den Transport übernahm auch diesmal Bäcker Schomaker, die treue Seele, mit seinem Lieferwagen. Mutter zusammengesunken und fiebernd auf dem Beifahrersitz, Vater als Begleitung.

Im Krankenhaus war nach der ersten Inaugenscheinnahme durch den aufnehmenden Arzt große Aufregung mit Vorwürfen an Vater: „Warum bringen Sie Ihre Frau erst jetzt? Unverantwortlich!" Vorläufige Diagnose: „Hochgradige akute Rippenfellentzündung mit der Gefahr des Übergreifens auf die Lunge". Damit war Lebensgefahr gegeben. Mutter wurde – bereits fast bewusstlos – auf die Notfallstation verlegt, um dort versorgt zu werden. „Zutritt verboten!"

Vater kam sichtlich geschockt nach Hause und eröffnete uns Kindern – ich neun, meine Schwester drei Jahre alt – mit schreckensbleichem Gesicht und stockender Stimme die neue Situation. Meine Schwester brach sofort in Tränen aus: „Muss Mama jetzt sterben?" Ich war ebenso geschockt, reagierte aber erstaunlicherweise eher pragmatisch: „Und wo sollen wir jetzt hin, Papa?"

Diese Frage traf die Problematik auf den Punkt. Mutter war im Krankenhaus, Vater musste arbeiten. Er musste vor Ort bleiben, um Haus und Garten zu versorgen und sich um Mutter zu kümmern. Aber konnte er auch die Betreuung von uns beiden Kindern, insbesondere meiner kleinen Schwester, bewältigen? Das würde kaum gehen. Vater war sichtlich überfordert. Bald darauf war klar: Wir Kinder mussten auf unbestimmte Zeit anderweitig untergebracht und versorgt werden.

Es folgten hektische Bemühungen, Betreuungspersonen zu finden. Die angesprochenen Nachbarsfrauen zeigten sich zwar mitfühlend, ihre Solidarität ging jedoch über Angebote zum gelegentlichen Mittagessenkochen oder Wäschewaschen nicht hinaus. („Nein, die Kinder für längere Zeit nehmen, das geht nicht. Wir haben selbst genug Arbeit mit unserer eigenen Familie und drei, vier, fünf hungrige Mäuler zu stopfen.") Irgendwie einzusehen, diese Haltung. Vater war trotzdem empört: „Da kann man mal sehen, wo die Nachbarn sind, wenn man einmal Hilfe braucht! Junge, merke dir: In der Not gehen hundert Freunde auf ein Lot. Aber die sollen mir noch mal kommen, dann gibt es auch nur ein eiskaltes Nein!“ Als sich später alles ein wenig beruhigt hatte, kam es dann nach und nach wieder zu Kontakten mit der Nachbarschaft. Aber das vorherige unbefangene, freundliche Verhältnis hatte einen Knacks bekommen und war nicht mehr so, wie es vorher gewesen war.

Mutter ging es nach wie vor schlecht. Zu der Rippenfellentzündung war nun auch noch die befürchtete Lungenentzündung hinzugekommen. Schwach, bleich und abgemagert lag sie in ihren Kissen. Wir besuchten sie nahezu täglich, brachten ihr selbst gepflückte Blümchen, Vater einen Apfel oder eine Apfelsine mit. Sie freute sich sichtlich über unsere Besuche, wenn sie auch wegen ihrer Schwäche nicht längere Zeit mit uns sprechen konnte. Manchmal äußerte sie mit stockender Stimme ihre große Besorgnis, wie es mit uns Kindern weitergehen würde. Vater hatte dann große Mühe, sie davon zu überzeugen, dass alles seine Ordnung habe. Meine Schwester und ich drückten derweil ihre knochigen Hände.

Trotz aller Beteuerungen des Gegenteils: Nun war „Holland in Not“ und es musste umgehend eine dauerhafte Lösung des Problems gefunden werden. Der behandelnde Arzt hatte Vater eröffnet, dass die Genesung seiner Frau noch lange andauern würde und dass danach eine Erholungsphase in einem „Müttergenesungswerk“ erforderlich sein würde. Er solle sich auf einen Zeitraum von fünf bis sechs Monaten einstellen, bevor Mutter nach Hause zurückkehren könne. Auch danach sei noch Schonung angesagt.

Schnell war klar, dass nur Tante Trude auf dem Bauernhof in Daren sofortige und dauerhafte Hilfe bieten konnte. Ich war ja bereits zuvor häufig – auch für längere Zeit in den Ferien – auf dem Hof gewesen, meine kleine Schwester hin und wieder zu Besuch zusammen mit Mutter. Wir hatten Trude als liebenswerte mütterliche Frau kennengelernt. Sofort waren wir einverstanden, als uns Vater diesen Vorschlag unterbreitete. Er nahm sich einen Tag Urlaub und fuhr mit dem Moped nach Daren, um die Angelegenheit mit Trude und Oskar zu besprechen.

Als er abends zurückkam, machte er nicht das freudige Gesicht, das wir eigentlich erwartet hatten. Er setzte sich mit uns Kindern zusammen und erzählte uns, was er erreicht hatte: Tante Trude war sehr mitfühlend gewesen und hatte zugestimmt, dass wir Kinder zunächst auf den Hof kommen konnten, um die ärgste Not zu lindern. Sie sagte allerdings keine dauerhafte Aufnahme zu. „Ich habe selbst so viel Arbeit zu tun und fünf eigene Kinder. Das wird mir auf die Dauer zu viel. Außerdem ist Jürgen ja schulpflichtig und müsste die Dorfschule besuchen. Da muss ich erst mit Lehrer Stukenhorst sprechen, ob er den Jungen aufnehmen kann."

Onkel Oskar, der sowieso einen „Pick" auf mich hatte, unterstützte – wie nicht anders zu erwarten war – die Bedenken seiner Frau. Trotz allem wurde vereinbart, dass – wegen der besonderen Umstände – Jürgen und Marianne zunächst einmal auf den Hof kommen könnten. Danach würde man weitersehen. Am nächsten Tag brachte uns Vater mit unseren Utensilien nach Daren.

Bereits nach kurzer Zeit war klar, dass zumindest ich nicht längere Zeit auf dem Hof bleiben konnte. Lehrer Stukenhorst war konsultiert worden und er hatte zwar zugestanden, dass er durchaus noch einen weiteren Schüler als Gast für einen befristeten Zeitraum an seiner Dorfschule mit weit über vierzig Schülerinnen und Schülern aufnehmen könne („Einer mehr oder weniger macht den Kohl auch nicht fett"); er gab aber zu bedenken, dass mit einem Leistungsabfall gerechnet werden müsse, da ich ja aus einer „normalen" Grundschule komme, mit den besonderen Unterrichtsmethoden an einer „Zwergschule" nicht vertraut sei und deshalb auch nicht richtig gefördert werden könne. Eine durchaus nachvollziehbare und kompetente Aussage eines erfahrenen Pädagogen, der sich auch Vater nicht verschließen konnte.

Sehr enttäuscht war ich darüber, dass nun auch Tante Trude auf eine schnellstmögliche andere Lösung für meinen weiteren Verbleib drängte. Ich wäre gerne noch geblieben.

Was meine kleine Schwester anging, gestand sie zu, dass Marianne so lange weiter auf dem Hof bleiben könne, bis eine andere akzeptable Lösung gefunden wäre. Es kam schnell ins Gespräch, dass es in der Kreisstadt ein katholisches Heim für elternlose Kinder gebe, was ja vielleicht auch für unseren speziellen Fall in Frage kommen könnte. („Marianne, door hest du dat gaut: Veele annere Kinner om tau speelen un immer gaude Lüüt, die sich om di kümmern daun.")

Bis zur Aufnahme dort dauerte es noch eine Weile. Meine Schwester kam daraufhin auf Initiative von Tante Trude für diesen kurzen Zeitraum in den Haushalt von Onkel Johann und Tante Hiltrud im nicht weit entfernten Bakum.

Onkel und Tante waren kinderlos, lebenslustig und fast jeden Abend zu irgendwelchen Festivitäten unterwegs. Meine damals dreijährige Schwester wurde dann in einen Laufstall verfrachtet. Dieser wurde – damit sie nicht herausklettern konnte – mit Seilen kreuz und quer überspannt. Dort verbrachte sie, nachdem sie sich in den Schlaf geweint hatte, die folgenden langen Stunden bis zur Rückkehr des angeheiterten Pärchens, um dann aus ihrem Gefängnis befreit zu werden.

Als Vater bei einem unangemeldeten Besuch diesen unverantwortlichen Missstand entdeckte, kam es zu einem heftigen Eklat. Dieser gipfelte darin, dass er meine Schwester stante pede aus dem Haus mitnahm. Am nächsten Tag kümmerte er sich sofort um eine umgehende Aufnahme Mariannes im Heim.

Und so kam es, dass meine Schwester danach in das katholische Waisenhaus St. Anna in Vechta als vorübergehender Gast umzog, um dort die folgenden sechs Monate zu verbringen. Offenbar gefiel es ihr dort so gut, dass sie noch heute voller Hochachtung und Dankbarkeit von der ihr dort angediehenen Fürsorge spricht. Vater erzählte später, dass sie nur unter Tränen und sich sträubend bereit gewesen war, mit ihm nach Mutters Genesung nach Hause zurückzukehren.

Für mich waren die Alternativen weniger erfreulich. Ich wurde zunächst auf den Hof einer verwitweten Tante von Oskar in der nächsten, nur vier Kilometer entfernten Bauernschaft in Harme verfrachtet. Zuvor war von Oskar mit seiner Tante Mathilde alles geklärt worden und sie hatte sich bereit erklärt, mich für vier Wochen aufzunehmen.

Die Familie – Tante Mathilde, ihr Sohn und Hoferbe Bernhard sowie dessen Frau und der am Downsyndrom erkrankte jüngste Sohn Albert – nahm mich zwar freundlich auf, ließ mich aber deutlich spüren, dass ich nur eine zeitlich befristete Gastfreundschaft genießen würde.

Albert war ein freundlicher junger Mann, zugänglich und oft lachend. Mit ihm verbrachte ich meine Nachmittage mit Herumalbern und Balgespielen mit dem Hofhund.

Am Abendbrottisch wurde eines Tages von Mathilde eine Geschichte über Albert erzählt, die mich sehr beeindruckt hat. (Hintergrund: Kurz vor Beginn des Krieges, als der Diktator seine Macht gefestigt hatte und zunächst im eigenen Land mit der Umsetzung seiner mörderischen Rassenideologie begann, wurde das „Euthanasie-Programm“ zur Vernichtung sogenannten „unwerten Lebens“ beschlossen und unter dem perfiden Decknamen „Gnadentod“ durchgeführt. Dieser staatlich verfügten Mordaktion zur organisierten Vernichtung von geistig Behinderten oder an einer Geisteskrankheit leidenden Menschen – ausgeführt in verschiedenen auf das gesamte Gebiet des Deutschen Reiches verteilten speziellen Tötungsanstalten durch Psychiatrieärzte und entsprechende Helfer, darunter auch Pflegepersonal – fielen in den Kriegsjahren mehr als siebzigtausend hilfsbedürftige kranke Menschen zum Opfer.)

An einem Vormittag erschien ein Trupp SA-Männer unter Führung eines Nazi-Rassenarztes auf dem Hof, um Mathilde den amtlichen Beschluss – gestempelt und mit Hakenkreuz versehen – zu übergeben, dass Albert – neun, zehn Jahre alt – sofort mitkommen müsse, um in einem Heim für geistig Behinderte nunmehr eine medizinisch notwendige Pflege zu erfahren.

Mathildes schrille Hilferufe alarmierten nicht nur ihren Sohn Bernhard und seine Frau, sondern auch alle anderen auf dem Hof beschäftigten Landarbeiter. Albert stand dabei, ohne die Aufregung zu verstehen. Auf Zuruf von Mathilde schnappte sich die Schwiegertochter den kleinen Albert, um ihn in Sicherheit zu bringen.

Der Nazi-Arzt wiederholte seinen Befehl zur Überstellung von Albert in ultimativer Form und verwies auf die ihn begleitende SA-Streitmacht, bei der allerdings bereits einige aufgrund der nicht erwarteten Widerstandsbereitschaft eher bedenklich dreinblickten.

Bernhard stand dem Nazi-Schergen mit drohend emporgereckter Mistforke entgegen. „Du laatst minen Brooder tofreeden un gaast sofort von den Hoff, sonst geeft dat een Onglück!“ Auch die sechs, sieben zusammengelaufenen Hofarbeiter machten mit ihren mitgeführten Knüppeln und Forken drohende Gebärden.

Die Situation war auf das Äußerste gespannt. Zur Überraschung aller gab der Nazi-Obere klein bei und ordnete den Rückzug seiner SA-Männer an: „Wir kommen wieder!“ – „Wenn du weerkomst un Albert haalen wullt, steek ik di kapott!“, war die eindeutige Antwort von Bernhard, die wohl auch Wirkung zeigte, denn es erfolgte keine weitere Aktion. Albert wurde zur Vorsicht für eine begrenzte Zeit an einen sicheren Ort verbracht.

Diese Erzählung über persönlichen Heldenmut hat mich schon als kleiner Junge tief beeindruckt. Im Nachhinein betrachtet zeigt sie, dass Widerstand gegen die Nazi-Willkür – zumindest in der Anfangsphase – bei entsprechend fester, nachdrücklicher Haltung durchaus möglich gewesen war. Gleichzeitig wirft sie ein Licht auf die im katholischen Milieu des Oldenburger Münsterlandes tief verwurzelte Antipathie der Landbevölkerung gegenüber der nationalsozialistischen Bewegung. Übrigens ganz im Gegensatz zu der anpasserischen Haltung der übrigen katholischen Führung – mit Ausnahme des Bischofs von Galen aus Münster, ebenso wie großer Teile der evangelischen Amtskirche.

In meiner Familie gab es ein Naziopfer, das seinen Widerstand mit dem Leben bezahlte: Einer der Brüder von Onkel Konrad – Tante Theas Ehemann – war Onkel Erich, der als katholischer Geistlicher in einer Gemeinde im Münsterland lebte und wirkte. Auch er – wie sein Bischof von Galen, der „Löwe“ von Münster“ – hielt Predigten mit regimekritischen Inhalten. Anders als sein prominenter Bischof, gegenüber dem sich die Nazis keine größeren Repressalien trauten, wurde Erich bei seinen Kanzelreden von der Gestapo überwacht und – nach mehreren fruchtlosen Ermahnungen zum zukünftigen Wohlverhalten – verhaftet und ins KZ Dachau eingeliefert. Im letzten Kriegsjahr erhielt die Familie eine dürre amtliche Mitteilung, dass Onkel Erich angeblich an einer schweren Lungenerkrankung verstorben und eingeäschert worden sei. Seine Urne sei an einem nicht genannten Ort bestattet worden. So verlor die Familie nicht nur einen geliebten Menschen, sondern es wurde ihr auch verwehrt, um ihn an seinem Grab zu trauern. Alle diese Informationen habe ich später als Jugendlicher von meiner Oma Louise erhalten.

In Harme besuchte ich dann – um meiner Schulpflicht Genüge zu tun – die dortige einklassige Dorfschule, deren Lehrer aufgrund der geltenden Schulgesetze gezwungen war, mich aufzunehmen. Ich saß dort meine Zeit ab, von dem Lehrer nicht wahrgenommen, von den Mitschülern feindselig angestarrt. Nach vier Wochen verließ ich diese Bildungseinrichtung zwar mit einer einzeiligen Bestätigung meiner Verweildauer dort, aber ohne einen Vermerk meiner – allerdings auch nicht erbrachten – Leistungen. Alle waren froh, dass sie mich wieder los waren, auch Tante Mathilde und ihre Familie, die mich zwar freundlich verabschiedeten, aber offensichtlich auch erleichtert über meinen Weggang waren.

Nur Albert war traurig. „Wann kummst du wedder, Jürgen?“ Wir nahmen uns gegenseitig in die Arme und drückten uns. „Bald komm ich wieder, Albert“, tröstete ich ihn. Ich habe ihn danach nie mehr gesehen.

Die nächste Station meiner Kinderodyssee war das Artland. Onkel Oskar hatte in einem kleinen Dorf in der

Nähe von Löningen an der Grenze zum Emsland einen Vetter, der nach Rücksprache bereit war, mich aufzunehmen. Onkel Willi, wie ich ihn nannte, war ein bulliger, vierschrötiger Mann, wortkarg und mit wenig Gefühl. Er nannte einen stattlichen Bauernhof sein Eigen, größer und properer als der Hof von Oskar. Dennoch fühlte ich mich dort von Beginn an nicht wohl.

Vater hatte mich mit seinem Moped – ich auf dem ungepolsterten harten Gepäckträger sitzend und die Reisetasche mit meinen Utensilien umklammernd – in einer mehrstündigen Fahrt dorthin gefahren. Nachdem er mich abgeliefert und den fälligen Dank für meine Aufnahme abgestattet hatte, fuhr er – mich zuvor liebevoll umarmend – wieder weg. Ich hatte einen Kloß im Hals und war den Tränen nahe, als ich ihn mit seinem Gefährt um die Ecke verschwinden sah.

Ich wurde danach von der Frau des Hauses nach einem knappen Willkommensgruß in mein neues Domizil – eine kleine Dachkammer mit Bett, Tisch und Stuhl – geführt. In der Ecke stand auf einem Eisengestell eine Waschschüssel mit Wasserkrug und einem Handtuch daneben. Meine mitgebrachten Sachen blieben in der Tasche. („Laat die man drin. Et lohnt sich gornich die uttopacken, du bist ja sowieso bold wedder wech.“)

Anschließend bekam ich die Hausregeln erklärt: Wecken um sechs; Waschen auf dem Zimmer; Frühstück um halb sieben; ab sieben Beginn der Hofarbeit. Mir wurde angekündigt, dass ich mich in angemessener Weise daran zu beteiligen hätte. Wie genau, das würde man mir dann schon noch sagen. Das alles im Kommandoton vorgetragen, Einspruch dagegen war nicht vorgesehen.

Auf meine schüchtern vorgebrachte Frage nach dem Schulbesuch erfuhr ich, dass es zwar eine Zwergschule im Dorf gebe, diese jedoch zu dieser Zeit von kaum einem Schüler besucht werde, da die Bauern mitten in der Erntezeit ihre Kinder zur Mithilfe auf den Höfen behielten. Dies erfolgte mit stillschweigendem Einverständnis des Dorfschullehrers.

Auch ich war vom Schulbesuch vorübergehend befreit. Dass mir dieser erspart blieb, war eine gute Nachricht für mich, wenn ich an mein unerfreuliches Intermezzo in der Schule in Harme zurückdachte.

Die Arbeiten auf dem Hof, die ich zugewiesen bekam, erledigte ich, so gut ich konnte, aber ohne wirkliche Freude: Ausmisten der Viehställe, Einbringen der neuen Streu, Mithilfe bei der Schweinefütterung, Eiersammeln im Hühnerstall, samstags das Fegen der riesigen Hoffläche. Onkel Willi hatte wohl einen kostenlosen Hofhelfer erwartet und nun auch bekommen. Vielleicht war damit seine schnelle Bereitschaft, mich aufzunehmen, zu erklären. Zuvor hatte er bei Oskar nachgefragt, wie alt ich sei und ob ich bereits mit anfassen könne.

Vom Melken war ich freigestellt, weil ein erster Versuch meine völlige Unfähigkeit bei dieser Arbeit offenbart hatte. Trotz heftiger Bemühungen landeten nur einige winzige Spritzer im Melkeimer. Bei den Kühen in Daren hatte es geklappt, warum hier nicht? Vielleicht eine Frage der negativen Ausstrahlung meines Lehrmeisters? Mein Versagen führte zu einem schmerzhaften Schlag von Onkel Willis harter Hand in den Nacken („Hör op! Du riets de Kau ja de Zitzen af, du Nichtsnutz!“

Andere Arbeiten wiederum machten mir Spaß. Der Hof besaß ein eigenes kleines Fachwerk-Backhaus mit einem großen gemauerten Backofen, in dem samstags das für die Woche benötigte Brot gebacken wurde. Meine Aufgabe war es, nachdem das Feuer im Ofen entzündet worden war, die Glut durch Nachlegen von Holzstücken am Leben zu erhalten. Wenn dann die Backfrauen mit ihren in Tüchern eingeschlagenen Teigrohlingen erschienen, räumte ich die Glut mithilfe eines langen Schiebers aus dem Ofen, ebenso die Asche mit einem Reisigbesen. Danach wurden die Rohlinge in den heißen Ofen geschoben und von den Frauen zwischendurch mit Wasser bestrichen, um die Krustenbildung zu fördern. Die Backfrauen warteten auf der Ruhebank. Ich durfte dabeisitzen und hörte ihren in breiten Artländer Platt geführten Gesprächen zu.

Wenn die Brote dann aus dem Ofen gezogen und zum Abkühlen auf Holzbohlen gelagert worden waren, gab es einen kleinen Imbiss. Das eigens dafür mitgebackene kleine und knusprige Brot wurde aufgeschnitten und – nachdem die Scheiben etwas abgekühlt waren – dick mit der mitgebrachten Butter bestrichen und an Ort und Stelle aus der Hand verzehrt. Den herrlichen Geruch und den köstlichen Geschmack habe ich heute noch in der Nase und auf der Zunge. Manchmal allerdings gab es von dem noch zu frischen Brot Bauchgrimmen. Das war der Preis, den ich gerne für diese Köstlichkeit bezahlte.

Eine weitere Aufgabe erledigte ich ebenso gerne: die Verköstigung der Schnitter. Obwohl Willi auch einen großen Mähbinder für die Getreideernte besaß, ließ er einige kleinere Roggenfeldstücke, die den Einsatz der Maschine nicht lohnten, noch von Hand mit der Sense mähen.

Diese Arbeit erledigten angeheuerte Schnitter im Tagelohn. Das Binden und Hocken der Garben übernahm das Hofgesinde. Die Vespermahlzeit für diese Arbeiter musste von mir in zwei großen geflochtenen Weidekörben auf das Feld getragen werden: dicke Scheiben vom frisch aufgeschnittenen Brot, Butter, Mettwurst und Schinken; in den anderen Korb kamen die Kannen mit gekühlter Buttermilch und Brunnenwasser.

Wenn ich mit meiner Last an dem Feld angekommen war, stellte ich mich zunächst ein wenig abseits, um das Bild der arbeitenden Menschen zu betrachten: die kräftigen Gestalten der Schnitter, nackte Oberkörper, darüber die Hosenträger der Arbeitshosen, braun gebrannt und schwitzend. Ihre weit ausholenden rhythmischen Bewegungen, wenn sie im Gleichschritt nebeneinanderher gehend mit ihren messerscharfen Sensen die Getreidehalme absichelten, die dann in gleichmäßig großen Schwaden zur Erde sanken. Diese wurden dann von den nachfolgenden Frauen – mit wadenlangen Röcken und im Nacken zusammengebundenen Kopftüchern bekleidet – aufgerafft und zu Garben gebunden. Hinter den Garbenbinderinnen kamen als Letztes die Landarbeiter, die jeweils acht Garben zum Trocknen zu einer Hocke zusammenstellten.

Wenn mich die Schnitter am Feldrand erspähten, wurden mit lauten Rufen die Werkzeuge niedergelegt. („Wo blievst du denn, Junge? Wi hebben alle Honger un Dörst!") Die müden und hungrigen Menschen sanken an Ort und Stelle unter einem Schatten spendenden Baum ins Gras. Als Erstes wurde mit zurückgelegten Hälsen und glucksenden Schlucken die kühlende Flüssigkeit genossen, danach die anderen Leckereien verspeist. Im Nu war alles verputzt. Gesättigt legten sich dann alle für eine zehnminütige Ruhepause auf den Rücken, unterbrochen nur von den verlegen kichernden Abwehrrufen der jungen Frauen, wenn sich eine verwegene Schnitterhand schäkernd auf einen Frauenschenkel verirrt hatte. Das Jubilieren der Feldlerchen und das vielfältige andere Vogelgezwitscher konnten ihr kleines Nickerchen im Gras nicht stören. Wenn dann der Vorarbeiter aufstand, kamen auch alle anderen wieder auf die Beine und setzten ihre Arbeit fort. Ich kehrte mit meinen leeren Körben zum Hof zurück.

Wahrscheinlich bedingt durch die Luftveränderung in der neuen Umgebung und durch das ungewohnte Essen, das noch fetter war als auf dem Hof in Daren, entstanden bei mir zunächst kleine, mit Eiter gefüllte Geschwüre, aus denen sich dann veritable pralle Furunkel entwickelten. Diese saßen fast alle im Nackenbereich. Unglücklicherweise war dies die von Onkel Willi bevorzugte Stelle, an der er seine Schläge platzierte, wenn er mit meiner Arbeit nicht zufrieden war oder sonst etwas an mir auszusetzen hatte. Die Folge war das Aufplatzen dieser Eitergeschwüre, was höllisch wehtat, und es dauerte lange, bis sie wieder abgeheilt waren.

Diese brutale Form der Misshandlung reihte sich ein in die allgemeine Form der lieblosen Behandlung, die jedes Gefühl gegenüber einem kleinen Jungen vermissen ließ. Viele Stunden verbrachte ich nachts wach in meinem Bett, unglücklich, weinend und voller Heimweh.

Als Vater nach drei Wochen unangemeldet mit seinem Moped zu Besuch kam, spürte er sofort, dass etwas nicht in Ordnung war. („Was ist los, Junge? Was ist mit dir?") Ich wollte eigentlich tapfer sein, nichts sagen und auch nicht weinen. Vater insistierte jedoch weiter und nahm mich zur Seite. „Erzähle jetzt sofort, was los ist!" Und da brach meine ganze Not aus mir heraus. Laut schluchzend berichtete ich ihm von den Vorkommnissen und zeigte ihm meinen blutigen Nacken. „Ich will nicht mehr länger hierbleiben. Bitte, Papa, nimm mich wieder mit nach Hause!"

Mein Vater – von mir bis dahin eher als zögerlich und entscheidungsschwach erlebt – reagierte sofort. „Junge, du kommst auf der Stelle mit. Geh in dein Zimmer und hole deine Sachen!" Er selbst stürzte mit zornrotem Kopf in die Wohnstube, in der die Hausfrau hantierte. „Wo ist Willi? Ich will ihn sofort sprechen!", forderte er lautstark. Als dieser erschien, ging Vater ihn, ohne lange zu fackeln, frontal an: „Was hast du mit meinem Sohn angestellt? Jürgen hat mir alles erzählt. Schämt ihr euch nicht …" (Das ging auch gegen die Bäuerin.) „… den kleinen Jungen, der es sowieso schon schwer genug hat, so zu behandeln? Den Jungen nehme ich sofort mit!" Willis schwache Verteidigungsversuche wehrte er gnadenlos ab: „Halt's Maul, du Kinderschinder! Sei froh, wenn ich dich nicht anzeige. Du kannst aber auch gerne sofort was an den Hals kriegen, genauso wie du es mit meinem kleinen Jungen gemacht hast!“ Diese in höchster Erregung vorgebrachte Drohung – verbunden mit einer entsprechenden Körperhaltung – nahm Willi offenbar ernst, und er verschwand augenblicklich.

Als wir den Hof verließen – Vater immer noch kreidebleich vor Erregung im Gesicht –, genoss ich die zweistündige Holperfahrt auf dem harten Rücksitz des Mopeds mit geschlossenen Augen, liebevoll die Arme um Vaters Hüften geschlungen. Nie habe ich meinen Vater mehr geliebt als in diesem Augenblick.

Zu Hause angekommen, war uns beiden klar, dass nunmehr für mich endgültig eine akzeptable und dauerhafte Lösung gefunden werden musste. Er besprach alles noch am gleichen Abend mit Mutter im Krankenhaus. Diese stimmte sofort zu. „Das ist die beste Lösung. Dass wir nicht schon vorher daran gedacht haben!“

Am nächsten Morgen ging Vater zur Post und schickte ein Telegramm nach Kalkar: „Liebe Mutter, lieber Vater / Mia schwer erkrankt / Jürgen unversorgt / Könnt Ihr ihn aufnehmen? / Bitte Antwort sofort / Franz“. Bereits am Abend war die Antwort da: „Jürgen kann kommen / Wir freuen uns / Alles Weitere per Post / Mutter und Vater“. Sofort danach eilten wir beide ins Krankenhaus, um Mutter die frohe Botschaft zu überbringen. Sie war überglücklich.

Auf Mutters Empfehlung, die mit der Ehefrau des örtlichen Busunternehmers befreundet war, löste Vater – nach Rücksprache mit dem Firmenchef – auch das

Transportproblem. Die Eltern hatten natürlich Bedenken, mich kleinen Buben, nur mit einem Schild um den Hals – was zu der damaligen Zeit aber gar nicht selten vorkam – auf die lange Reise zu schicken.

Ich sollte mit einem Reisebus des Unternehmens mitfahren, der fromme oldenburgische Pilger zu einer Wallfahrt an den Niederrhein brachte, zu dem dortigen bekannten Marienwallfahrtsort Kevelaer in der Nähe von Geldern, ungefähr vierzig Kilometer von Kalkar entfernt. Natürlich kostenlos, das war Ehrensache.

Allerdings sollte ich, bevor die Bundesstraße links nach Kevelaer abbog, an der Kreuzung „Grünthal", kurz hinter Rheinberg, aussteigen – das war dann nur noch eine Entfernung von fünfundzwanzig Kilometern bis Kalkar –, um dort von Großmutter Louise abgeholt zu werden. Louise wurde über Ort und Zeit von Vater per Post benachrichtigt.

Sie schrieb zurück, dass sie alles geregelt habe. Der Sohn ihrer Nachbarin, der eine kleine Fahrschule betrieb, hätte sich bereit erklärt, sie mit seinem Fahrschulauto, einem VW Käfer, zum Treffpunkt zu fahren. Sie werde pünktlich da sein, ich solle auf jeden Fall dort auf sie warten und mich nicht vom Fleck rühren.

Zufluchtsort Kalkar

So war alles bestens geregelt und ich saß an dem vereinbarten Termin an einem Septembermorgen bei schöstem Spätsommerwetter in dem Pilgerbus und machte mich auf die dreihundert Kilometer lange Reise zu meinen Großeltern an den Niederrhein – ein unbekanntes Land – , sanft eingelullt von den frommen Gebeten und Gesängen der Wallfahrer.

Mit aufmerksamen Blicken aus dem Busfenster verfolgte ich die vielfältigen neuen, bisher nie gesehenen Eindrücke bei der Fahrt über die Bundesstraßen – Autobahnen gab es derzeit in diesem Landstrich noch nicht –, vorbei an Osnabrück, Münster, Dülmen, Recklinghausen, Dinslaken, Moers bis nach Rheinberg. Unbekannte Landschaften, das Randgebiet des Ruhrreviers mit seinen gigantischen Industrieanlagen. Welch ein Abenteuer!

An dem vereinbarten Treffpunkt hielt der Fahrer sein Gefährt an und ließ mich – begleitet von freundlichen Wünschen der Pilger – aussteigen. Louise war nicht zu sehen. „Oma wird sicher gleich kommen. Schön warten, hörst du! Und alles Gute."

Und so stand ich mit meinem geflochtenen Strohköfferchen, zusammengehalten von zwei Lederriemen, am Straßenrand. Etwas weiter war eine Haltestelle für Zechenbusse, welche die Grubenarbeiter nach getaner Arbeit nach Hause fuhren. Dort setzte ich mich auf meinen Koffer und wartete auf Oma Louise.

Von Zeit zu Zeit hielt ein Zechenbus. Nachdem einige Arbeiter ausgestiegen waren, fragten mich die Fahrer: „Na, Junge, worauf wartest du denn? Willst du mitfahren?“ Ich lehnte dankend ab: „Ich warte auf Oma. Die holt mich gleich hier ab.“

Aber Louise kam nicht. Als sich nach einer Stunde immer noch nichts getan hatte, beschloss ich, nun selbst etwas zu unternehmen. Beim nächsten Zechenbus, der anhielt, fragte ich den Fahrer: „Fährst du auch nach Kalkar?“ – „Ja, warum fragst du?“ – „Oma wollte mich hier abholen, aber sie kommt nicht. Kannst du mich mitnehmen?“ – „Sicher, Junge. Herein mit dir!“

So saß ich dann mit meinen neun Jahren inmitten von Grubenarbeitern, die mich mit weiß blinkenden Zähnen aus rußgeschwärzten Gesichtern freundlich anlächelten, mir aus ihren Blechflaschen zu trinken gaben und mir ihre nicht gegessenen Pausenbrote anboten. Der Busfahrer kannte sogar die Straße „Am Bollwerk“ in Kalkar, wo ich aussteigen musste, und hielt nach einer – wegen der vielen Zwischenstopps – knapp einstündigen Fahrt dort an, um mich herauszulassen, nicht ohne mir, nachdem ich mich für die kostenlose Mitfahrt bedankt hatte, freundlich nachzurufen: „Und sag deiner Oma, dass sie das nächste Mal pünktlich sein soll!“

Inzwischen war es früher Abend geworden, aber die Spätsommersonne wärmte immer noch ordentlich. Ich hatte gegessen und getrunken, mir ging es gut. Ich setzte mich auf die Treppenstufen des Hauses der Großeltern und wartete. Ich war überzeugt: Oma wird schon kommen, ansonsten Opa Johann, wenn er mit seiner Arbeit fertig war. Kein Grund zur Besorgnis.

Louise war in der Zwischenzeit mit erheblicher Verspätung am Treffpunkt eingetroffen, hatte mich dort aber nicht mehr vorgefunden. Das hatte sie natürlich in helle Aufregung versetzt und Anlass zu tiefer Besorgnis gegeben, dass mir etwas geschehen sein könnte. Ein Zechenbusfahrer, der an der Haltestelle anhielt und sie suchend herumirren sah, brachte sie auf die richtige Spur. „Ja, da hat bis vor einer Stunde ein kleiner Junge auf seine Oma gewartet. Der ist wohl mit einem anderen Zechenbus mitgefahren." Mit diesem Hoffnungsschimmer, dass alles doch noch gut ausgehen würde, preschte sie – den Fahrlehrer mit seinem Gefährt zu Höchstleistungen antreibend – nach Kalkar zurück.

Endlich kam sie dann, wenn auch mit einer weiteren halben Stunde Verspätung. Nachdem sie mich auf den Treppenstufen erspäht hatte, quetschte sie sich mit ihrer Leibesfülle aus dem Beifahrersitz des engen VW Käfers des nachbarlichen Fahrlehrers heraus, nicht ohne ihm vorher noch einige vorwurfsvolle Worte nachzurufen. Der junge Mann saß geduckt hinter dem Lenkrad und versuchte erst gar nicht, sich zu rechtfertigen. Eine nicht vorhersehbare Panne hatte die verabredete pünktliche Abholung des kleinen Jürgen aus Oldenburg verhindert.

Großmutter Louise eilte herbei und schloss mich, den Tränen nahe, in ihre weit ausgebreiteten Arme: „Goede, lieve Jonge, dat je nu daar bent! Wacht je all lang?" Nach vielfältigen Entschuldigungen („Oma, kein Problem. Mir geht es gut, und ich habe den Weg hierher auch alleine gefunden.“) brachte sie mich ins Haus. („Kom maar binnen, lieve Jonge!“) In ihrer Aufregung sprach sie Holländisch mit mir, bis sie merkte, dass ich ihre Sprache nicht so recht verstand, dann wechselte sie ins Deutsche.

In der Küche bekam ich erst einmal eine gekühlte Limonade als Erfrischung angeboten. Das Köfferchen blieb vorerst im Hausflur stehen. Bald darauf erschien Großvater Johann, um mich ebenso herzlich zu begrüßen. Beim danach von Louise zubereiteten Abendbrot („Junge, greif zu! Du musst doch Hunger haben.“) wurde ich über den Verlauf meiner abenteuerlichen Reise ausgefragt, und ich gab bereitwillig Auskunft. („Du bist ja ein mutiger kleiner Kerl! Von so weit herzukommen und dann noch selbstständig mit dem Zechenbus nach Kalkar zu fahren!“)

Beide sprachen untereinander Holländer Platt, das ich dann auch nach und nach erlernte. In der ersten Zeit sprach Johann ebenfalls Hochdeutsch mit mir, um mir die sprachliche Eingewöhnung zu erleichtern. Später dann – als beide merkten, dass ich alles verstand – wurde zunehmend auch mit mir der niederländische Dialekt gesprochen. Bis heute habe ich ihn nicht verlernt.

Danach wurde ich in mein neues Domizil geführt: ein Zimmer mit Bett, Schrank und Waschkommode im ersten Stock des Hauses. Das eheliche Schlafzimmer der Großeltern war über einen kleinen, dazwischenliegenden Raum zu erreichen. Dort standen der große Kleiderschrank und eine Waschkommode mit Waschschüssel und Wasserkrug für die Morgentoilette der Eheleute. Ein Badezimmer mit Spülklosett gab es im Hause nicht.

Die Bedürfnisse der kleineren Art, die in der Nacht auftraten, mussten in einem emaillierten Pinkeleimer mit Deckel, der jeden Morgen entleert wurde, verrichtet werden. Für die größeren Geschäfte dieser Art war das Plumpsklo in einer abgemauerten Ecke des Anbaus im Erdgeschoss vorgesehen. Dieses Örtchen war für mich als Kind unangenehm wegen der dicken Spinnen, die dort manchmal an der Wand in Reichweite saßen, von mir mit dem hölzernen Klodeckel platt gedrückt wurden, aber als Leichen dann dort noch lange klebten, bis sie eingetrocknet irgendwann von selbst herabfielen und im Kloloch entsorgt werden konnten. Außerdem war es dort im Winter kalt, da es keine Heizung gab.

Einen Wasserhahn mit fließendem kaltem Wasser gab es nur im Hauswirtschaftsraum neben der Küche oberhalb eines großen Spülsteins aus weißer Keramik. Falls warmes Wasser gebraucht wurde, musste dies zuvor in der Küche im Wasserkessel heiß gemacht werden. Hier wurden die Essensvorbereitung und danach der Abwasch erledigt. Ebenfalls hier fand vor dem Zubettgehen die kleine Körperreinigung statt, samstags dann die „große" Körperpflege mit Warmwasser aus der Küche. Dazu wurde dann der Raum verschlossen.

Auch in Kalkar also die gleichen Einschränkungen für die Körperhygiene wie bei uns in Lohne, vielleicht durch das fließende Wasser aus dem Kran etwas komfortabler. Bei meinen vielen Besuchen in den Häusern der Nachbarn oder auch anderer Familien in Kalkar zeigte es sich, dass auch hier ähnliche Verhältnisse vorherrschten.

Modernere Hygienetechnik zog beim „einfachen Volk" erst am Ende der Nachkriegszeit ein. Nur die Betuchteren, die aber dann einer anderen gehobenen Gesellschaftsschicht angehörten, hatten schon vorher Badezimmer und Wasserklosetts.

Ein weiteres leer stehendes Zimmer für Gäste befand sich unmittelbar neben meinem Schlafzimmer. Am folgenden Morgen durfte ich nach der Anstrengung des vorherigen Tages lange ausschlafen und wurde dann von Louise zum Frühstück geweckt. („Vorher waschen und das Zähneputzen nicht vergessen, hörst du!") Das erledigte ich im Eiltempo an der Kommode mit einer Waschschüssel und einem großen Wasserkrug. Ein Zahnputzbecher mit Utensilien stand auf der Ablage, ein Handtuch hing an einem Haken. Alles wurde jeden Morgen von Louise nach dem Bettenmachen und Zimmerreinigen gesäubert, frisches Waschwasser hingestellt und das Handtuch alle zwei Tage gewechselt.

Großvater hatte mit seiner Frau schon frühmorgens gefrühstückt und war bereits auf seiner Arbeit in der Poststelle. Schon seit vielen Jahren arbeitete er nicht mehr als Landbriefträger, sondern hatte sich emporgedient und war nun als Postinspektor im Innendienst am Schalter der Kalkarer Post tätig.

Am Frühstückstisch gab es die erste Überraschung. Louise hatte reichlich aufgetischt: ein weich gekochtes Ei, Wurst und Käse, dunkles Brot und ein süßes Milchbrötchen, außerdem noch Marmelade. Dazu gab es warme Milch. Solche Genüsse kannte ich von zu Hause nicht.

Danach wurde ich von ihr durch das Haus geführt. Die obere Etage mit den drei Schlafzimmern und dem Zwischenraum hatte ich ja bereits kennengelernt. Der Zugang dorthin erfolgte vom Flur aus über eine Holztreppe mit einem schön gedrechselten Geländer, ziemlich steil und mit einem rostroten Kokosläufer – gehalten von glänzenden Messingstangen – belegt. Oberhalb dieser Etage befand sich der Speicher. Das Erdgeschoss betrat man nach dem Eintritt durch die mit Kassetten verzierte schwere Hauseingangstür über einen Flur, dessen Wände mit geschmackvollen dunkelgrünen Kacheln gefliest und der mit einem schönen Terrazzoboden versehen war.

Dieser war von Giulio Botazzi hergestellt worden, einem schon älteren italienischen Bodenleger, der sich nach dem Ersten Weltkrieg in Kalkar niedergelassen hatte. Auch andere Kalkarer Bürger wussten dessen Handwerkskunst zu schätzen, denn in vielen Häusern fand man seine herrlichen und gleichzeitig absolut strapazierbaren Böden, zwar nicht billig, aber eine Investition fürs Leben.

Linker Hand war der Eingang zum Wohnzimmer mit einem schweren gepolsterten Sofa mit Esstisch und Stühlen, zwei ebensolchen tiefen Sesseln neben einem Rauchtisch und einer dunklen Vitrine. An den Wänden Bilder mit Naturdarstellungen und weiß-blaue Kacheln mit Delfter Motiven, auf dem Boden ein handgeknüpfter Orientteppich. Dieser Raum wurde – wie fast überall üblich – nur zu besonderen Anlässen wie Familienfeiern genutzt und – wenn nötig – beheizt. Am Ende des Flurs führte rechts eine Tür in den Keller.

Das eigentliche Leben spielte sich – wie bei uns zu Hause auch – im hinteren Teil des Hauses ab. Die große Küche wurde nicht nur zum Kochen, sondern auch zum Wohnen genutzt. An der Wand aufgereiht standen die Gerätschaften für die Essenszubereitung: neben einem Kohlekochherd auch ein dreiflammiger Gasherd, der über eine Leitung des städtischen Gaswerks mit Energie versorgt wurde. Das war etwas Neues, das ich nicht kannte. („Junge, nicht dran gehen! Gas ist gefährlich.“) Einen elektrischen Kühlschrank gab es auch hier nicht. Verderbliche Speisen wurden im kühlen Keller aufbewahrt.

In der Mitte der Küche war ein sechssitziger Küchentisch mit einer Wachstuchdecke, an dem während der Woche die Mahlzeiten eingenommen wurden. An der anderen Wand stand der obligatorische zweiteilige Küchenschrank, wie wir ihn auch zu Hause hatten. Neu für mich: ein Kanapee mit quietschender Federung, das Ruheplätzchen der Hauskatze. Diese wurde verscheucht, wenn Großvater Johann dort nach der langen Arbeit ein kurzes Erholungsnickerchen halten wollte. Die Katze räumte dann nur unwillig grummelnd ihren Platz.

Neben der Küche war das Esszimmer, in dem an den Sonntagen aufgetischt wurde. Die Wände waren bis auf Brusthöhe mit einem Textilbehang bespannt. Dahinter rieselte – wegen eines Feuchtigkeitsschadens an der Außenwand – der Salpeter. Auch hier ein großer Esstisch mit mehreren Stühlen, eine Vitrine für das Geschirr und die Gläser sowie ein Ruhesofa.

Auf einem kleinen Schränkchen stand das Radio, Marke „Nordmende“. Mit diesem Gerät hörte ich sonntags am Nachmittag während des Mittagsschlafes der Großeltern – wenn das grün leuchtende „magische Auge“ die richtige Sendereinstellung anzeigte – Musiksendungen, vor allem auf BFBN, dem britischen Militärsender, aber auch Sendungen mit dem in Deutschland hängen gebliebenen früheren englischen Besatzungssoldaten Chris Howland, der sich selbst „Mr. Pumpernickel“ nannte, eine wirkliche Ulknudel mit seinem starken Akzent, der aber stets flotte Musik spielte. Ich wartete immer auf seinen legendären Abschiedsgruß: „Auf Widdersähen und bye-bye! Euer Freund Chris Howland Pumpernickel.“ In den Sechziger-, Siebzigerjahren spielte er als Komiker auch in bundesdeutschen Spielfilmen mit.

Später dann war Radio Luxemburg meine Lieblingsstation wegen der Schlagersendungen und der Hitparade mit Camillo Felgen. Die Großeltern hörten abends regelmäßig die Nachrichtensendung „Zwischen Rhein und Weser“. Einen Fernseher gab es nicht, wurde aber auch von niemandem vermisst. An den Wochenenden wurde hier gemeinsam gespielt. Die üblichen Gesellschaftsspiele wie „Mensch ärgere dich nicht!“, Halma, Dame und – mir zuliebe – vor allem Mühle, das einzige Spiel, bei dem ich meinen Großeltern überlegen war, weil ich es zu Hause so oft mit Vater geübt hatte. Die Großeltern bevorzugten Kartenspiele – Canasta und Rommé –, deren Spielregeln ich nicht begriff. Um mir einen Gefallen zu tun, spielten sie dann Mau-Mau mit mir, bei dem sie mich fast immer gewinnen ließen.

Das Essen war mir teilweise ungewohnt. „Panhas“, eine Art Grütze aus Blut, Buchweizen und Speck, in der Pfanne kross gebraten, mundete mir nicht so richtig. „Himmel un Ääd“ – Kartoffeln mit gekochten und gestampften Äpfeln und gebratenem Speck – schmeckte wiederum sehr gut. Ansonsten gab es manchmal paniertes Kotelett mit Erbsen und Möhren, ab und zu auch Wiener Schnitzel mit Blumenkohl. Eine angenehme Abwechslung war es, wenn Milchsuppe mit Reis und Zimt oder hin und wieder rheinischer Kartoffelreibekuchen – genannt „Räbbes“ – mit Apfelmus auf dem Speiseplan standen. Auch Pfannkuchen – „Pannekoeken“ – war lecker: einer mit Speck, der zweite mit eingebackenen Apfelscheiben und der dritte als Dessert mit süßem Rübenkraut. All diese Leckereien kannte ich auch von zu Hause.

Der Freitag war, wie bei uns – auch meine Großeltern waren streng katholisch – fleischlos. Hier aber gab es statt nur Eier in Senfsoße schon mal gebratenen oder gesottenen Fisch. Samstags war der obligatorische Eintopf an der Reihe.

Der Sonntag war – was die kulinarischen Genüsse anging – ein besonderer Tag. Zum Frühstück standen süßer Stuten und Rosinenbrötchen – alles am Tag zuvor bei Feinbäcker Manges frisch eingekauft –, westfälisches, dunkel glänzendes Pumpernickel-Schwarzbrot, aber auch frisches Graubrot auf dem Tisch, außerdem „gute“ Butter, frisch aufgeschnittener Goudakäse, verschiedene Sorten

Aufschnittwurst, Schinken und zwei Sorten selbst gemachte Marmelade. Als Getränk gab es – wie auch während der Woche für die Erwachsenen – „echten" Bohnenkaffee, für mich am Sonntag auch, aber stark mit Milch verdünnt. Ich schwelgte in all diesen Genüssen und konnte gar nicht glauben, dass es so etwas gab.

Auch am Mittagstisch gab es sonntags besondere Speisen: einen dicken, fast fettfreien Schweinebraten, Rinderrouladen oder „rheinischen Sauerbraten" mit Rosinen und Kartoffelklößen. Alle diese Dinge kannte ich ebenfalls nicht.

Das Abendessen wurde kalt zubereitet, dazu gab es Tee. Alkohol war auch im Haus meiner Großeltern nahezu unbekannt. Nur zu Festtagen und zu Verwandtenbesuchen wurde Wein zum Essen, danach für die Männer Bier und Schnaps und für die Frauen Likör angeboten, dazu gehörte auch der selbst aufgesetzte „Bessen" aus Johannisbeeren.

Diese Aufzählung der Speisekarte im Hause meiner Großeltern in Kalkar macht deutlich, dass es dort eine andere materielle Basis als bei uns zu Hause gab. Johann war Postbeamter im mittleren Dienst und bezog ein entsprechendes, zwar eher bescheidenes, aber regelmäßiges Gehalt.

Nicht zu vergessen, dass beide im eigenen, bereits schuldenfreien Haus wohnten und keine Aufwendungen für Mietzahlungen hatten. Hinzu kam, dass sie – ebenso wie wir in Oldenburg – fast vollständig autark waren. Opa hatte Hühner und Enten, deren Eier und Fleisch das Ernährungsangebot bereicherten, ebenso wie der Kaninchenbraten drei-, viermal im Jahr aus der Schar der in kleinen Ställen gehaltenen Hauskaninchen. Außerdem befand sich hinter dem Haus ein ausgedehnter Garten, wo Louise Gemüse jeglicher Art und Kartoffeln anbaute. Es gab mehrere Obstbäume – Äpfel, Birnen und Pflaumen –, deren Früchte zu frisch gemachtem Kompott und zu diversen Marmeladen und Gelees verarbeitet wurden. Am meisten beeindruckten mich die drei Pfirsichbäume, deren pelzig behaarte Früchte, Sorte „Weinbergpfirsich", es als voll ausgereiftes, süßes Frischobst nach der Ernte im September zum Nachtisch gab. So etwas hatte ich zuvor weder gesehen noch geschmeckt. Ich hatte das Gefühl, im Süden zu sein, in „Italien", einem Land von dem ich – aufgrund der begeisterten Berichte der wenigen Menschen aus unserer Umgebung, die dort schon einmal Urlaub gemacht hatten – träumte wie von einem Schlaraffenland.

Weiterhin besaßen die Großeltern ein recht großes gepachtetes Gartenstück, dreihundert Meter vom eigenen Haus entfernt, das von Louise und Johann gemeinsam kultiviert wurde. Das dort angebaute Gemüse – Salate, Zwiebeln, Porree, Lauchzwiebeln, Schlangengurken, Wirsing, Erbsen, Möhren und Bohnen, in der kälteren Jahreszeit auch Rosenkohl und Grünkohl sowie Kartoffeln – entsprach dem kompletten Sortiment einer richtigen Gärtnerei, aber auf eigenem Grund. All das wurde von Louise günstig angeboten und fand viele zufriedene Kunden. Die Einkünfte aus diesem Nebenerwerb waren nicht unerheblich.

Die meisten der Kunden kauften bei Louise direkt ein. Zu meinen Aufgaben gehörte es, diejenigen Käufer zu beliefern, welche die Ware ins Haus gebracht haben wollten.

So war ich mehrmals in der Woche mit den beiden geflochtenen Weidenkörben unterwegs, um das Gemüse – und zusätzlich die frischen Hühnereier, die auch gerne gekauft wurden – in die Häuser zu bringen. Auf diese Art lernte ich viele Kalkarer Familien kennen, und ich selbst war bald bekannt als der kleine Enkel aus dem Norden.

Stolz war ich darauf, dass ich auch selbst kassieren durfte, um danach mit Louise abzurechnen. Bei den Kunden fiel ab und zu ein kleineres Trinkgeld ab. Auch Louise steckte mir nach einer solchen Verkaufstour, die ihr gutes Geld eingebracht hatte, ein 50-Pfennig-Geldstück als Belohnung zu. Aus allen diesen verschiedenen Einkommensquellen ergab sich ein Gesamterlös, welcher der Familie einen bescheidenen Wohlstand bescherte.

Eine Besonderheit war ein schmaler Ackerstreifen am Ortsausgang von Kalkar, den Johann günstig gepachtet hatte, eine kleine Fläche von der Größe eines viertel Fußballfeldes. Dort baute Großvater das für seine Geflügelzucht benötigte Korn an. Da er über keinerlei Ackergeräte verfügte, übernahm gegen ein kleines Entgelt sein Neffe, der auf einem Bauernhof als Knecht arbeitete, nach Feierabend mit seinem schweren belgischen Kaltblüter im Frühjahr das Pflügen und im Spätsommer die Getreideernte.

Die Vorbereitung des Ackers zur Aussaat nach dem Pflügen übernahm Johann selbst. Beim Eggen und Glätten der umgebrochenen Erdschollen wurden die eigene menschliche Arbeitskraft und die beiden Ackergeräte, die sein Neffe ihm leihweise überlassen hatte, eingesetzt. Mir kam es vor wie im Mittelalter: Großvater zog – einen breiten

Ledergurt über die Schultern gelegt – die Egge, danach die Walze über den Acker, Louise lenkte hinterherlaufend mit einem Eisenhaken die Geräte.

Meine Aufgabe war es, mit meinem Leichtgewicht im Stehen die Egge, im Sitzen die Walze zu beschweren. Am nächsten Tag erfolgte die Getreideaussaat von Hand. Im Spätherbst wurde die kleine Ernte beim Bauern mit gedroschen. Johann holte danach in mehreren Fahrten mit der Schubkarre – dem „Kruiwagen" – die drei, vier Säcke Körner von dort ab.

Zu Hause angekommen, wurden sie im Stall auf einer trockenen Unterlage abgestellt und täglich die benötigte Ration für die Hühner entnommen und an das Gackervolk verteilt.

Beim Ausliefern des Gemüses hatte ich auch Fräulein Jaruzewski als Kundin, eine ältere unverheiratete Dame, die mit ihrer ebenfalls ledigen Schwester in einem kleinen, aber repräsentativen Haus jenseits der Brücke über den Leybach, nahe dem großelterlichen Haus wohnte. Sie war Lehrerin an der Volksschule des Ortes, einem aus blau-roten Hartbrandklinkern erbauten großen Gebäude aus den Dreißigerjahren. Fräulein Jaruzewski war sehr freundlich zu mir und ich mochte sie auf Anhieb. Der Zufall wollte es, dass sie meine Klassenlehrerin wurde, als ich kurz darauf im zweiten Halbjahr des dritten Schuljahres in Kalkar eingeschult wurde.

So begann ein weiterer – wenn auch zeitlich befristeter – Teil meiner Schulerfahrungen bereits zu Anfang unter einem guten Stern. Die freundliche Grundstimmung zwischen Lehrerin und Schüler war wechselseitig. Ich war ein aufmerksamer, guter Schüler und machte Fräulein Jaruzewski keinen Ärger. Sie förderte mich sehr und erleichterte mir damit meinen Beginn an dieser neuen Schule mit dem Erfolg, dass ich fast ausschließlich gute Noten erntete, ohne ein sogenannter „Streber" zu sein. Das war gut so, denn Schüler dieser Art waren bei ihren Mitschülern, wie auch anderswo, nicht sonderlich beliebt.

Im Gedächtnis geblieben sind mir die Nachmittage, an denen sie uns zu Sendungen des Schulfunks des WDR in einem besonderen Raum der Schule versammelte. Aus den Lautsprechern eines riesigen Empfangsgerätes konnten diese Sendungen nur mit Knattern und Rauschen empfangen werden, sodass ein technisch versierter Schüler den Apparat ständig neu justieren musste. Die aufmerksam lauschenden Kinder hörten interessante Berichte aus Gebieten der Biologie („Die Tierwelt der Alpen"), der Geschichte („So lebten die Römer") oder der Erdkunde („Das Leben der Eskimos im ewigen Eis").

Das Verhältnis zu meinen Mitschülern war eigentlich bereits von Beginn an unproblematisch. Sie akzeptierten mich relativ schnell – nachdem die Phase des neugierigen Beäugens und Beschnupperns abgeschlossen war – als Neuzugang aus einer Gegend Deutschlands, die ihnen unbekannt war. Insofern betrachteten sie mich als einen Exoten – auch wegen meines norddeutsch breit gesprochenen Hochdeutsch –, der allerdings der Enkel von Johann und Louise war, die alle Kinder kannten, und somit also doch irgendwie zu den Kalkarer Jungens gehörte.

Fräulein Jaruzewski hatte meinen Mitschülern bereits zu Anfang angekündigt, dass ich voraussichtlich nur ein halbes Jahr bis zum Ende des dritten Schuljahres in der Klasse bleiben würde. Sie nannte auch den Grund meines vorübergehenden Aufenthalts, die schwere Erkrankung meiner Mutter.

Diese Information brachte mir von einigen sensiblen, schüchternen Mädchen mitleidsvolle Bemerkungen ein. („Das ist sicher schlimm für dich. Hoffentlich wird sie bald wieder gesund.") Dieser Zuspruch tat mir einerseits gut, andererseits erinnerte er mich an die schlimme Situation zu Hause. Danach war ich immer für eine Weile niedergeschlagen, bevor sich die kindliche Unbekümmertheit wieder durchsetzte.

Nicht alle meine Mitschüler gingen so rücksichtsvoll mit mir um. Einige „Platzhirsche" – allesamt Jungen und rechte Rabauken – waren der Meinung, dass unbedingt die Rangordnung – die ich durch mein Verhalten allerdings gar nicht infrage gestellt hatte – bestätigt werden müsse. Vielleicht waren sie auch einfach nur streitsüchtig.

Die darauffolgenden Raufereien wurden ausschließlich unter den jeweiligen Konkurrenten ausgetragen. Die Zuschauer – auch Teile der Mädchenschar – unterstützten zwar lautstark ihren jeweiligen Favoriten, beachteten aber die ungeschriebenen Regeln: Es kämpfte nur einer gegen einen. Es gab keine Einmischung, außer Anfeuerungsrufen, durch die Zuschauer. Es durften keine hinterlistigen oder gemeinen Methoden – Haarerupfen, Nasedrehen,

Beißen, Treten – angewendet werden. Wenn sich der Unterlegene ergab, wurde der Kampf sofort beendet.

Nachdem ich zwei, drei solcher Rivalenkämpfe, ohne mich ergeben zu müssen, durchgestanden hatte, ließ das Interesse der Rabauken, die auch ordentlich was abbekommen hatten, an weiteren körperlichen Auseinandersetzungen mit mir merklich nach. Mein mutiges Kampfverhalten brachte mir von den Mädchen aufmunternde Blicke ein, von einem verlegenen Lächeln kaschiert.

Nachdem mein Rang innerhalb der Gruppe nunmehr geklärt war, gab es keine weiteren Probleme. Schnell wurde ich anerkannt und war danach ein respektiertes Mitglied der Klassengemeinschaft.

Jedes Mitglied der Klasse war in seiner Freizeit natürlich auch Angehöriger seiner eigenen Clique. Das galt für die Jungen, aber auch für die Mädchen. Diese beiden Gruppen hatten – ihrem Alter gemäß – kaum Kontakt untereinander: Wir hatten mit den Mädchen nichts zu tun und diese mit uns ebenso wenig.

Hin und wieder kam es zu Auseinandersetzungen zwischen den Jungenbanden, die nicht auf dem Schulhof geklärt werden konnten. Dann verabredeten sich die Kontrahenten zu einer „Schlacht am roten Tor“, einer Kuhweide ganz in der Nähe der Schule, die eingezäunt und deren Zugang mit einem rot gestrichenen Holztor verschlossen war.

Nachdem die beiden rivalisierenden Gruppen den Kampfplatz – möglichst ohne allzu viele Kuhfladen – erreicht hatten, trafen sich die jeweiligen Anführer in der Mitte der Weide, um die Anzahl der Jungen festzulegen, die um die Gruppenehre streiten sollten. Die übrigen Kinder waren Zuschauer, die laut schreiend ihre Kameraden anfeuerten.

Die übrigen auf dem Schulhof geltenden Regeln sollten auch hier Anwendung finden, was allerdings wegen des hin und her wogenden Kampfgetümmels nicht so genau kontrolliert werden konnte.

Es wurde erbittert gerangelt und es gab zahlreiche blutende Nasen und blaue Flecke an diversen Körperteilen. Auch mancher abgerissene Pulloverärmel oder die eine oder andere durchlöcherte Hose mussten dran glauben, was abends Erklärungsbedarf gegenüber den Erziehungsberechtigten nach sich zog, schlimmstenfalls einen kurzfristigen Hausarrest zur Folge hatte. Wenn die Kontrahenten beider Seiten erschöpft zu Boden sanken („Hör auf! Ich kann nicht mehr.“), wurde die Schlacht beendet und von den Anführern als unentschieden deklariert, um keine der beiden Konfliktparteien zu einer Fortführung der Rangelei zu provozieren.

Dass es diese „Schlachten am roten Tor“ hin und wieder gab, war allgemein bekannt, was aber keineswegs die Erwachsenen – auch nicht die Lehrer – zum Eingreifen veranlasste. Es galt der Grundsatz: „Jungens müssen lernen, sich durchzusetzen und dabei die Regeln zu beachten. Ein paar blutige Ratscher schaden nicht.“ (Eine entsprechende Maxime für Mädchen ist mir allerdings damals nicht bekannt geworden.)

Selbst der Bauer, dessen Eigentum wir widerrechtlich kurzfristig besetzt hatten, stand am Weidezaun und schaute interessiert zu. Nur wenn er merkte, dass seine Kühe, die sich bereits vorsorglich in den hintersten Teil der Weide zurückgezogen hatten, unruhig wurden, schüttelte er drohend die Faust: „Willt jau wel ophören met dit Spektakel!“ Daraufhin wurde eine Kampfpause eingelegt und das Anfeuerungsgeschrei hörte auf. Wenn dann die Kühe und auch der Bauer sich wieder beruhigt hatten, ging es weiter.

Aus meiner Zeit in Kalkar sind mir noch einige weitere Episoden in Erinnerung. Die Art der Beleuchtung der Straßen und öffentlichen Plätze war mir neu. Die Stadt besaß ein kleines Gaswerk, in dem mithilfe von verbranntem Koks aus den nicht weit entfernten Zechen des westlichen Ruhrreviers Gas für die Haushalte, aber auch für die Stadtbeleuchtung hergestellt wurde. Die zahlreichen Laternen waren mit einem Gasstrumpf versehen, die bei Einbruch der Dunkelheit von einem Bediensteten des Gaswerks mithilfe eines langen Anzündestabs in Gang gesetzt wurden. In der Frühe, wenn es dämmerte, war der gleiche Mensch unterwegs, um die Laternen mit einem ähnlichen Gerät wieder zu löschen.

Dies geschah das ganze Jahr über, wobei die Dauer der Beleuchtung natürlich der jeweiligen Jahreszeit angepasst war. Heute wäre dieses Verfahren absolut anachronistisch und unwirtschaftlich, damals aber war es Realität und hatte den positiven Nebeneffekt, dass ein Mensch eine sinnvolle Beschäftigung und ein kleines Einkommen hatte, mit dem er sich und seine Familie ernähren konnte.

Eine weitere Erinnerung: Es gab in Kalkar zwei Milchhändler, welche die Versorgung der Bevölkerung mit Frischmilch aus der Molkerei im nahe gelegenen Louisendorf sicherstellten. Beide waren mit von ihnen gezogenen zweirädrigen Karren unterwegs, auf denen der Edelstahlbehälter für die Milch mit Gurten festgezurrt war. Mit einem Zapfmechanismus wurde die Milch in die mitgebrachten Gefäße der Kunden abgefüllt. Zusätzlich gab es aus einer gesonderten Kühlkiste noch Sahne, Quark, Butter und Eier zu kaufen.

Der eine der ambulanten Milchhändler war Herr Riemann, ein schwerer, rotgesichtiger Mann mit einer sehr kräftigen Stimme, der seine Ware lautstark mit dem Ausdruck „Mellek! Mellek!" – das Dialektwort für Milch war „Melk" – lautmalerisch verfremdet anbot. Der zweite Milchmann hatte die gleiche Ware im Angebot, war aber wegen seiner eher zurückhaltenden Art beim Anpreisen im Verkauf nicht so erfolgreich wie sein Konkurrent.

Was die Religion betraf, kam ich als Kind aus dem stockkatholischen Südoldenburg in Berührung mit einer zwar ebenso katholischen Umgebung, die allerdings nicht die dogmatischen Züge des Katholizismus in meiner bisherigen Heimat trug.

Meine Großeltern waren beide tief religiös, täglich wurden zu den Mahlzeiten gemeinsam die Tischgebete gesprochen und die Kreuzzeichen geschlagen. Bilder mit religiösen Motiven gab es nur einige wenige – zum Beispiel die „Madonna mit Kind" –, aber mehrere Kruzifixe. Man konnte sagen, dass die Religion zwar nicht den Alltag dominierte, allerdings unübersehbar war.

Johann ging nur am Sonntag zum Kirchgang ins Hochamt, zusammen mit Louise und mir. Das reichte ihm. Louise war sehr fromm, aber auf eine erfrischend natürliche Art, die nichts Bigottes an sich hatte. Sie war halt mit sich und ihrem Gott im Reinen.

Sie ging jeden Morgen unmittelbar nach dem Aufstehen in die Frühmesse von sechs bis halb sieben. Danach war sie wieder im Haus und bereitete für Johann und mich das Frühstück zu. Wir aßen immer gemeinsam. Auch Louise setzte sich dann dazu und trank ihr zweites Tässchen Kaffee. Zu besonderen – im Jahreslauf der katholischen Kirche vorgesehenen – Gelegenheiten besuchte sie noch zusätzlich am frühen Abend im Mai die Marienandachten und im November die Rosenkranzgebete zur Erinnerung an die Verstorbenen.

Sie fragte hin und wieder, ob ich nicht Lust hätte mitzukommen. Da dies ohne jeden Zwang geschah, schloss ich mich ihr dann auch schon mal zu diesen Andachten an. Ich erinnere mich, dass die Atmosphäre in dem nur spärlich beleuchteten Kalkarer Dom mit seiner herrlichen gotischen Architektur und seinen weit bekannten Schnitzaltären alter holländischer Meister mich immer sehr angenehm berührt hat.

Das Raunen der Stimmen der überwiegend älteren Frauen, die nur schwer verständlich die immer gleichen Gebete murmelten, in Verbindung mit dem Geruch der abbrennenden Kerzen, die flackernde Schatten auf die Heiligenbilder und -figuren warfen, erzeugte eine geheimnisvolle Stimmung, der ich mich gerne hingegeben habe.

Großmutter Louise war stets zurückhaltend, ohne mich in eine bestimmte Richtung zu lenken. So war es nicht ungewöhnlich, dass ich selbst die Frage stellte, ob ich nicht in Kalkar Messdiener werden könnte. Sie war natürlich sehr angetan von meinem Wunsch und regelte mit dem Dechant des Domes sofort die notwendigen Formalitäten.

Zunächst ministrierte ich in der Kapelle des Marienstiftes, was nicht so angenehm war. Ich musste sehr früh aufstehen, weil dort die Frühgottesdienste bereits um halb sieben begannen. Nachdem ich mich bewährt hatte, durfte ich danach meinen Dienst im Dom zu den sonntäglichen Gottesdiensten verrichten. Dort war es erforderlich, dass ich mir die Grundbegriffe des liturgischen Lateins aneignen musste, da die feierlichen Hochämter nach dem damaligen Ritus in Kirchenlatein abgehalten wurden, was auch für die Ministranten galt. Das war für einen neunjährigen Jungen nicht einfach, der noch nie Kontakt zu dieser toten Sprache gehabt hatte. Den anderen Messdienern ging es nicht besser.

Wir lernten die Gebete in der fremden Sprache auswendig und hörten uns am Anfang gegenseitig ab. Später behalfen wir uns mit dem Trick, nur den jeweiligen Anfang des Gebetes laut und deutlich auszusprechen, um dann danach den nicht mehr erinnerten Teil mit undeutlichem Gemurmel vorzutäuschen. Der Gebetsschluss wurde dann wieder laut gesprochen. Diese nicht ganz korrekte Methode funktionierte und erleichterte uns das Ministrantenleben.

Beim „Stufengebet“ zu Beginn des Gottesdienstes – dem längsten Gebet der Liturgie – wurde so für uns aus dem Anfangssatz „Introibo ad altare Dei. Ad Deum, qui laetificat juventutem meam.“ („Zum Altare Gottes will ich treten. Zu Gott, der mich erfreut von Jugend auf.“) die Version: „Introibo [...] juventutem meam.“ Den sehr langen Text des „Confiteor“ wandelten wir ab in „Confiteor Deo [...] mea culpa, mea culpa [...] Deum nostrum.“ Der Pfarrer wusste von unserem Trick, machte uns deswegen aber keine Vorhaltungen.

Von dieser Art der religiösen Betätigung – später war ich auch noch Messdiener in Lohne – habe ich keinen dauerhaften seelischen Schaden zurückbehalten. Dieses Engagement war, ebenso plötzlich wie es begonnen hatte, im Alter von vierzehn Jahren beendet, nachdem ich nach dem endgültigen Umzug der Familie dort noch ein weiteres Jahr in Lohne Ministrant gewesen war. Viel gravierender für meine Entwicklung war der Einfluss der katholischen Kirche mit ihren rigiden Regeln – insbesondere im Bereich der Sexualmoral – in den folgenden Jahren. Doch davon später.

Ein ganz anderes Kapitel war während meiner Zeit in Kalkar mein Verhältnis zum „anderen Geschlecht“ – wenn man diesen Ausdruck überhaupt verwenden kann –denn ich war noch nicht einmal in der Pubertät. Dennoch wurden die Mädchen – obwohl es keinen ernsthaften Kontakt zu ihnen gab – von mir wahrgenommen.

Ich hatte zwei Favoritinnen, beide besuchten mit mir zusammen die dritte Klasse. Die erste war Renate van Dornick, die Tochter des örtlichen Bäckers, ein dralles, blondes Mädchen mit hüftlang geflochtenen Haaren. Sie war robust und resolut, was eigentlich nicht meinem Typ entsprach. Dennoch war ich heillos in sie verliebt und verbrachte unzählige Nächte mit Träumereien, wie ich sie erobern könnte. Nachdem sie mich hartnäckig ignorierte, fügte ich mich schweren Herzens in das Unvermeidliche und vergaß sie.

Nach einer kurzen Phase des Liebeskummers wendete ich mich meiner zweiten Favoritin zu. Charlotte, so hieß sie, war die Tochter des Briefträgers, also eines Kollegen von Großvater Johann. Sie war sehr schlank, fast dürr, hatte braunes, schulterlanges Haar und schöne, dunkle Augen, somit ein genau konträrer Typus zu meiner vorherigen „Flamme“ Renate. Sie war – ebenso wie ich – schüchtern; wenn sie mich anlächelte, klopfte mir das Herz bis zum Hals.

Ich fand oft einen Vorwand, um sie nach Schulende zu ihrem Haus am Ende der Monrestraße, kurz vor dem Marktplatz, zu begleiten, was eigentlich gar nicht auf meinem eigenen Heimweg lag. Ich benutzte dann die Notlüge: „Ach, ich geh noch mal kurz zu Onkel Josef am Kesseltor.“ Das war nur ein paar Hundert Meter entfernt. Dieser war der Bruder von Johann und bewirtschaftete zusammen mit seiner Frau in seinem Elternhaus eine kleine Landwirtschaft.

Der Hof grenzte an den alten jüdischen Friedhof an, der noch heute erhalten ist. Er war damals frei zugänglich, und einige Male war ich als Junge dort und habe mich über die Grabsteine mit den Aufschriften in der eigenartigen, nicht lesbaren Schrift und über die auf den Grabsockeln abgelegten Steinchen gewundert. Später dann war das Tor zum Friedhof abgeschlossen und man musste den Schlüssel im nahe gelegenen Stadtmuseum abholen. Auch als Erwachsener habe ich bei meinen Besuchen in Kalkar den Friedhof besucht, der immer wieder eine eigenartige Faszination in Verbindung mit Nachdenklichkeit und Trauer beim Gedenken an die unglückselige Geschichte und die Toten, die hier ihre ewige Ruhe gefunden haben, auf mich ausgeübt hat.

Die Synagoge am Hanselaer Tor wurde in der Reichspogromnacht – früher verharmlosend „Kristallnacht“ genannt – geschändet und niedergebrannt. Den herbeigeeilten Feuerwehrmännern wurden von dem versammelten SA-Mob Löscharbeiten untersagt. Später wurden die ausgebrannten Überreste dieses Gotteshauses abgerissen und dem Erdboden gleichgemacht. Heute steht an dieser Stelle ein Gedenkstein. Bei den Ausschreitungen wurden auch etliche der jüdischen Geschäfte Kalkars verwüstet und deren Inhaber misshandelt. Von den sechzig jüdischen Mitbürgern, die 1933 im Ort lebten – immerhin drei Prozent der Gesamtbevölkerung – verließen die meisten die Stadt nach dem Pogrom. Die verbliebenen jüdischen Familien wurden alle nach und nach im Verlaufe der Kriegsjahre deportiert und im KZ ermordet. Nur einer aus der jüdischen Gemeinde Kalkars, der den Holocaust überlebt hatte, ist nach Kriegsende wieder nach Deutschland zurückgekehrt.

Den nicht jüdischen Bürgern Kalkars waren die Verfolgungsmaßnahmen natürlich nicht unbemerkt geblieben. Es ist nicht bekannt, dass sie sich in irgendeiner Form – obwohl sie die Betroffenen alle kannten, in ihren Geschäften einkauften oder sonstigen Kontakt mit ihnen hatten – für ihre jüdischen Mitbürger in dieser schweren Zeit eingesetzt hätten. Die meisten zogen sich mit der Ausrede zurück: „Wir haben tatsächlich geglaubt, dass sie – wie die Nazis behaupteten – nur zum Arbeitseinsatz in den Osten geschickt wurden." So kann man sich auch das Leben leicht machen und sich vor der Mitverantwortung drücken.

Vater erzählte mir später Geschichten aus seiner Jugend, als er das Gemüse von Louise auch zu den jüdischen Familien zum Verkauf brachte. Aus Unkenntnis war er zu Anfang dort auch am Sabbat erschienen und hatte die Atmosphäre in den Familien am Vorabend des jüdischen Festtages erlebt: eine festlich gedeckte Tafel mit vielen der charakteristischen siebenarmigen Kerzenleuchtern, die Familienoberhäupter im schwarzen Festgewand mit der Kippa auf dem Kopf, die meisten aber ohne Schläfenlocken, die feierliche Stimmung mit den in hebräischer Sprache gesprochenen Gebeten. Alles sehr fremdartig für ihn, aber auch faszinierend. Er wurde dann allerdings schnell hinauskomplimentiert, mit der dringenden Bitte, doch das nächste Mal spätestens am Freitagmittag zu erscheinen.

Das Haus der Großeltern stand unmittelbar am Rande des örtlichen Sportplatzes. „TuS Kalkar", der Fußballverein spielte in der dritten Kreisklasse. Vom oberen Stockwerk aus konnten Großvater und ich, wenn wir vom sonntäglichen Kirchgang zurückgekehrt waren, die Fußballturniere zwischen Kalkar und den gegnerischen Mannschaften – Hönnepel, Appeldorn, Uedem, Grieth, Bylerward – weit aus dem Schlafzimmer gelehnt, kostenlos verfolgen.

Johann machte bei missglückten Aktionen der Heimmannschaft seine Kommentare: „Jij moet de Ball treffen, en niet daarneven trappen!“ oder: „Warom heb je niet geschooten, jij Slaapmütz!“

Auf der mehrstufigen Eingangstreppe des Hauses standen die Männer aus der Nachbarschaft und verfolgten auf Zehenspitzen stehend ebenfalls kostenlos das Spielgeschehen. Louise ärgerte sich jedes Mal, wenn sie nach Spielende die ausgetretenen Zigarettenkippen von den Stufen fegen musste; Johanns Kommentar: „Ach, Louise, laat toch die Mensen met Rust kijken!“

Im November, am St.-Martins-Tag, gab es einen Laternenumzug der Kinder, begleitet von Fackeln tragenden Feuerwehrleuten und der örtlichen Musikkapelle, welche die zum Fest passenden Lieder spielte. Nachher verteilte St. Martin – in römischer Uniform, aber nur noch mit einem halben Mantel –, der auf einem schweren Belgier Kaltblüter mit hellem Fell und Stummelschweif dahergeritten kam, aus einem großen Jutesack „Weckmänner“ an die Kinder. Das waren männchenartige Figuren aus Weißbrotteig. Das Besondere war die kleine weiße Tonpfeife – auf Holländer Platt „Piep“ –, die der Weckmann zwischen den Fingern hielt. Dieses zum wirklichen Rauchen geeignete Utensil war Anlass zu einem familiären Zwist am Abend des St. Martinstages.

Ich war mit Großvater bei dem Umzug gewesen, anschließend kehrten wir nach Hause zurück. Louise war zur Rosenkranzandacht in der Kirche. Zuvor hatte es zum Abendbrot Hering in Tomatensoße aus der Dose gegeben.

Johann saß in seinem Sessel und qualmte mit dem in seiner Holzpfeife verbrannten Knastertabak – von ihm heiß geliebt, von allen anderen Familienmitgliedern verabscheut – die Wohnstube voll. Die gesundheitlichen Gefahren des Rauchens – insbesondere die des Passivrauchens – war den Konsumenten nicht bewusst: Fast alle Männer rauchten, in den größeren Städten auch viele Frauen.

Ich hatte meinen Weckmann verspeist und hielt die Tonpfeife in der Hand. „Opa, darf ich auch mal piepkern?" Johann, dem der Schalk im Nacken saß, bot mir den Beutel mit seinem Knaster an. „Wenn jij smööken wilt, Jonge, dann griep man to." Bald saß ich auf Johanns Schoß und wir beide pafften um die Wette, er wohl wissend, was jetzt folgen würde.

Innerhalb von Minuten wurde mir speiübel – „Smaakt jou dat niet, Jonge?" – und ich wankte zur Treppe, um in mein Bett zu gelangen. Ich kam nur bis zur dritten Stufe, dann flog in hohem Bogen der Fisch in Tomatensoße heraus und versickerte im Teppichläufer der Treppe, der zudem auch noch aus Kokos bestand, was die spätere Reinigung zusätzlich erschwerte.

Als ich danach halb benommen in meinem Bett lag – den Pinkeleimer für weitere Magenrevolten neben mir –, hörte ich, wie Louise heimkam, die Bescherung zuerst roch und danach sah, worauf lautstarke Vorwürfe auf Johann einprasselten: Ob er wohl noch ganz gescheit wäre, einem Kind in meinem Alter das Rauchen zu gestatten und diese Unvernunft auch noch durch das Zurverfügungstellen des eigenen Stinkekrauts zu fördern! Ob er nicht wüsste, dass ich nun vielleicht eine Nikotinvergiftung haben könnte! Danach kam sie hoch zu mir, um nach mir zu schauen. Als sie festgestellt hatte, dass es mir schon wieder besser ging, beschränkte sich ihre Fürsorge darauf, mir einen Kamillentee zuzubereiten, der sollte den Magen beruhigen.

Zur Wiedergutmachung musste Johann am darauffolgenden Tag den Teppich nach draußen schaffen und mit Seifenwasser und Bürste wieder sauber schrubben. Er nahm das, ohne zu murren, auf sich, weil er wohl selbst inzwischen eingesehen hatte, dass er mit mir einen fragwürdigen Scherz veranstaltet hatte, der auch ins Auge hätte gehen können. Von Louise gab es keine Vorwürfe gegen mich gerichtet, aber noch lange danach war Nikotin, in welcher Form auch immer, für mich tabu. Erst im Alter von fünfzehn, sechzehn Jahren ging die Pafferei dann wieder los.

Ende November, Anfang Dezember froren die Kolke, Teiche und Weiher zu. Von denen gab es in Kalkar einige: Kaufmann Holbrands Weiher, eigentlich ein privater Angelteich, der aber im Winter für die Schlittschuhläufer – mit einem entsprechenden Warnschild am Rande – freigegeben war. Ebenso ein kleiner Teich hinter dem Haus meiner Großtante Käthe, die ich ab und zu besuchte, um mit ihrem Enkel Gerd, der in meinem Alter war, zu spielen.

Diese kleinen Wasserflächen waren die Eissportstätten für die Jüngeren. Die Älteren fuhren mit ihren Fahrrädern in die nähere Umgebung, wo es in Richtung Rhein, der nur etwa fünf Kilometer entfernt war, viele abgetrennte Altrheinarme und sonstige größere Eisflächen gab.

Die begehrteste war der ausgedehnte Wassergraben rund um die Wasserburg Boetzelaer in der Nähe von Appeldorn, drei Kilometer entfernt. Die Wasserburg war eigentlich nur ein unbewohntes, teilweise eingefallenes Herrenhaus, das aber inmitten der weiten niederrheinischen Flusslandschaft eine sehr romantische Stimmung verbreitete.

Die Kinder am Niederrhein, die alle mit dem Fluss aufgewachsen waren und die Gefahren des Schlittschuhlaufens auf noch nicht ausreichend fester Eisdecke kannten, trafen selbst ihre Vorkehrungen: Der Schwerste und Mutigste in der Schar der Kinder und Jugendlichen traute sich zögernd und mit dem gebotenen Respekt auf die Eisfläche, mit einem Seil um die Hüften geknüpft und seinen Freunden am Rand, die ihn – falls er ins Eis einbrechen sollte – hätten retten können. Erst nachdem er die gesamte Eisfläche erkundet hatte, wurde diese auch für die anderen freigegeben.

Am Niederrhein wurde das Eislaufen „schaatsen“ genannt, ein Wort aus dem Niederländischen. Von Vater weiß ich, dass er es in seiner Jugend schon erlebt hatte, dass während eines Winterhochwassers Mitte der Zwanzigerjahre die gefrorene Wasserfläche über alle Äcker und Wiesen hinweg sich vom Rhein bis Kalkar ausdehnte.

Er war dann mit seinem Vater bis nach Niedermörmter – Rees lag auf dem gegenüberliegenden Rheinufer – geschaatst. Immerhin acht Kilometer, nur unterbrochen von den noch zentimeterhoch aus dem Eis ragenden Stacheldrahtzäunen, vor denen man sich in Acht nehmen musste, um nicht unbeabsichtigt ins Straucheln zu geraten.

Die Schlittschuhe waren traditionelle holländische „Schaatsen", hölzerne Untergestelle mit eingearbeiteten Metallkufen ohne metallene Befestigungskonstruktion für die Schuhe. Diese wurden nur mit Riemen befestigt. Die beiden fuhren ohne Schuhe mit blanken Füßen, umhüllt von drei Paar dicken Wollsocken, über welche die Riemen gespannt wurden. („Das gab das richtige Gefühl für das Eislaufen, Junge, auch wenn die Füße hinterher eiskalt waren.") Im Stall der Großeltern hingen noch zwei Paar dieser Holländer Schlittschuhe. Johann hat mir eines davon geschenkt, das allerdings leider im Verlauf meines turbulenten Lebens verloren gegangen ist.

Zu meiner Zeit benutzten wir Kinder Metallschlittschuhe. Im Übrigen lief das Ganze genauso ab wie bei uns in Oldenburg. Ebenso wie dort gab es hier den Eislauf der Kinder meistens nur in Verbindung mit Eishockeyspielen. Auch in Kalkar habe ich – obwohl die Möglichkeiten zum Schlittenfahren fehlten – den Winter als eine der schönsten Jahreszeiten für uns Kinder empfunden.

Vor Weihnachten kam ein ausführlicher Brief von Vater in seiner gestochenen Sütterlinschrift mit Weihnachtsgrüßen an uns alle, auch unterschrieben von Mutter. Er berichtete uns von Lohne, insbesondere von Mutters Zustand, die das Gröbste überstanden hatte und bald zu einer Erholungskur fahren sollte. Auch von meiner Schwester Marianne schrieb er, dass es ihr gut gehe und sie gerne in dem Heim in Vechta sei. Es sei geplant, sie unmittelbar nach Mutters vollständiger Genesung wieder nach Hause zu holen. Das könnte vielleicht schon in einigen Wochen geschehen.

Was mich betraf, fragte er bei seinen Eltern an, ob es nicht sinnvoll sei, wenn ich zunächst in Ruhe mein drittes Schuljahr in Kalkar zu Ende führen würde, um eine weitere Einschulung für einige wenige Wochen erneut ins dritte Schuljahr in Lohne zu vermeiden. Ich würde dann nach Ostern zurückkehren, um danach die vierte Klasse zu besuchen. In einem anschließenden Brief stimmten meine Großeltern diesem Vorschlag zu.

Weiter schrieb er, dass sie alle sich auf das Wiedersehen und auf das nächste, dann wieder gemeinsame Weihnachtsfest freuen würden. Zum Schluss richtete er noch einige tröstende Worte an mich.

Obwohl es mir bei den Großeltern ja sehr gut ging, drückten sich dann doch ein paar Tränen des Heimwehs aus meinen Augenwinkeln.

Diese waren aber schnell vergessen, als am Heiligabend die belgische Verwandten – diesmal mit einem alten Simca – anreisten. Meine vorherige kindliche Leidenschaft zu Liliane war inzwischen erloschen, aber wir verstanden uns immer noch gut. Das gemeinsame Weihnachtsfest mit Kirchgang, darauffolgender Bescherung und Weihnachtsliedern und das Festmahl am ersten Weihnachtstag ließen schnell die trüben Gedanken bei mir verfliegen.

Nach dem Neujahrstag 1957 stand in der „Rheinischen Post“ – der großen überregionalen Tageszeitung, welche die Großeltern abonniert hatten: „Das Saarland kehrt zurück in die Heimat!“ In meiner Zeit in Kalkar las ich bereits hin und wieder in dieser Zeitung. Zu Anfang waren meine Lesefertigkeiten noch stockend, um danach zunehmend flüssiger zu werden. –Erstaunlicherweise interessierte ich mich bereits damals als knapp Zehnjähriger auch für die politische Seite in der Zeitung.

So erinnere ich mich – neben der oben zitierten Stellungnahme zur Lösung der Saarland-Frage – an die vielfältigen Kommentare zur legendären „Rückkehr der Zehntausend“ – der Rückführung der angeblich letzten deutschen Kriegsgefangenen aus Russland –, die Adenauer im Oktober 1955 in den Verhandlungen mit der damaligen Moskauer Führung ausgehandelt hatte und die Anfang 1956 abgeschlossen wurde. Ein sehr emotionales Ereignis für die meisten Deutschen, vor allem für diejenigen, die jahrelang nicht genau wussten, was mit ihren Angehörigen geschehen war, und die um deren Wohlergehen bangten. Das Interesse in Deutschland an dieser Großtat des Bundeskanzlers fand auch danach noch ein vielfältiges Echo in der deutschen Presse.

Großvater Johann, der – im Gegensatz zu Louise, die eher unpolitisch war – an politischen Dingen interessiert und informiert war, las diese Artikel und gab auf meine Nachfrage: „Opa, was bedeutet das?“ bereitwillig Auskunft. Auch über die Suezkrise im Herbst 1956 und den fast zeitgleich stattfindenden Volksaufstand in Ungarn wusste er Bescheid und erzählte mir davon. Ich denke, dass im Hause meiner Großeltern mein von da an immer mehr wachsendes Interesse an politischen Fragen, insbesondere der Außen- und internationalen Politik, grundgelegt worden ist.

Selbst an eine der schwersten Krisen zu Beginn des Kalten Krieges – den Koreakrieg von 1950 bis 1953, der die Welt fast in einen Dritten, dann vielleicht sogar atomaren Weltkrieg gestürzt hätte – hatte ich als Kind eine schwache Erinnerung, diese allerdings eher anekdotenhaft durch meinen Vater. Wenn er – der nach seinem schweren Schicksal im Kriege mit Politik nichts mehr zu tun haben wollte („Hitler und die Politiker haben unser Unglück verschuldet.“) – mich beim Nasepopeln erwischte, fragte er: „Na, was machst du denn da, Junge? Kugeln drehen für Korea?“, was ich zunächst nicht verstand. Später erst begriff ich diesen makabren Scherz.

Auch von der Ereignissen des 17. Juni 1953 in der DDR – von uns und jedem anderen, den wir kannten, „Ostzone“ oder „SBZ“ genannt – bekam ich nur am Rande etwas mit, spitzte aber bei den Gesprächen der Erwachsenen immer die Ohren. „Die Russen wollen uns auch noch Mitteldeutschland wegnehmen. Ostdeutschland haben sie ja bereits an die Polen verscherbelt. Dem Iwan ist nicht zu trauen!“ Von der noch weiter zurückliegenden sogenannten „1. Berlin-Krise“ 1948/49, welche die Berliner Luftbrücke zur Folge hatte, bekam ich erst später eine Vorstellung, als ich nach der Bedeutung des häufig gehörten Wortes „Rosinenbomber“ in Verbindung mit „Amis“, „Iwans“ und Berlin fragte.

Das Osterfest verbrachte ich noch mit meinen Großeltern. Kurz zuvor hatte ich mit dem Jahreszeugnis der dritten Klasse die Schule in Kalkar verlassen, von meiner Klassenlehrerin und auch meinen Mitschülern herzlich verabschiedet. Charlotte schaute traurig, als sie mir die Hand reichte. Das wiederum machte mir den Abschied nicht gerade leichter.

Für meine Heimfahrt nach Lohne hatten die Großeltern etwas Besonderes arrangiert, um mir die lange Zugfahrt, dazu noch ohne Begleitung, zu ersparen. Einer ihrer Nachbarn war ein „Kapitän der Landstraße“, ein schon älterer Mann mit dickem Fernfahrerbauch und einer langen Fahrpraxis, dem man mich ohne Bedenken anvertrauen konnte. Er fuhr für seine Firma, die Milchfabrik in Appeldorn, dreimal in der Woche zu einer Molkerei in Holdorf, nur zehn Kilometer von Lohne entfernt, um dort Frischmilch abzuholen. Er stimmte zu, mich mitzunehmen. Und so endete meine kindliche Odyssee, die insgesamt neun Monate angedauert hatte, zum Abschluss noch mit einem veritablen Abenteuer.

Am frühen Abend, nach einer letzten gemeinsamen Mahlzeit, wurde ich mit feuchten Augen von meinen Großeltern verabschiedet und mit den besten Wünschen und einem dicken Proviantpaket auf die lange Reise nach Hause geschickt. Johann brachte mich auf dem Fahrrad die zwei Kilometer zu der Milchfabrik.

Dort verstaute der Fahrer mich und mein Köfferchen in dem Führerhaus seines mächtigen Motorwagens mit langer Haube, hintendran der schwere dreiachsige Anhänger – Gesamtgewicht: über vierzig Tonnen –, für mich kleinen Buben ein regelrechtes Monstrum. Der Lastzug war mit mehreren glänzenden Milchtanks aus Edelstahl bestückt. Und dann ging es los!

Das Gefährt benötigte für die dreihundert Kilometer fast zehn Stunden einschließlich der Pausen. Mit knapp 200 PS Motorleistung, ohne Servolenkung und mit manueller Achtgangschaltung mit Zwischengas und -kuppeln, quälte sich der Lastzug – fast zwanzig Meter lang – über enge Bundes- und Landstraßen – mit brüllendem Motor immer nahe an der Leistungsgrenze, ständigem Hinauf- und Herunterschalten des nur halb synchronisierten Getriebes – durch Dutzende Orte hindurch, diverse Steigungen im Teutoburger Wald bei Iburg hinauf und anschließend gefährliche Gefällestrecken – mit qualmenden heiß gewordenen Trommelbremsen, sodass der Fahrer notgedrungen eine Pause einlegen musste – wieder hinunter, bis zu seinem Bestimmungsort im Oldenburger Münsterland.

Ich durfte, als ich müde wurde, in der Fernfahrerkabine schlafen, umgeben von den Männerschweißgerüchen des hart arbeitenden Fahrzeugführers und den Geräuschen seiner ebenfalls schwer strapazierten Maschine.

Am Treffpunkt in Holdorf stand Vater bereits in Warteposition. Wir fielen uns beide nach der langen Trennung erst einmal in die Arme und drückten uns ganz feste. Seine Schmatzküsse auf die Wangen waren mit seinem Zweitagebart zwar rau, schmeckten mir aber wie Honig.

Endlich wieder daheim!

Danach wurde der Lkw-Kapitän begrüßt und der Dank in Form eines kleinen mitgebrachten Präsentes überreicht. Ich mitsamt meinem Strohköfferchen wurde auf dem harten Gepäckträger des Mopeds verstaut und dann ging es knatternd zurück nach Hause.

Die anfänglichen Gefühle der Fremdheit nach langer Abwesenheit legten sich schnell, als ich meine Mutter – die zwar immer noch mager war und blass aussah – und danach meine Schwester – inzwischen vier Jahre alt geworden – in die Arme schließen konnte.

Wir waren wieder eine Familie!

Rückkehr

Nach der Rückkehr in meine alte Heimat normalisierte sich das Leben schnell. Mutter war wieder gesund; Vater hatte noch seine Arbeit; meine Schwester war nach dem unfreiwilligen Aufenthalt im Waisenhaus offensichtlich auch wieder guter Dinge. Die sechs Monate dort hatten bei ihr keinen bleibenden Schaden verursacht. Ich selbst erinnerte mich gerne an die schöne Zeit bei den Großeltern in Kalkar, war aber gleichzeitig froh, wieder zu Hause zu sein.

Ich wurde erneut in der Volksschule angemeldet und dort nach Ostern 1957 in die vierte Klasse eingeschult. Ich war damals neun Jahre alt und absolvierte das vierte Schuljahr ohne Probleme bis zum Abgang im April 1958.

Danach trat ich – kurz vor meinem elften Geburtstag – in die Mittelschule ein. Dort erwartete mich ein neuer Abschnitt in meiner vielfältigen Erfahrungsgeschichte mit dem deutschen Schulsystem als Realschüler in meiner neuen Schule, mit neuen Lehrern, neuen Kameraden, neuen Fächern und gesteigerten Leistungsanforderungen. Hilfe von meinen Eltern konnte ich nicht erwarten. So kämpfte ich mich allein als elf-, zwölfjähriger Junge durch diese neue Erlebniswelt. Es gelang mir einigermaßen, wenn auch ein gewisser Leistungsabfall aufgrund der nicht erfolgten Förderung nicht zu leugnen war.

Ich absolvierte das fünfte und sechste Schuljahr mit relativ gutem Erfolg. Im April 1960, mit zwölf Jahren, wurde ich in die siebte Klasse versetzt. Diese besuchte ich allerdings nur bis zu den Sommerferien, weil wir danach an unseren neuen Wohnort Kalkar zogen und ich im nahe gelegenen Goch am dortigen Gymnasium erneut in das bereits begonnene siebte Schuljahr, die „Quarta", eingeschult wurde. Wieder eine gravierende Veränderung in meinem bewegten Schülerleben. Über die Umstände, die zu diesem Schulwechsel führten, berichte ich später.

Bei uns zu Hause hatte sich nur wenig verändert. Die Ernährungssituation hatte sich zwar erheblich verbessert, weil Vater aufgrund seiner Festanstellung in der Röhrenfabrik seine Familie nunmehr unproblematisch versorgen konnte. Wirklichen Mangel gab es nicht mehr, aber einschränken mussten wir uns trotzdem ständig. Wohlleben war nicht möglich. Wir wohnten nach wie vor in unserem kleinen Haus in der Landwehrstraße, ohne jeden Komfort und mit vielfältigen Einschränkungen, was Wohnungsausstattung und hygienische Einrichtungen anging. Aber wir hatten uns daran gewöhnt und vermissten eigentlich nichts.

Nach wie vor sorgte Mutter mit ihrem Garten für frisches Gemüse und Obst, sodass die Vitaminbilanz immer stimmte.

Es gab keine schwerwiegenden Erkrankungen mehr, weder bei meinen Eltern noch bei uns Kindern. Also eigentlich alles zufriedenstellend.

An den Sonntagen hatte Vater – zumindest vormittags – Zeit für uns Kinder, meine kleine Schwester und mich. Zunächst gingen wir drei in den Gottesdienst, meistens in das Hochamt. Mutter war bereits in der Frühmesse gewesen, um genügend Zeit für den Haushalt zu haben. Um elf waren wir dann wieder zu Hause. Während Mutter in der Küche das Sonntagsmahl zubereitete, saßen wir Kinder mit Vater im Wohnzimmer. Er trank dann ausnahmsweise auch schon mal ein Bier, die Kinder bekamen einen selbst gemachten Fruchtsaft. Meine Schwester – vier, fünf Jahre alt – kämmte ihm dann mit Hingabe seine Haare und versuchte, ihm Zöpfchen zu flechten, was ihr nicht gelang, da Vater sein volles Haar kurz trug.

Ich saß derweil auf seinem Schoß und wir spielten unser Lieblingsspiel Mühle. Dabei kannte er kein Erbarmen. („Ich habe schon wieder eine Zwickmühle! Jetzt verlierst du. Zwei Züge zuvor hättest du auch eine bauen können. Warum hast du das nicht gemacht?") Trotz der Niederlagen war ich nicht entmutigt, sondern forderte ihn stets zu Revanchen heraus, die er auch annahm. Wie süß war dann der Triumph, wenn ich ihn endlich einmal besiegt hatte! Er gratulierte mir dann, ganz ehrlich gemeint.

Ein besonderes Kapitel war es, wenn ich ihn aufforderte: „Papa, erzähl mal vom Krieg!" Ich merkte dann, dass er sich förmlich verspannte. („Nein, nein! Lass' mal gut sein. Das muss jetzt nicht sein.") Wenn ich ihn lange genug mit meinen wiederholten Bitten genervt hatte, konnte ich ab und zu einige wenige Informationen aus ihm herauslocken.

„Papa, du warst doch in Russland. Dort ist es doch im Winter sehr kalt. Wie habt ihr euch denn dort gewärmt?" Nach langem Zögern kam dann von ihm: „Junge, wenn wir im Winter in einem Dorf ankamen, das noch bewohnt war, haben wir an den Türen der Holzhäuser gebollert.

Die russischen Familien haben uns dann ins Haus geholt und uns zu essen und zu trinken angeboten. Sie waren auch zu ihren Feinden sehr gastfreundlich, vielleicht auch nur, weil sie Angst vor uns fremden Soldaten hatten. Manchmal konnten wir auch auf ihren gemauerten Kachelöfen schlafen, neben den Russen, die sich dort aufwärmten.“ – „Das war ja bequem für dich. Und wenn die Dörfer unbewohnt oder zerstört waren?“ – „Dann haben wir eines der verlassenen Holzhäuser angezündet und uns an den Flammen gewärmt.“

Ich brauchte einige Zeit, um zu realisieren, was das für die russische Dorfbevölkerung, die ja nach dem Weitermarsch der Invasoren in ihre Dörfer zurückkehrte, bedeutet hatte. Ich habe dann keine weiteren Fragen gestellt, als ich merkte, wie betroffen Vater von dieser Schilderung war.

Unauslöschlich im Gedächtnis geblieben ist mir eine weitere Schilderung meines Vaters aus dem Russlandkrieg, die er erst nach penetranten Nachfragen von mir („Papa, was war denn so schlimm in Russland?“) und nach langem Zögern erzählte.

„Junge, es gab viele schlimme Sachen, aber eine war besonders schlimm.“ Und dann berichtete er – mit stockender Stimme und wie unter Zwang – von einem besonders schrecklichen Ereignis.

Beim Vormarsch auf Moskau im ersten Jahr des Russlandfeldzuges kam es zu erbitterten Abwehrkämpfen. Die Russen verteidigten ihren Heimatboden fanatisch. Im Rahmen eines Vorstoßes der Panzerkompanie Vaters auf eine kleine Stadt jenseits eines Wäldchens bekamen die

Soldaten den Befehl, mit ihren Panzern einen Hohlweg zu durchfahren. Militärisch unverantwortlich, denn es war für die schweren Fahrzeuge eine potenzielle Falle, da sie von allen Seiten beschossen werden konnten. Und genau das passierte bei dem Vormarsch.

Der russische Befehlshaber hatte seine Truppen an den Rändern des Hohlweges postiert, welche die anrückenden deutschen Panzer unter heftigen Beschuss nahmen. Viele der Kampfwagen wurden vernichtet und brannten aus, ihre Besatzungen wurden getötet. Ein Befehl des russischen Kommandanten, der militärisch zwar verständlich, menschlich aber unverantwortlich war, denn am Ende des Hohlweges hatte die Rote Armee ein provisorisches Feldlazarett eingerichtet, in dem Hunderte verwundeter Russen versorgt wurden, die Neuzugänge auf Bahren liegend, die mitten in der Fahrspur des Hohlweges abgestellt waren.

Der deutsche Kommandeur gab den Befehl zum rücksichtslosen Durchbruch, um seine eigenen Truppen vor der vollständigen Vernichtung zu bewahren. Und so kam es, dass die verbleibenden noch intakten Panzer der Kampfgruppe mit röhrenden Motoren und rasselnden Ketten mit Höchstgeschwindigkeit den Hohlweg durchquerten und an dessen Ende auf das Feldlazarett stießen, ohne jede Möglichkeit, dieses zu umfahren. Viele der Panzerfahrer drosselten die Geschwindigkeit, als sie die Situation überblickten. Aber der unbarmherzige Befehl trieb sie an. „Weiter! Weiter! Mit voller Kraft hindurch."

An dieser Stelle der Schilderung überkamen Vater die Erinnerungen und mit vorgehaltener Hand sein Schluchzen verbergend, brach es aus ihm heraus: „Wir sind mitten durch die Verwundeten hindurchgeprescht und haben sie mit unseren Ketten zermalmt. Dieses schreckliche Schreien! All das Blut!“

Ein weiterer Baustein, der zu seinem Kriegstrauma beigetragen hatte. Ich tröstete ihn, so gut ich konnte. Danach habe ich ihn nie mehr nach dem Krieg gefragt. Er war vorher immer schon sehr zurückhaltend gewesen, nun aber sprach er überhaupt nicht mehr über diese erschütternden Geschehnisse.

Vielleicht hat diese besonders brutale Schilderung eines Kriegsereignisses dazu beigetragen, dass ich mich zunächst für das Kriegsgeschehen im Einzelnen, später dann auch für die eigentlichen politischen Zusammenhänge, die zu dieser Katastrophe geführt hatten, interessierte.

In diesem Zusammenhang ist mir erinnerlich, dass zu der Zeit ein Film in dic Kinos kam, der versuchte, die Kriegsereignisse kritisch darzustellen: „Hunde, wollt ihr ewig leben?“ Er war einer der ersten Antikriegsfilme der noch jungen Nachkriegsrepublik und handelte von der Schlacht um Stalingrad, einem weiteren deutschen Trauma. Die Geschehnisse waren realistisch und packend dargestellt, letztendlich aber doch auf dem Niveau der Schilderung individueller Schicksale stehen bleibend und die größeren politischen Zusammenhänge – insbesondere die menschenverachtende Naziideologie des „Kampfes bis zum letzten Mann“ und „Siegen oder sterben“ – außer Acht lassend.

Vater hatte sich geweigert, mich zu begleiten, spendierte aber das Eintrittsgeld. „Ja, schau dir das ruhig an, Junge. Wenn du diesen Film gesehen hast, brauchst du mir vielleicht auch keine weiteren Fragen über den Krieg zu stellen.“ Als Zwölfjähriger sah ich dann diesen Streifen, der mich sehr berührt, ja erschüttert hat. Vielleicht hat er sogar mein späteres Interesse an politischen Fragen verstärkt.

Kino war zu jener Zeit meine große Leidenschaft. Zur Finanzierung dieser Wünsche waren wir Freunde während der Woche in den Geschäften unterwegs, um kostenlos leere Kartons zu schnorren. („Was wollt ihr denn damit, Kinder?“ – „Ach, nur für Pakete, die unsere Eltern in die Ostzone schicken wollen.“ – „Ja, wenn das so ist! Hier ist noch ein leerer Karton.“) Diese Kartonagen stapelten wir dann in unserem mitgeführten Bollerwagen und verkauften sie mit einem kleinen Gewinn an die Pinselfabrik, die diese als günstiges Verpackungsmaterial für ihre Waren gerne annahm.

In Lohne gab es zwei Kinos. Das „Odeon“ in der Lindenstraße, das eher anspruchsvolle Filme, aber auch Hollywood-Schinken spielte. „Ben Hur“ habe ich dort mit glühenden Wangen gesehen. Das zweite Kino war die „Schauburg“ in der Brinkstraße, ein kleines Vorstadtkino für die einfachen Leute mit billigen Preisen. Auch die Kinder gingen dorthin, meistens Jungen wegen der Westernfilme. Weniger Mädchen, diese nur dann, wenn es

Walt-Disney-Zeichentrickfilme gab, aber auch „Die Wüste lebt“, ein beeindruckender Naturfilm.

Meine Lieblingsfilme waren die aus der Westernserie mit dem Helden Lassie Larouque – mit silberbeschlagenen Pistolen im nietenverzierten Patronengurt – und seinem Kumpan Fuzzy, ein lustiger Gnom mit Wuschelbart. Auch „Zorro, der Rächer der Enterbten“ – schwarzes Pferd, schwarze Kleidung, schwarzer Hut, schwarze Gesichtsmaske –, der die Bösewichter meistens nur mithilfe seiner gefährlich aussehenden Lederpeitsche besiegte, war mein Favorit.

Das Kinogeld – fünfzig Pfennig – zahlten wir aus der gemeinsamen Kasse unserer Kartonverkäufe. Wenn diese leer war, musste Vater erpresst werden. Ich wartete den günstigen Moment ab, wenn ich ihm von Kaufmann Börgerding nach dem Mittagessen am Sonntag seine „Juno“-Zigaretten – die „Aktiven“, wie sie im Gegensatz zu den Selbstgedrehten genannt wurden – geholt hatte. Drei von diesen von ihm heiß geliebten Glimmstängeln hatte er als sonntägliches Vergnügen Mutter abgetrotzt, die ja ansonsten den Nikotingenuss heftig ablehnte. („Stinkt, ist ungesund und kostet nur Geld!“) Vor dem Geschäft stand zwischen halb eins und eins die Schar der Nachbarjungen, die von ihren Vätern den gleichen Auftrag erhalten hatten. Kaufmann Börgerding war nur zu diesem Anlass bereit, sein Geschäft am Sonntag für eine halbe Stunde zu öffnen und die Zigaretten auch einzeln zu verkaufen. Eine kostete vier Pfennig, drei Stück gab es für zehn Pfennig. Diese wurden am meisten gekauft. Er machte damit in der halben Stunde ein gutes Zusatzgeschäft.

Wenn ich dann zurück war, rauchte Vater genüsslich die erste „Juno“, die beiden anderen wurden verwahrt. Wenn ich danach meine Bitte nach Kinogeld äußerte, war ich häufig nicht erfolgreich. („Was musst du ins Kino? Spiel mit deinen Freunden!“) Dann blieb mir nichts anderes übrig, als ihn – nachdem er sich zur Mittagsruhe niedergelegt hatte – mit Kieselsteinwürfen an das halb geöffnete Schlafzimmerfenster zu bedrängen: „Papa, bitte! Nur fünfzig Pfennig!“ Nach anfänglichen zornigen Abwehrrufen öffnete sich dann das Fenster und ein Geldstück flog heraus. („Jetzt gib endlich Ruhe! Das war das letzte Mal!“)

Dann ging es im Eilschritt zur „Schauburg“ – die Kindervorstellung begann um zwei Uhr –, wo meine Freunde schon warteten. („Wo bleibst du denn? Der Film fängt gleich an.“)

Wir lösten dann unsere Eintrittskarten. „Parterre“ – mit harten Holzklappsitzen – kostete fünfzig Pfennig, „Sperrsitz“ – durch eine Balustrade abgetrennt und etwas erhöht zu besseren Sicht auf die Leinwand – achtzig Pfennig. Dort saßen auch die knutschenden Pärchen.

Nach dem Ende des Vorfilms ging die Beleuchtung wieder an und wir Kinder eilten zur Toilette, obwohl wir gar nicht mussten. Am Türspalt lauerte einer von uns als Aufpasser, bis der Gong für den Hauptfilm ertönte und das Licht wieder gedämpft und danach ganz gelöscht wurde. Genau diesen Moment warteten wir ab, in dem die Augen des Platzanweisers sich erst an die Dunkelheit gewöhnen mussten. Wir verließen dann schnell das Örtchen und eilten schnell und auf leisen Sohlen zu dem Eingang des Sperrbezirks, schlüpften hindurch und nahmen in den bequemen Polstersitzen Platz. Der Platzanweiser kontrollierte kein zweites Mal, er wollte seine Ruhe haben. Wenn uns einmal ein kritischer Blick von ihm traf, reagierten wir betont gelassen. Das klappte immer, nie wurden wir aus unserem widerrechtlich besetzten Revier vertrieben. Ich glaube, dass dieser gelungene Täuschungsversuch uns jedes Mal genauso viel Spaß bereitete wie der dann folgende Film.

Die Freizeitvergnügungen der Kinder waren immer die gleichen: im Winter Eishockey und Schlittenfahren, im Sommer freies Spielen im Wald oder in den Sandkuhlen. Häufig waren wir Jungen auch ziellos in der Stadt unterwegs, zum Beispiel am Bach, der als Frischwasserzufuhr in die städtische Badeanstalt mündete. Dort versuchten wir die dort hundertfach herumwuselnden Kaulquappen zu fangen, in einem leeren mit Wasser gefüllten Marmeladenglas zu fangen, um sie später wieder freizulassen.

Unweit des Baches war die Freilichtbühne. Dort wurden im Sommer die Festspiele abgehalten, Episoden aus der Karl-May-Literatur: Winnetou, Old Shatterhand, Old Surehand und der ulkige Jim Hawkins waren die Hauptfiguren. Einmal war ich mit meinen Eltern dort, ich glaube, es gab „Winnetou I". Sehr beeindruckend die Kampfszenen der Helden in ihren Wildwestkostümen. Die Bühne war geschickt in einem der Sandhügel am Ortsrand angelegt – mit dicken Findlingssteinen drapiert, die man zur Dekoration dorthin geschafft hatte – am Rande eines kleinen Kieferwäldchens, aus dem dann die feindlichen Komantschen auf ihren Ponys herangeprescht kamen. Nur Winnetou und Old Shatterhand ritten auf „richtigen“ Pferden – „Hatatitla“ („Blitz“) und „Rih“ („Wind“) –, wie im Roman. Außerhalb der Spielzeit war das Gelände zwar abgesperrt, aber die Jungenbanden überwanden natürlich spielend die Barrieren. Dann war dies unser eigenes Abenteuerland und wir die Wildwesthelden.

Am anderen Ende des Baches, der ursprünglich einmal zum Betrieb der dort befindlichen alten Wassermühle – heute ein Museumsgebäude – umgeleitet worden war, befand sich die Lohner Badeanstalt, von einem hohen Bretterzaun umgeben. Der Bach diente zur Frischwasserversorgung des Bades und war vor dem Einlauf in das Freiluftbecken mit einem Drahtgitter versehen.

Dieses verhinderte jedoch nicht, dass der eine oder andere Frosch, der sich aus den vielen Kaulquappen im Bach entwickelt hatte, einen Zugang ins Schwimmbecken fand. Wenn ein solches Tier dann von den Badegästen entdeckt wurde, gab es immer ein lautes Gekreische. Die selbsttätigen Fangversuche waren meistens vergebens, bis der Bademeister mit einem Kescher erschien, um das quakende Amphibium zu erhaschen und danach auf der Rückseite des Bades in den dort weiterfließenden Mühlbach zu entlassen.

Nach dem Passieren eines kleinen Kassenhäuschens – Eintritt: Erwachsene fünfzig Pfennig, Kinder zwanzig Pfennig – gab es hölzerne Umkleidekabinen, rechts für Jungen, links für Mädchen. Am beliebtesten bei uns Jungen war die letzte Kabine, die an die Mädchenkabine angrenzte. Dort waren viele der Astlöcher herausgestoßen worden, manche wieder von der anderen Seite mit Papierstückchen zugepappt.

Die größeren Jungen trauten sich, von hier aus die Mädchen beim Umkleiden zu beobachten, eine schwere Sünde, die aber dennoch gerne begangen wurde. Wir Jüngeren hatten zu viel Angst. Wenn die Voyeure entdeckt wurden und die Mädchen ein großes Geschrei begannen, eilte der Bademeister, der dieses Spielchen schon kannte, schnellen Schrittes herbei und zog die Missetäter am Ohr aus den Kabinen. Nach einer gehörigen Standpauke bekamen sie einen sofortigen Platzverweis ausgesprochen. („Für immer!“) Am folgenden Tag hatte er offenbar sein Verbot wieder vergessen, wenn er die Jungen erneut ins Bad einließ.

In diesem Primitiv-Freibad habe ich – ohne entsprechenden vorherigen Schwimmunterricht der Schule – das sichere Bewegen im Wasser erlernt. Vorher jedoch hatte ich mehrere Untertauchaktionen vonseiten der Rabauken zu überstehen. Das Nichtschwimmerbecken war vom Schwimmerbereich nur durch eine Kette abgetrennt, und der Bademeister konnte seine Augen nicht überall haben.

In Lohne wurde ich dann von meiner Mutter zu den Messdienern angemeldet, nachdem ich bereits zuvor in Kalkar ein halbes Jahr Ministrant gewesen war. Auch hier wurde der Gottesdienstritus in lateinischer Sprache abgehalten. Die Messdiener mussten die entsprechenden Gebete vorher auswendig lernen, wie auch ich in Kalkar. Mein Dienst fand in der zweiten der beiden katholischen

Kirchen von Lohne, der St.-Josefs-Kirche, statt, einem neu erbauten Gebäude aus den frühen Fünfzigerjahren, modernistisch von einem offenbar fortschrittlich angehauchten Architekten gestaltet. Ein reiner Zweckbau, kühl und emotionslos, alle religiösen Motive auf das Wesentliche reduziert. Es gab dort keine Atmosphäre, die das Herz ansprechen konnte, ganz im Gegensatz zu der alten Pfarrkirche mit ihren Kerzen, farbigen Glasfenstern, dem Kreuzweg und den vielen Heiligenbildern und -skulpturen, alles zwar ein wenig pomphaft-kitschig, aber dennoch heimelig. Entsprechend fühlte ich mich in der St.-Josefs-Kirche, in der ich ministrierte, innerlich nicht zu Hause.

An Silvester 1959 hatte ich ein besonderes Erlebnis, das ich nicht so schnell vergessen werde, da es mich fast mein Augenlicht gekostet hätte. Zu dieser Gelegenheit hatte ich meine letzten Ersparnisse zusammengekratzt und mir einige Silvesterkracher besorgt. Es waren solche der billigen Sorte, zigarettenförmig und am unteren Ende mit einer Reibefläche wie ein Streichholz zum Zünden des Krachers. Das Ganze war eher ungefährlich, wenn man es nach der Zündung schnell genug wegwarf.

Und genau das tat ich unvorsichtigerweise nicht, als ich versuchte, zwei der gezündeten Kracher durch den schmalen Briefschlitz in der Haustür unserer Nachbarn zu werfen. Der „Sprengsatz“ explodierte, bevor ich ihn eingeworfen hatte, in der Hand, in unmittelbarer Nähe meiner Augen.

Ein Knall, ein stechender Schmerz, sofortige Dunkelheit! Halb blind, jammernd meine verletzten Augen abdeckend, wankte ich nach Hause, wo die Eltern sich auf eine Silvesterfeier bei Bekannten vorbereiteten. Natürlich großes Lamento: „Junge, was ist mit deinen Augen passiert? Was hast du angestellt?" Mutter inspizierte die heftig geröteten Augäpfel und die pulvergeschwärzten Augenhöhlen. Ihre Diagnose: „Nichts Schlimmes! Das können wir selbst behandeln." Vaters dringende Aufforderung, doch mit mir ins Krankenhaus zu gehen, wurde ignoriert. („Heute ist Feiertag. Da ist sowieso niemand da, der den Jungen sofort behandelt.")

Und somit wurde ich nach der altbekannten Hausmethode behandelt: Spülen unter der Pumpe, kalte Messer auf die Lider gedrückt zum Kühlen und schmerzlindernde Kamillepackungen. Zwischendurch immer wieder Funktionsproben: „Kannst du wieder alles erkennen? Tut's noch weh?" Das linke Auge hatte sich schnell erholt. Das rechte, das die Hauptmenge des Pulvers abbekommen hatte, war weiterhin arg in Mitleidenschaft gezogen. Für Mutter war die Behandlung ausreichend: Augenklappe, Verband. Fertig!

Und dann folgte die „katholische Abschlussbehandlung": „Danke Gott, dass er dir dein Augenlicht erhalten hat! Wir gehen jetzt gemeinsam in die Abendmesse, zünden eine Kerze an und sprechen ein Dankgebet." Und so wurde es gemacht.

Danach durfte ich ausnahmsweise auf die Silvesterfeier mitgehen. (Meine Schwester war an diesem Abend bei

Nachbarn untergebracht.) Nach allseitigem Bedauern und Anerkennung für meine Tapferkeit bei der schmerzhaften Behandlung meiner Verletzung bekam ich als Trostpflaster einen Eierlikör, das erste alkoholische Getränk in meinem Kinderleben. Dieser haute mich sofort um und ich versank – auf dem Teppich unterhalb des Tisches der Feiernden, wohin ich mich verkrochen hatte – in einen tiefen Schlummer. Auf den Armen von Vater wurde ich dann nach dem Neujahrsgeböller nach Hause getragen und ins Bett gelegt.

Die Augeninspektion am nächsten Morgen ergab, dass ich tatsächlich keine schwerwiegenden Schäden davongetragen hatte: Die Augen waren zwar noch stark gerötet, ich konnte aber wieder sehen!

Noch heute allerdings erinnert mich immer noch etwas an dieses dramatische Ereignis: Die Explosion der Kracher hatte offenbar einige kleinere Verbrennungen auf der Hornhaut verursacht. Seitdem folgen mehrere schwarze Pünktchen jede meiner Augenbewegungen. Zu Anfang sehr irritierend, bald hatte ich mich aber daran gewöhnt.

Eine Möglichkeit, ein wenig eigenes Geld zu verdienen, denn Taschengeld gab es ja nicht, war das Austragen der Tageszeitung, bei uns der „Oldenburgischen Volkszeitung“. Viele Bürger hatten dieses Blatt abonniert und die Lokalredaktion in Lohne suchte Zeitungszusteller. Sie nahmen Jugendliche und auch bereits ältere Kinder. Ich war inzwischen fast zwölf, groß und etwas älter aussehend, also bekam ich – nach meiner persönlichen Vorstellung und Bewerbung – diesen Job. Meinen Eltern hatte ich vorher nichts davon erzählt, aber sie hatten nichts dagegen, als ich dann später mit ihnen darüber sprach. („Eigenes Geld zu verdienen, ist immer gut. Das bereitet dich auf das Leben vor, wenn du auf eigenen Füßen stehst.")

Die Arbeit war interessant, wenn ich mich auch erst an das sehr frühe Aufstehen gewöhnen musste. Alles musste bis spätestens halb acht erledigt sein. Danach ging es zurück nach Hause, um zu frühstücken, und dann ab in die Schule. Im Sommer war es angenehm, in der regnerischen Jahreszeit weniger, im Winter bei Frost und Schnee lausig kalt und ungemütlich. Dann wünschte ich mir manchmal, ich hätte mich nicht auf diesen Job eingelassen.

Ich begann meinen Dienst um sechs Uhr in der Frühe, holte mit meinem Fahrrad den Packen Zeitungen im Lager der Redaktion ab und radelte los. Die Tourenliste hatte ich vorher auswendig gelernt, zur Sicherheit aber auch noch ausgedruckt in meiner Tasche dabei. Jetzt kam auch die amerikanische Fliegerjacke, die Onkel Alwis mir Jahre zuvor – damals noch viel zu groß – geschenkt hatte, zum Einsatz. Sie wärmte mich mit ihrem Pelzkragen herrlich und erregte mit ihrem Schnitt, dem weichen Schafsleder und dem dicken Naturfellfutter den Neid meiner Mitschüler. („Ist das 'ne Ami-Jacke? Wie kommst du denn dazu?")

Wenn die Eingänge zu den Häusern günstig lagen, konnte ich – wie in den amerikanischen Spielfilmen – die zusammengefalteten Zeitungen vom Fahrrad aus in hohem

Bogen vor die Haustür werfen. Damit sparte ich mir das Absteigen, was die Angelegenheit beschleunigte.

Während der kurzen Pausen, die ich mir gönnte, warf ich einen Blick auf die Schlagzeilen: „Berlin-Krise! Chruschtschow fordert: Berlin wird Freie Stadt!“ Später dann: „Adenauer lehnt Moskauer Vorschläge ab. Keine Anerkennung der sogenannten DDR, keine Konföderation!“ Interessant waren für mich auch die Verwicklungen auf der internationalen Bühne: „Bürgerkrieg im Kongo! Belgien entsendet Truppen nach Katanga. Rebellenführer Lumumba verhaftet.“

Diesen Aushilfsjob habe ich bis zum Frühjahr 1960 ausgeübt. Ich habe mir damit ein gutes Sümmchen ansparen können, um mir meinen nächsten brennenden Wunsch erfüllen zu können.

Ich wollte unbedingt bei den Pfadfindern in Lohne eintreten. Die Eltern begrüßten mein Engagement. („Das kannst du gerne machen, wenn die Schule nicht darunter leidet.“) Es gab dort einen „Stamm“ der „Pfadfinderschaft St. Georg“, der einen eigenen großen Versammlungsraum in einem Gebäude der Pfarrei besaß, etwas zurückgelegen von der Straße, aber dafür mit einem baumbestandenen Gelände vor dem „Stammeshaus“. Dort konnten wir unsere praktischen Übungen ausführen: lernen, wie man rauchfreies Feuer macht; Knoten schlingen; einen Zeltplatz zum Lagern vorbereiten und die Kothen – tipiähnliche Zelte mit nach oben offenem Rauchabzug – aufbauen.

Im Inneren des Gebäudes hielten wir unsere theoretischen Übungen ab: die „Wölflinge“, die jüngeren und älteren „Pfadfinder“, und die „Rover“, die schon achtzehn und älter waren. Wir erfuhren das Wichtigste über das Leben von Sir Baden-Powell, den Begründer der Pfadfinderbewegung in den Zwanzigerjahren in England; die Bedeutung des Leitspruchs „Allzeit bereit“ und des Mottos „Jeden Tag eine gute Tat“; den Pfadfindergruß mit den gekreuzten Fingern der rechten Hand und die Bedeutung des Lilien-Emblems. Unterrichtsgegenstand war auch die Organisationsstruktur der nationalen und internationalen Pfadfinderschaft ebenso wie die vielen für uns fremden Begriffe wie „Sippe“, „Stamm“, „Banner“ und „Jamboree“.

Vor allem aber sangen wir viel am Lagerfeuer unter den Bäumen des Vorgeländes zu den Klängen der Klampfe: „Wir lieben die Stürme, die brausenden Wogen ...“, „Wildgänse rauschen durch die Nacht ...“ oder „Nordwärts, nordwärts ...“. Ältere Bürger auf ihrem Abendspaziergang blieben stehen, hörten den Gesängen der jungen Leute zu und nickten anerkennend mit dem Kopf. „Auch das ist die deutsche Jugend, nicht nur diese widerlichen Halbstarken.“

Bevor man in den Stamm mit der Ablegung des Pfadfinderversprechens aufgenommen wurde, musste die wichtigste Frage geklärt werden: die Pfadfinderuniform, genannt „Kluft“. Sie bestand aus dem Ledergürtel, dem hellbraunen Hemd, dem Halstuch mit einem aus dunkelbraunem Leder geflochtenen Knoten – alles ein wenig der Kleidung der HJ-Pimpfe der Nazizeit ähnelnd – und natürlich dem Pfadfinderhut, einem eingekniffenen Filzmodell ähnlich dem der US-Ranger. Nicht zu vergessen das

Fahrtenmesser, in einer Lederscheide am Gürtel getragen, der Stolz eines jeden Pfadfinders.

Alles kostete Geld, am meisten der Hut und das Messer. Wenn außerdem vor Beginn der Wanderungen und Fahrten mit den Freiluftlagern noch die Biwakausrüstung fällig wurde – der Schlafsack mit oder ohne Luftmatratze, das Kochgeschirr, der Proviantbeutel mit der Wasserflasche, der Rucksack und der wasserfeste Anorak –, kam eine stattliche Summe zustande. Diese überstieg die Kaufkraft der Neuankömmlinge bei Weitem und von den Eltern war meistens erst nach langem Kampf höchstens ein bescheidener Zuschuss zu erwarten. („Wenn du dir ein solch teures Hobby aussuchst, dann musst du vorher zusehen, wie du das bezahlen willst. Nicht nur sich immer auf die Eltern verlassen, das geht nicht! Wir sind selbst knapp.")

Nachdem ich meine gesamten Ersparnisse aus meiner Zeitungszustellertätigkeit bereits eingesetzt hatte, blieb noch ein beträchtliches Minus. Die Pfadfinder-Oberen hatten jedoch mitgedacht – waren sie vielleicht sogar geschäftstüchtig? – und hatten ein eigenes kleines Versandunternehmen gegründet, in dem all die Dinge, die das Pfadfinderherz höherschlagen ließen, gekauft und in bequemen kleinen Raten abbezahlt werden konnte. So kam ich bereits in jungen Jahren in Berührung mit marktwirtschaftlicher Verkaufsstrategie. Allerdings zog mich dieses Bezahlmodell nicht in den Abgrund, weil ich – später dann auch mit ein wenig elterlicher Hilfe – meinen Zahlungsverpflichtungen immer pünktlich nachkommen konnte. Für Kinder, die Probleme bei der Ratenzahlung bekamen, gab es eine „schwarze Kasse“, die dann angezapft wurde.

Irgendwann waren aber die Schulden bezahlt und ich war stolz, dass ich nun der Eigentümer all dieser unschätzbaren Kostbarkeiten und außerdem gleichzeitig ein richtiger Pfadfinder war.

Als ich dann später nach unserem Umzug bei dem Stamm in Kalkar eintrat und dort noch zwei Jahre Mitglied war, hatte ich den Vorteil, keine weiteren Unkosten für die notwendige Ausrüstung zu haben: Alle Klamotten passten mir noch.

Die Lohner Pfadfinder unternahmen auch vielfältige Aktivitäten in freier Natur: Geländemärsche mit Erkundungen und Fährtenlesen, Bestimmung von Bäumen und anderen Pflanzen und Tierbeobachtungen.

Am aufregendsten waren die Nachtmärsche mit zwischenzeitlichen fingierten Angriffen anderer Gruppen und anschließendem Gerangel. Zum Abschluss solcher Übungen erfolgte dann der Rückmarsch ins Hauptlager. Müde, erschöpft, verschmutzt und teilweise blessiert von den Rangeleien im nächtlichen Dunkel, aber auch stolz auf unsere Leistung. Die Rover hatten dort bereits die Kothen für die Nachtruhe aufgebaut und die Erbsensuppe vorbereitet. Am Lagerfeuer wurde dann noch lange zusammengesessen, Stockbrot gebacken und mit Klampfenbegleitung gesungen. Eine schöne Erinnerung an meine späte Kinderzeit!

Im Frühjahr 1960 kam dann die Wende. Großmutter Louise schrieb uns, dass Johann schwer erkrankt sei, zunächst nur eine schwere Grippe, dann im Anschluss eine Lungenentzündung, die vom Hausarzt zunächst nicht erkannt worden war. Louise hatte ihren Mann auf ärztliches Anraten zu Hause gepflegt. Als sein Zustand sich verschlimmerte, hatte der Arzt viel zu spät die Überweisung ins Krankenhaus angeordnet, wo er als Notfall versorgt wurde. Louise machte sich heftige Vorwürfe, dass sie nicht schon viel früher die Verlegung verlangt und dem Arzt in seinem Urteil vertraut hatte. Der Brief endete: „Ich bin auf das Schlimmste gefasst!"

Bereits eine Woche später kam die Hiobsbotschaft in Form eines Telegramms: „Johann heute verstorben / Beerdigung in drei Tagen / Kommt Ihr? / Louise

Die ganze Familie war wie gelähmt. Das hatte niemand erwartet, alle hatten gedacht, er würde sich von seiner Krankheit wieder erholen. Johann war noch keine siebzig gewesen, schlank, drahtig und vital. Er war immer gesund gewesen, sicherlich auch durch die gesunde Ernährung und seine ständige körperliche Betätigung. Und nun das! Unfassbar!

Wir alle waren sehr traurig und es wurde viel geweint. Wir hatten Johann als lieben und fürsorglichen Menschen geschätzt. Ich war besonders niedergedrückt und vergoss viele Tränen, weil ich mich noch gut an meine Zeit in Kalkar und meine vielen Erlebnisse mit meinem Großvater erinnerte.

Die Eltern schickten sofort ein Telegramm zurück, in dem sie ihre Ankunft zur Beerdigung avisierten. Sie fuhren bereits am folgenden Tag mit dem dampfbetriebenen Fernreisezug von Diepholz ab. Wir Kinder wurden auf die Schnelle bei Mutters Freundin, der Ehefrau des Busunternehmers, untergebracht, die uns gerne für die kurze Zeit aufnahm.

Vater und Mutter kehrten vier Tage später zurück und berichteten uns vom dem traurigen Ereignis. Johann war tatsächlich aufgrund der unvollständigen Diagnose des Hausarztes und seiner verspäteten Reaktion verstorben. Das hatten die Krankenhausärzte bestätigt. „Er hätte es überlebt, wenn er frühzeitig zu uns gekommen wäre." Louise haderte bis zu ihrem Ende mit dem Hausarzt – eigentlich ein kompetenter und zuverlässiger Mediziner, in dessen Behandlung beide Großeltern bereits seit Jahrzehnten ohne jegliche Beanstandung gestanden hatten – der nach ihrer Meinung ihr Unglück verschuldet hatte. (Oder hatte hier vielleicht das unergründliche Schicksal seine Hand im Spiel gehabt?)

Bei der Beerdigung war die gesamte Familie – allerdings ohne Kinder – versammelt gewesen, neben meinen Eltern auch Hanni und Jef aus Belgien und Thea mit ihrem Ehemann aus dem Münsterland. Bei der Gelegenheit hatte Louise den Trauergästen mitgeteilt, dass sie auf keinen Fall in dem großen Haus mit den ausgedehnten Gartenanlagen, die viel Arbeit mit sich brachten, allein – nunmehr wo ihr Mann tot war – wohnen möchte. Sie hatte ganz direkt meinen Vater angesprochen, ob er es sich vorstellen könnte, zusammen mit seiner Familie nach Kalkar umzuziehen, um hier mit ihr in seinem Elternhaus gemeinsam zu leben. Sie hatte bei dieser Gelegenheit auf entsprechende Fragen hin auch ihren Plan dargelegt, dass Franz – nach ihrem eigenen Ableben – das Haus erben solle und seine Halbgeschwister abgefunden werden sollten.

Tante Hanni und Tante Thea stimmten diesem Plan gemeinsam mit ihren Ehemännern sofort zu, denn beide hatten ja bereits ihren eigenen Besitz und ein Umzug nach Kalkar wäre für sie nicht infrage gekommen.

Louise hatte auch schon weitergehende praktische Überlegungen angestellt, um den Eltern einen Entschluss zu erleichtern: Wir würden natürlich mietfrei wohnen, könnten einen Teil unserer Möbel und unseren sonstigen Hausrat mitbringen und sie würde sich um eine Arbeit für Vater bemühen. Es gebe einen Bauunternehmer in der Nachbarschaft, der Vater sicherlich als Bauarbeiter einstellen würde.

Theas Ehemann Konrad – Schulleiter eines Gymnasiums in einer Kleinstadt bei Münster – erinnerte sich, dass einer seiner Studienkollegen Leiter des Gymnasiums in Goch unweit von Kalkar war. Er würde sich für eine Aufnahme von Jürgen in diese Schule zum nächsten Schuljahr bemühen. Marianne sollte dann in die zweite Klasse in der Kalkarer Volksschule eingeschult werden.

Meine Eltern baten sich Bedenkzeit bis zum nächsten Tag aus und diskutierten dieses für sie überraschende Angebot mit Für und Wider bis spät in die Nacht hinein. Am nächsten Morgen am Frühstückstisch teilten sie der versammelten Familie mit, dass sie sich nach reiflicher Überlegung entschlossen hätten, das Angebot von Louise anzunehmen.

Es herrschte allseits große Erleichterung: bei Hanni und Thea darüber, dass sie ihre Mutter versorgt wussten. Bei Louise selbst auch, weil sie nun absehen konnte, wie ihr eigenes Leben weiter verlaufen würde und dass der drohende Verkauf ihres Besitzes, den sie schon ins Auge gefasst hatte, abgewendet war.

Die Ergebnisse dieser Entscheidungen wurden uns Kindern am Tag nach der Rückkehr mitgeteilt. Marianne weinte, weil sie Angst vor der Veränderung und dem Verlust des bisherigen vertrauten Umfeldes hatte, insbesondere weil sie ihre beste Freundin Gertrud dann zurücklassen musste. Sie war ja auch noch nie in Kalkar gewesen und kannte ihre Großmutter nur von Fotos. („Mama, lass uns hierbleiben! Ich will hier nicht weg.")

Ich hingegen war sofort einverstanden, hatte ich doch Kalkar und meine Großeltern noch in bester Erinnerung. Marianne konnte beruhigt werden und so erfolgte der Beschluss: „Wir ziehen um." Wann und wie das geschehen sollte, war noch unklar.

Das klärte sich allerdings relativ schnell. Louise schrieb in einem Brief, dass er ihr gelungen sei, Vater in der Firma ihres Nachbarn „Johann Volkmann. Tief- und Straßenbau" als Tiefbauarbeiter unterzubringen. Der Firmeninhaber kannte Vater noch als jungen Mann aus der Zeit vor dem Krieg und wusste, dass er zupacken konnte. Geholfen hatte sicherlich ebenfalls die Protektion der Schwester des Unternehmers, einer unverheirateten älteren Dame, die mit Louise bekannt und auch Kundin für ihre Gartenprodukte war. Auch mich kannte sie aus der Zeit, als ich die Waren für Großmutter ausgeliefert hatte.

Der Firmenchef machte jedoch zur Bedingung, dass Vater seine neue Arbeitsstelle möglichst schnell, am besten innerhalb der nächsten zwei Wochen antreten müsse. Vater schrieb zurück, dass er zuvor aber einen festen Arbeitsvertrag benötigte. Dieser kam postwendend an und wurde als fair akzeptiert. Er garantierte eine angemessene Bezahlung – besser als die in seiner jetzigen Anstellung – und die im Baugewerbe üblichen Sozialleistungen. Der Vertrag wurde unterschrieben wieder zurückgeschickt und Vater kündigte daraufhin seine Arbeitsstelle in der Röhrenfabrik.

Er verabschiedete sich von seinen Arbeitskollegen, insbesondere von Alwin Baumann, seinem besten Freund, der mit seinem amputierten Beinstumpf als Invalide zu Hause saß. Auch die Nachbarn wurden aufgesucht, obwohl der Groll über die unzureichende Solidarität mit der Familie in der Notzeit der Odyssee der Kinder bei ihm immer noch nicht ganz abgeklungen war.

Es gab nach unserem Wegzug auch keinerlei weiteren Kontakt mehr, mit Ausnahme von einem sporadischen Briefverkehr Vaters mit Alwin, bis der nach nicht allzu langer Zeit an den Folgen seiner Amputation als knapp Fünfzigjähriger verstarb und Frau und zwei Söhne, meinen Freund Wolfgang und seinen Bruder Stefan, hinterließ. Die Eltern fuhren auch nach Daren, um sich ebenfalls von der dortigen Verwandtschaft zu verabschieden.

Dann kam der Tag des Abschieds von Vater, der nun seine Familie für ein halbes Jahr allein lassen musste. Wir begleiteten ihn im Bus bis zum Bahnhof in Diepholz, wo er – nach einer tränenreichen Verabschiedung – in den D-Zug nach Duisburg, danach weiter mit dem Eilzug nach Kalkar, einstieg. Mit traurig verzagtem Gesicht, dennoch lächelnd, winkte er uns bei der Ausfahrt aus dem Bahnhof aus dem geöffneten Abteilfenster noch lange zu, bis der Zug entschwunden war.

Abschied und Neubeginn

Nach Vaters vorzeitigem Weggang nach Kalkar in das Haus seiner Mutter und seiner Arbeitsaufnahme bei seinem neuen Arbeitgeber ging bei uns das Leben in Lohne nun nur noch zu dritt weiter.

Vater schrieb uns bald einen langen Brief, in dem er seine Eindrücke aus Kalkar schilderte: die herzliche Aufnahme durch Louise – der alte Zwist zwischen den beiden war anscheinend ausgestanden; das freundliche Willkommen durch die Nachbarn, die ihn ja alle noch von früher kannten („Heel moij, dat jij nu weer t'huis bent, Franz!"); auch die Besuche bei den noch in Kalkar lebenden Mitgliedern seiner entfernteren Verwandtschaft und das Wiedersehen mit Freunden aus seiner Jugendzeit. Es ging ihm offensichtlich gut und er hatte sich schnell in seiner neuen, alten Heimat eingelebt.

Auch auf seiner neuen Arbeitsstelle fühlte er sich wohl, wurde von seinem Chef fair behandelt und hatte sich ebenfalls bald den Respekt seiner Kollegen erworben. Die Firma „Johann Volkmann" wurde in Kalkar nur „Jan Kai" genannt – das Dialektwort für Stein, Kiesel, Schotter war „Kai", wie im Holländischen –, was der Chef aber gar nicht gerne hörte.

Die Knochenarbeit im Tief- und Straßenbau – fast alles musste damals noch von Hand erledigt werden – machte Vater nichts aus. Er war ja erst vierundvierzig Jahre alt, durchtrainiert und muskulös. Nur wenige Baumaschinen waren im Einsatz und Vater erwarb sich schnell eine Sonderstellung, weil er als gelernter Schlosser in der Lage war, einfache Reparaturen an diesen Geräten auszuführen. Bei den Großmaschinen, die im Straßenbau nach Abschluss der Vorbereitungsarbeiten den Asphaltbelag herstellten, war das anders. Diese Apparate waren hochkompliziert, und wenn sie wegen einer technischen Störung ausfielen, musste ein Spezialist aus Duisburg oder Essen anreisen, um sie wieder in Gang zu setzen.

In der warmen Jahreszeit wurden viele Überstunden gemacht, die dann in den regnerischen Monaten abgefeiert werden konnten. In den wenigen Wochen mit hartem Frost, der jegliche Arbeit im Außenbereich lahmlegte, gab es dann auch schon mal „Schlechtwettergeld“, jedoch mit einem nicht unerheblichen Abschlag auf den normalen Lohn.

Die Bezahlung war besser als in der Fabrik. Auf dem Bau wurde traditionell mehr verdient als in anderen Handwerksberufen. Allerdings war auch die Arbeit wesentlich härter, vor allem waren die Männer ständig den wechselnden Witterungsbedingungen ausgesetzt. Das zehrte – auch wenn es harte Kerle waren – auf Dauer doch an der Gesundheit.

(Eine Diskussion um einen Rentenbeginn mit siebenundsechzig – wie aktuell jetzt bei uns – wäre wenig sinnvoll gewesen. Die hart arbeitenden Männer in diesen Berufen waren vorher bereits verbraucht und krank, die meisten überlebten ihren damals üblichen Rentenbeginn mit fünfundsechzig nur um wenige Jahre. Das wäre heute ganz im Sinne derjenigen, die ein „sozialverträgliches frühzeitiges Ableben“ befürworten. Die krank machenden Arbeitsbedingungen in diesen schweren Berufen haben sich bis heute im Wesentlichen nicht verändert. Dennoch wird die Diskussion um die menschenverachtende Verlängerung der Lebensarbeitszeit für diese Menschen weitergeführt. Das Makabre und Arrogante an solchen Überlegungen ist, dass sie von solchen Zeitgenossen angestellt werden, die nicht einmal ansatzweise einen Begriff davon haben – geschweige denn jemals in einem solchen Beruf gearbeitet hätten –, was es bedeutet, so lange einer derartigen zermürbenden und Knochen aufreibenden Arbeit nachzugehen.)

Weiterhin erkundigte sich Vater natürlich nach unserem Wohlbefinden. Er wollte auch wissen, wie weit unsere Umzugsvorbereitungen gediehen waren und wann er mit uns rechnen könne. Er und Louise würden sich schon sehr auf uns freuen. Zum Schluss ging es, an Mutter gerichtet, um technische Details wie Möbel- und Hausratverkauf und Informationen über günstige und zuverlässige Umzugsunternehmen.

Ich war inzwischen in die siebte Klasse der Mittelschule versetzt worden. Ich blieb dort – nach Absprache mit dem Schulleiter, der über unsere Umzugspläne informiert war – noch einige Monate, da meine Einschulung in der neuen Schule noch nicht abschließend geklärt war.

Er widersprach nicht dem Wunsch von Mutter, mich in einem Gymnasium einzuschulen. Das Versetzungszeugnis war durchaus zufriedenstellend gewesen, nur das wiederholte „Ausreichend“ in Mathematik stimmte ihn etwas bedenklich. „Jürgen ist ein guter und fleißiger Schüler. Er wird es schon schaffen, wenn er sich anstrengt. Nur in Mathematik muss er noch mehr tun. Melden Sie den Jungen ruhig am Gymnasium an." Somit war auch das geklärt. (Mit seinen Bedenken, was meine Leistungen in Mathematik anging, hatte er absolut recht. Auch in meinem weiteren Schülerdasein kam ich in diesem Fach nie über ein „Ausreichend" hinaus. Im Abitur wurden meine Mathematikkenntnisse im Zeugnis sogar mit „mangelhaft" bewertet.

Diese schlechte Note war allerdings in Absprache mit meinem damaligen Fachlehrer entstanden. Ich hatte in der schriftlichen Prüfung die richtigen Aufgabenlösungen – ohne entdeckt zu werden – abgeschrieben und auf diese Weise ein nicht erwartetes, alle überraschendes „Ausreichend" erzielt, sodass ich mich einer mündlichen Prüfung hätte unterziehen müssen.

Davor hatte ich verständlicherweise eine höllische Angst. Ebenso wie ich wusste der Lehrer um meine absolute Ahnungslosigkeit und stimmte meinem Vorschlag zu, unter diesen Umständen auf die mündliche Prüfung zu verzichten und die „Fünf" als Gesamtnote zu akzeptieren. Diese war die einzige „Fünf", die ich in meinem gesamten Schülerdasein und später auch Studentenleben einstecken musste, was allerdings mein gut entwickeltes Selbstbewusstsein nicht nachhaltig erschüttern konnte.)

Bald darauf traf ein Brief ein, dass Onkel Konrad sich im Kalkarer Ratskeller mit dem Schulleiter aus Goch zu einem persönlichen Gespräch getroffen hatte, bei dem bei einer guten Flasche Wein vor allem über die gemeinsamen Studienzeiten erzählt wurde. Ganz nebenbei war dabei meine Aufnahme in das bereits angefangene Schuljahr – ausnahmsweise genehmigt wegen der besonderen Umstände – vereinbart worden.

Mutter meldete mich an der Mittelschule ab und drei Tage später, kurz nach Beginn der Sommerferien Anfang Juli 1960, saß ich im Zug nach Kalkar. Kurz darauf feierte ich meinen dreizehnten Geburtstag mit Vater und Louise. Von Mutter kam eine Glückwunschkarte.

Am letzten Tag der Sommerferien fuhr Großmutter mit mir im Bus nach Goch, das zwölf Kilometer entfernt nahe der niederländische Grenze lag, um mich dort am städtischen Gymnasium anzumelden. Am folgenden Tag setzte ich mein Schülerleben am „Neusprachlichen Gymnasium Goch" am Niederrhein fort, frisch eingeschult in die siebte Klasse, die am Gymnasium „Quarta" hieß.

Mutter bereitete derweil den Umzug vor. Da sie nur wenige unserer Möbel nach Kalkar mitnehmen konnte – Louises Haus war ja komplett eingerichtet –, wurden viele Dinge des Hausrats schweren Herzens nach entsprechenden Zeitungsinseraten an Interessenten, aber ebenfalls an Nachbarn verkauft. Auch Vaters Moped fand so einen Abnehmer. Unsere Fahrräder wollten wir im Umzugswagen mitnehmen.

Zuvor hatte sie in einem persönlichen Gespräch mit unserem Hauseigentümer Dr. Trenkamp die Wohnung gekündigt. Bei dieser Gelegenheit hatte der sein Bedauern über den Weggang seiner langjährigen und zuverlässigen Mieter ausgedrückt und uns gleichzeitig alles Gute für den Neubeginn in unserem neuen Haus gewünscht.

(Unser ehemaliges Haus existiert – äußerlich fast unverändert – immer noch. Nur der große Garten wurde als Bauland verkauft und mit einem Einfamilienhaus bebaut. Bei meinen sporadischen Besuchen im Norden fahre ich manchmal dort vorbei und gebe mich nostalgischen Gefühlen hin.)

Meine Schwester Marianne war inzwischen in die zweite Klasse der Grundschule in Lohne versetzt worden. Sie wurde kurz vor unserem Umzug von Mutter dort abgemeldet und dann in Kalkar erneut in das zweite Schuljahr eingeschult.

Sie weinte bittere Tränen, als sie sich von ihren Klassenkameradinnen verabschieden musste, viele von ihnen ihre Freundinnen. Besonders schwer fiel ihr der Abschied von ihrer langjährigen besten Freundin Gertrud. Sie waren immer ein Herz und eine Seele gewesen. Der Abschied und Neubeginn waren auch für meine Schwester eine schmerzvolle Angelegenheit und sie konnte sich nicht so recht auf Kalkar freuen, obwohl natürlich auch sie dem Wiedersehen mit ihrem Vater und ihrem Bruder entgegenfieberte.

Für die Hühner und Kaninchen fand Mutter bei den Nachbarn, die selbst alle Kleinvieh hielten, dankbare Abnehmer, ebenso für den Inhalt unseres Blechstalles: Holz, Torf und die alten Werkzeuge. Für all das wechselten ein paar Mark den Besitzer. Bei der Gelegenheit erfolgte dann auch die Verabschiedung.

Mutter hatte inzwischen den gesamten verbleibenden Hausrat in den von dem Umzugsunternehmer angelieferten Kartons verpackt und exakt beschriftet, um das spätere Auspacken zu erleichtern. Als dann an einem Wochentag Anfang August der Umzugswagen vor der Tür stand und die Männer begannen, die Möbel, Kisten, Kästen und Kartons zum Lkw zu schleppen, um diese dort zu verladen, hatte sie das Kommando und nervte die lang erfahrenen Möbelpacker mit ihren Anweisungen: „Aufpassen! Nicht so grob! Das ist das gute Kaffeeservice."

Nachdem alles verladen war, wurden Mutter und meine Schwester mitsamt dem Koffer mit ihrer persönliche Habe in der großen Doppelkabine des Lasters verstaut, in der neben dem Fahrer auch die Möbelpacker saßen, und ab ging die Reise!

Am späten Abend eines warmen Hochsommertages im August 1960 rollte der Lkw dann vor unsere Haustür in Kalkar. Das Gehupe ließ uns drei – Louise, Vater und mich – nach draußen eilen, wo die lange erwarteten Ankömmlinge gedrückt, geküsst und herzlich begrüßt wurden. Alle wurden ins Haus gebeten, auch die Möbelarbeiter, und bekamen dort erst einmal eine Erfrischung und einen kleinen Imbiss.

Die Arbeiter fuhren ihren Lastwagen dann auf einen Parkplatz, wo sie sich zur wohlverdienten Nachtruhe niederlegten, weil ihre Schichtzeit schon längst abgelaufen war. Unsere gesamte Familie begab sich ebenfalls nach diesem aufregenden und anstrengenden Tag früh zu Bett.

Am nächsten Morgen stand der Möbelwagen wieder vor der Tür und die Ausladung begann. Vater hatte sich einen Tag Urlaub genommen, um mit anfassen zu können. Danach wurden zunächst die mitgebrachten Möbel an den frei gewordenen Stellen im Haus aufgestellt. Louise hatte zuvor schweren Herzens einige ihrer lieb gewonnenen Möbelstücke verkauft, andere auf dem Speicher eingelagert, um Platz für unsere eigenen Sachen zu schaffen. Das hatte Mutter zu Bedingung gemacht.

Als das Umzugsgut verstaut war, gab es für die Möbelarbeiter erneut einen Imbiss und ein Trinkgeld, bevor sie ihre Heimreise antraten. („Grüßt uns die alte Heimat!") Den gesamten Rest des Tages wurden die Kisten und Kartons mit dem Hausrat ausgeräumt und verstaut. Wir Kinder durften dabei helfen, ständig von Mutter ermahnt, ja nichts kaputt zu machen.

Am Abend saßen wir nach der Arbeit erschöpft und müde am Tisch. Louise hatte für die Erwachsenen eine Flasche Moselwein spendiert, wir Kinder bekamen eine Limonade. Wir alle erhoben unsere Gläser und prosteten uns zu: „Auf eine glückliche gemeinsame Zeit in unserem neuen Heim!"

Und so erfolgte der Neubeginn mit durchaus angenehmen Gefühlen. „Das Alte ist vergangen, es lebe das Neue!"

Jürgen J. Holt

VITA DES AUTORS

Jürgen J. Holt wurde 1947 in einem proletarisch-kleinbürgerlichen Milieu mit stark ländlich- katholischer Prägung in einer Kleinstadt im südlichen Oldenburg geboren.

1950 erfolgte der Umzug der Familie innerhalb des Geburtsortes. Die Jahre von 1950 bis 1960 verbrachte er – zusammen mit seiner jüngeren Schwester – in diesem neuen Zuhause.

Sein Vater – ein schwer traumatisierter Kriegsheimkehrer – war jahrelang arbeitslos. Die Eltern hielten die Familie mit Schwarzarbeit und Nebentätigkeiten über Wasser. In dieser Zeit erfuhr der Autor den Mangel und die Entbehrungen der unmittelbaren Nachkriegszeit. Ab 1954 verbesserte sich die Situation, nachdem der Vater eine Festanstellung erhalten hatte.

Ein prägendes Erlebnis in der Kindheit des Autors war die neunmonatige Odyssee zu Bekannten und Verwandten nach der lebensbedrohlichen Erkrankung seiner Mutter.

Im Jahre 1960 verzog die Familie nach dem Tod des Großvaters in das Haus der Großmutter in einer Kleinstadt am Niederrhein. Dort besuchte er das Gymnasium, das er mit der Obersekunda- Reife verließ, um anschließend eine Ausbildung zum Maurer und Betonbauer zu beginnen und abzuschließen.

Ab 1967 leistete er als Zeitsoldat seinen Militärdienst als Navigator auf verschiedenen Schiffen der Bundesmarine, verbunden mit einigen Auslandsaufenthalten. Nach dem Ende seiner Dienstzeit machte er sein Abitur auf dem 2. Bildungsweg in Koblenz.

1972 begann der Autor sein Studium, zunächst in Berlin (Germanistik, Soziologie und Politologie), danach in Mainz und Koblenz (Lehramt: Deutsch, Politik und Grundschulpädagogik).

1981 schloss er seine Studien mit dem 1. Staatsexamen für das Lehramt an Grund- und Hauptschulen ab. Während seiner Studienzeit war er ständig gezwungen, sein Studium selbst zu finanzieren und arbeitete mehrere Jahre zwischendurch als LKW-Fahrer mit zahlreichen Fahrten in den Nahen Osten und in viele europäische Länder.

Danach absolvierte er sein Referendariat und schloss seine berufliche Ausbildung 1982 mit dem 2. Staatsexamen ab.

Von 1983 bis 1987 war er als Lehrer und Ausbilder für Bauberufe bei der Handwerkskammer Koblenz angestellt. Im Jahre 1984 heiratete er.

1987 erfolgte die Übernahme in den Schuldienst des Landes Rheinland-Pfalz. Bis zu seiner Versetzung in den Ruhestand im Jahre 2010 unterrichtete er an verschiedenen Grund- und Hauptschulen in Koblenz.

Nach seiner Pensionierung arbeitete er noch drei Jahre als freiberuflicher Mitarbeiter in einer Spedition mit Nebensitz in den Niederlanden.

2013 beendete er seine berufliche Tätigkeit nach mehr als 50 Jahren und begann mit der Planung und Realisierung des ersten Teils seiner Autobiographie, die er im Mai 2014 abschloss.